이것을 알면
부자 (富者) 된다

이것을 알면 부자 된다

초판 1쇄 발행 2014년 6월 1일

지 은 이 이정암
발 행 인 최재영·권선복
편 집 김정웅
표지디자인 이유진
내지디자인 최새롬
기록·정리 조아라
교정교열 신지은·조웅연
전 자 책 신미경
마 케 팅 서선교
발 행 처 도서출판 정경·도서출판 행복에너지
출판등록 제315-2011-000035호
주 소 (157-010) 서울특별시 강서구 화곡로 232
전 화 0505-613-6133
팩 스 0303-0799-1560
홈페이지 www.happybook.or.kr
이 메 일 ksbdata@daum.net

값 25,000원
ISBN 979-11-5602-050-9   13180

Copyright ⓒ 이정암, 2014

도서출판 행복에너지는 독자 여러분의 아이디어와 원고 투고를 기다립니다. 책으로 만들기를 원하는 콘텐츠가 있으신 분은 이메일이나 홈페이지를 통해 간단한 기획서와 기획의도, 연락처 등을 보내주십시오. 행복에너지의 문은 언제나 활짝 열려 있습니다.

팔자를 고치고 성공을 부르는 명 풍수의 학문적 근거에 의한 부자 지침서 !

이것을 알면 부자 富者 된다

운정 이정암 지음

– 최재영(정경미디어그룹·정경뉴스 회장)

부자학 지침서가 될 것

세상에 부자되기를 싫어하는 사람은 없을 것이다. 부자(富者)라는 단어만 들어도 기분이 좋아지는 것이 인간의 본능이다. 아마도 이 책은 경제가 어렵고 생활고가 어려워 자살을 택한 가슴 아픈 우리 사회 현실을 치유하는 희망의 지침서가 될 것이다.

성공한 인생은 첫째, 책을 내봐야 하고 둘째, 집을 지어봐야 하며, 셋째 아들을 낳아봐야 성공한 인생이라고 한 선인들의 말을 떠올리게 한다. 그 책 중의 책이 바로 이 지침서가 아닐까 싶다.

본업을 유지하면서도 그에 못지않을 만큼 다른 분야에서 업적을 쌓아가는 분들을 볼 때마다 찬탄을 금할 수 없다. 『이것을 알면 부자 된다』의 저자이신 운정 이정암 선생님 역시 그런 분이시다. 경찰서장, 지방경찰청 청문감사관 등 고위직을 두루 거치고 홍조근정훈장을 받으며 명예롭게 퇴임하신 경찰인임과 동시에 대한민국을 대표하는 풍수·명리계의 거장이다. 그 명성을 익히 들어왔지만 실제로 교류를 나눠 보니 감탄을 넘어 존경스러운 마음마저 든다.

그런 분의 책을 〈도서출판 정경〉과 〈도서출판 행복에너지〉가 함께 손잡고 세상에 선보이게 되어 무척 기쁘면서도 떨리는 마음이다. 풍수와 명리라는 우리 선조들이 남겨주신 위대한 유산을 다양한 사례와 명쾌한 해설로 접하게 됨은 이 땅에 살아가는 그 누구에게나 값진 선물이 되어줄 것이다. 이 책을 읽는 독자 모두에게 팔자를 고치고 성공을 부르는 명 풍수의 학문적 근거에 의한 수많은 사례위주의 부자 지침서를 통해 책 제목처럼 부자가 되어 행복 가득한 미래가 찾아오기를 기원해본다.

　풍수술(風水術)은 천지조화(天地造化)를 다루는 술법으로써 '신이 만든 천명도 고칠 수 있다.' 하여 탈신공개천명(奪神工改天命)이라 하였다.

　풍수는 인류가 수천 년 전부터 이어온 통계적인 경험과학이다. 저자는 40여 년 동안 200여 종의 한·중 풍수학경서들을 심도 있게 연구하여 『한·중 풍수학총정리서』 『건물풍수 핵심비결』 등 30여 종의 저서와 논문을 발표한 바 있고 '광교신도시개발' 당시 풍수적 입안을 한 바 있다.

　그동안 실무경험을 통해서 학술적으로 터득한 술법(術法)은 강력한 것이어서 실지로 구사한 결과 정치인은 선거에서 당선될 수 있었고, 사업가는 돈을 많이 벌 수 있었으며, 고시나 진학하는 학생들은 합격의 영광을 얻을 수 있었고, 환자들은 병마에서 회복할 수 있어 건물을 설계할 때나 사무실을 옮길 때도 이 방법을 알려 주었다.

　이 책은 대만이나 홍콩 등지에서 주택풍수의 경전으로 활용하고 있는 『황제택경』, 『주택삼요』, 『팔택주서』, 『삼합양택』, 『자백삼원』, 『팔택명경』 등에 근거하여 실지 응험(應驗)한 바 있는 사례들을 한데 모아 출간하는 것이니 누구든 이 내용을 익혀 피흉추길(避凶趨吉)하는 지혜로써 행복(幸福)을 누리기 바란다.

갑오년 초여름

을정　이정암

차례

3부 풍수와 주역 1 – 성공을 불러오다

4부 풍수와 주역 2 – 국운을 간파하다

1부
부자(富者)가
되는 비법!

행운은 사람과 장소와 때에 따라 결정된다

사람들은 누구나 돈을 많이 벌고 크게 성공하거나 출세하고 싶어 한다. 그러나 훌륭한 재능이나 이점을 가지고 있으면서도 행운(幸運)이 따르지 않아 성공하지 못하는 사람들이 너무 많다.

똑같이 지은 빌딩이나 상가, 점포, 아파트 등에서 어느 방, 어느 호실은 크게 왕기를 받아 성공하는 데 비해 어느 호실은 패망하는데 왜 그럴까?

풍수의 응험(應驗)은 '사람과 장소와 때'에 따라 결정된다. 여기서 사람이란 타고난 명궁(命宮)을 말하고 장소란 풍수의 대상이 되는 건물, 주택, 아파트 사무실 등의 방위이며 때란 매년 맞이하는 그해의 운이다.

명궁과 매년 운은 이미 정해져 있어 고칠 수가 없지만, 장소는 인위적으로 얼마든지 고칠 수가 있으니 그래서 풍수가 필요한 것이다.

행운을 판단하는 방법도 크게 2가지가 있다. 건물의 24개별 좌향(坐向)을 중심으로 그 건물에 거주하는 사람의 생년 간지와 그해의 간지

그리고 출입문, 주방, 안방, 사무실방위를 3합(合)과 상충(相沖)으로서
길흉을 판단하는 **3합법**(三合法)과 24방위를 주역8괘 8궁으로 분류하여
명궁과 출입문, 주방, 안방, 사무실 등과 비교하고 그해의 연궁위수(年
宮位數)를 구궁도(九宮圖)에 배포하여 그해의 운수(運數)로써 길흉을 판
단하는 **구성법**(九星法)이 있다.

　24방위는 지구공전에 따른 24절기와 천상의 별자리에서 비롯된 기
본 방위로서 풍수학에서 널리 사용하는 정방위이다. 주택풍수에서 24
방위는 매우 복잡하므로 주역 8괘가 정하는 후천 8방위를 중심으로
해석하는 것이 일반적이다.

주택의 24방위측정

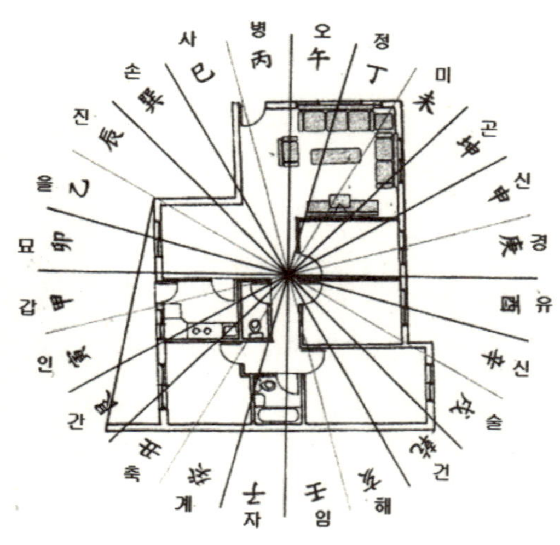

비법 1. 자신의 명궁(命宮)을 알라

명궁이란 태어날 때부터 숙명적으로 타고나 평생토록 행운을 주관하는 중심 궁위이다. 남자와 여자가 서로 다르므로 제 21~23쪽에 있는 '출생년도별 남녀 명궁표'에서 당신과 가족의 명궁을 찾아 그 특성을 확인하라.

① 감명(坎命)

감명(坎命)은 1감수(一坎水)의 명(命)으로서 지혜가 있고 생각이 깨끗하며 처사가 신중하면서도 조리가 있다. 어려운 사람을 찾아보는 때도 있으며 자유스러운 것을 좋아하고 속박받는 것을 싫어한다.

재운(財運)은 아름다우나 물질을 추구하다 함정에 빠지는 수가 있으며 모험을 좋아하고 언제나 의기(義氣)를 갖고 있으며 다른 사람이 모르는 것을 알게 되면 감탄하고 재주 있는 사람을 잘 도와준다.

장점은 외향적이며 총명하고 책임감이 강하고 안으로는 부드럽고 따뜻하다. 단점은 담량이 부족하고 흥분하거나 들뜨기 쉽고 방탕해지기도 쉬운 성격이다.

② 곤명(坤命)

곤명(坤命)은 2곤토(二坤土)의 명(命)으로서 모친의 자애정신을 갖고 있으며 감정적으로 일을 처리하기 쉽다. 그래서 혹 어려운 사람을 불러들이는 수가 있고 창의성과 예의가 있으며 친절하여 대인관계가 좋다.

또 보수적이고 실질을 추구하며 감응력이 강하고 좋은 참모형으로서 타인을 돕기 좋아한다.

장점은 온순하고 자애심을 갖추었으며 신용과 기지가 있다. 단점은 과단성이 있고 정이 많아 감정적으로 일을 처리하는 수가 있으며 조용하고 부드러운 성격이나 인색한 편이다.

③ 진명(震命)

진명(震命)은 3진목(三震木)의 명(命)으로서 실행하는 일에 결과가 있으며 스스로 개척하거나 창조정신이 강하다. 빈손으로도 가정을 일으키고 지명도와 인자심을 갖추었으나 개인적인 고집이 강하다.

친화력이 강하고 재물과 부(富)를 추구하며 세계적인 진취성이 중하고 패기가 있다. 장점은 적극적이고 진취성이 있으며 반응이 민첩하고 인자하다. 단점은 변화에 대응하는 능력이 부족하고 직선적으로 움직이는 성격이라 참을성이 다소 부족하고 충동적으로 바뀌면 소인으로 보일 수가 있다.

④ 손명(巽命)

손명(巽命)은 4손목(四巽木)의 명(命)으로서 협조 능력이 강하여 사람들과의 관계가 좋고 근본이 지혜로우며 문학이나 예술을 특히 좋아한다. 일에 집착하고 이상도 있으며 변동성이 강하고 생각은 신중하고도 은밀하다. 장점은 부드럽고 화합적이며 문학, 예술을 좋아하고 기지가 빼어나다. 단점은 집착, 고집이 심하여 부처(夫妻) 간 연분이 길하지 않아 이성문제가 끊어지지 않고 고집으로 인해 소통에 어려움이 있다.

⑤ 5황토(五黃土)

오황토명(五黃土命)은 만물의 핵심인 토상(土象)으로서 강렬한 길과 흉작용을 한다. 남명(男命)은 2흑토(二黑土)를 취하고 여명(女命)은 8백토(八白土)를 취한다. 이유는 남자가 987654321수 중 5수에서 3번째 진수인 2를 취하고 여자는 123456789수 중 5에서 3번째 역수인 8을 취하기 때문이다.(명궁표에 정리하였음)

⑥ 건명(乾命)

건명(乾命)은 6건금(六乾金)의 명(命)으로서 독립성이 있어 일을 강하게 추진하나 결과를 가볍게 본다. 일생동안 남을 비방하기도 잘하지만 칭찬도 잘하여 사람들을 인정해주며 누구에게나 호감을 산다. 재부(財富)를 추구하고 영도(領導)하고자 하는 욕망이 특히 강하여 자기를 녹여서라도 선을 베풀려는 기질이 있다. 장점은 강강(剛剛)하고 지도자에 적합하지만 단점은 개성이 강하여 통제하기 힘들다.

⑦ 태명(兌命)

태명(兌命)은 7태금(七兌金)의 명(命)으로서 생각이 신중하고 무겁다. 인간관계가 양호하고 말로써 선도할 능력이 있으며 표현 능력이 있고 강하게 일을 추진하는 배짱이 있어 결과가 좋다.

사람을 누르고 지배하려는 기질이 있으나 개인의 의견을 들어주어 호감을 사기도 한다. 장점은 명랑하고 강렬함이 크나 외유내강하고 참을성과 희열(喜悅)이 있다. 단점은 개성이 강하여 강렬하게 움직이는 것이다.

⑧ 간명(艮命)

간명(艮命)은 8간토(八艮土)의 명(命)으로서 정력이 왕성하여 부딪치는데 두려움이 없다. 들뜨거나 조급하여 생각이 일정하지 않은 기질도 있다. 충동적으로 생각과 감정이 바뀌기도 해 일생동안 시행착오를 겪기도 하지만 대기만성형으로 성공하는 경우가 많다. 장점은 조용하면서 주견이 있고 일 처리가 신속하다. 단점은 충동적으로 생각과 감정이 변해 사람들과 화목하지 못하며 편안함에 안주하는 경향이 있다.

⑨ 이명(離命)

이명(離命)은 9이화(九離火)의 명(命)으로서 조급하게 움직이는 경향이 있다. 매사에서 구할 때는 좋아도 끊어내는 마음이 있고 재주와 총명함을 갖추었으며 좋은 말과 착한 마음으로 사람을 관찰하는 능력이 강하고 바르고 강렬하여 아첨함은 없으나 그 중에도 중용의 도를 안다.

밝고 화려한 것을 좋아하여 인기직종이나 유흥으로 나갈 수도 있으나 소인(小人)의 질투와 편애로 좌절하며 후계가 불가능할 수 있다. 장점은 감정이 풍부하고 타인을 뒤에서 도와주며 심성이 아름답고 화려하며 총명한 재주와 학문을 좋아하는 것이고 단점은 자존심이 지나치게 강하여 자기를 되돌아볼 줄 모르고 조급성과 조열성(燥熱性)이 있다.

출생년도별 남녀명궁표(男女命宮表)

출생년	1920	1921	1922	1923	1924	1925	1926
간지 (干支)	경신 (庚申)	신유 (辛酉)	임술 (壬戌)	계해 (癸亥)	갑자 (甲子)	을축 (乙丑)	병인 (丙寅)
남(男)	간(艮)	태(兌)	건(乾)	곤(坤)	손(巽)	진(辰)	곤(坤)
여(女)	태(兌)	간(艮)	이(離)	감(坎)	곤(坤)	진(震)	손(巽)
1927	1928	1929	1930	1931	1932	1933	1934
정묘 (丁卯)	무진 (戊辰)	기사 (己巳)	경오 (庚午)	신미 (辛未)	임신 (壬申)	계유 (癸酉)	갑술 (甲戌)
감(坎)	이(離)	간(艮)	태(兌)	건(乾)	곤(坤)	손(巽)	진(震)
간(艮)	건(乾)	태(兌)	간(艮)	이(離)	감(坎)	곤(坤)	진(震)
1935	1936	1937	1938	1939	1940	1941	1942
을해 (乙亥)	병자 (丙子)	정축 (丁丑)	무인 (戊寅)	기묘 (己卯)	경진 (庚辰)	신사 (辛巳)	임오 (壬午)
곤(坤)	감(坎)	이(離)	간(艮)	태(兌)	건(乾)	곤(坤)	손(巽)
손(巽)	간(艮)	건(乾)	태(兌)	간(艮)	이(離)	감(坎)	곤(坤)
1943	1944	1945	1946	1947	1948	1949	1950
계미 (癸未)	갑신 (甲申)	을유 (乙酉)	병술 (丙戌)	정해 (丁亥)	무자 (戊子)	기축 (己丑)	경인 (庚寅)
진(震)	곤(坤)	감(坎)	이(離)	간(艮)	태(兌)	건(乾)	곤(坤)
진(震)	손(巽)	간(艮)	건(乾)	태(兌)	간(艮)	이(離)	감(坎)
1951	1952	1953	1954	1955	1956	1957	1958
신묘 (辛卯)	임진 (壬辰)	계사 (癸巳)	갑오 (甲午)	을미 (乙未)	병신 (丙申)	정유 (丁酉)	무술 (戊戌)
곤(坤)	진(震)	곤(坤)	감(坎)	이(離)	간(艮)	태(兌)	건(乾)
곤(坤)	진(震)	손(巽)	간(艮)	건(乾)	태(兌)	간(艮)	이(離)
1959	1960	1961	1962	1963	1964	1965	1966
기해 (己亥)	경자 (庚子)	신축 (辛丑)	임인 (壬寅)	계묘 (癸卯)	갑진 (甲辰)	을사 (乙巳)	병오 (丙午)
곤(坤)	손(巽)	진(震)	곤(坤)	감(坎)	이(離)	간(艮)	태(兌)
감(坎)	곤(坤)	진(震)	손(巽)	간(艮)	건(乾)	태(兌)	간(艮)

1967	1968	1969	1970	1971	1972	1973	1974
정미 (丁未)	무신 (戊申)	기유 (己酉)	경술 (庚戌)	신해 (辛亥)	임자 (壬子)	계축 (癸丑)	갑인 (甲寅)
건(乾)	곤(坤)	손(巽)	진(震)	곤(坤)	감(坎)	이(離)	간(艮)
이(離)	감(坎)	곤(坤)	진(震)	손(巽)	간(艮)	건(乾)	태(兌)
1975	1976	1977	1978	1979	1980	1981	1982
을묘 (乙卯)	병진 (丙辰)	정사 (丁巳)	무오 (戊午)	기미 (己未)	경신 (庚申)	신유 (辛酉)	임술 (壬戌)
태(兌)	건(乾)	곤(坤)	손(巽)	진(震)	곤(坤)	감(坎)	이(離)
간(艮)	이(離)	감(坎)	곤(坤)	진(震)	손(巽)	간(艮)	건(乾)
1983	1984	1985	1986	1987	1988	1989	1990
계해 (癸亥)	갑자 (甲子)	을축 (乙丑)	병인 (丙寅)	정묘 (丁卯)	무진 (戊辰)	기사 (己巳)	경오 (庚午)
간(艮)	태(兌)	건(乾)	곤(坤)	손(巽)	진(震)	곤(坤)	감(坎)
태(兌)	간(艮)	이(離)	감(坎)	곤(坤)	진(震)	손(巽)	간(艮)
1991	1992	1993	1994	1995	1996	1997	1998
신미 (辛未)	임신 (壬申)	계유 (癸酉)	갑술 (甲戌)	을해 (乙亥)	병자 (丙子)	정축 (丁丑)	무인 (戊寅)
이(離)	간(艮)	태(兌)	건(乾)	곤(坤)	손(巽)	진(震)	곤(坤)
건(乾)	태(兌)	간(艮)	이(離)	감(坎)	곤(坤)	진(震)	손(巽)
1999	2000	2001	2002	2003	2004	2005	2006
기묘 (己卯)	경진 (庚辰)	신사 (辛巳)	임오 (壬午)	계미 (癸未)	갑신 (甲申)	을유 (乙酉)	병술 (丙戌)
감(坎)	이(離)	간(艮)	태(兌)	건(乾)	곤(坤)	손(巽)	진(震)
간(艮)	건(乾)	태(兌)	간(艮)	이(離)	감(坎)	곤(坤)	진(震)
2007	2008	2009	2010	2011	2012	2013	2014
정해 (丁亥)	무자 (戊子)	기축 (己丑)	경인 (庚寅)	신묘 (辛卯)	임진 (壬辰)	계사 (癸巳)	갑오 (甲午)
곤(坤)	감(坎)	이(離)	간(艮)	태(兌)	건(乾)	곤(坤)	손(巽)
손(巽)	간(艮)	건(乾)	태(兌)	간(艮)	이(離)	감(坎)	곤(坤)

2015	2016	2017	2018	2019	2020	2021	2022
을미 (乙未)	병신 (丙申)	정유 (丁酉)	무술 (戊戌)	기해 (己亥)	경자 (庚子)	신축 (辛丑)	임인 (壬寅)
진(震)	곤(坤)	감(坎)	이(離)	간(艮)	태(兌)	건(乾)	곤(坤)
진(震)	손(巽)	간(艮)	건(乾)	태(兌)	간(艮)	이(離)	감(坎)
2023	2024	2025	2026	2027	2028	2029	2030
계묘 (癸卯)	갑진 (甲辰)	을사 (乙巳)	병오 (丙午)	정미 (丁未)	무신 (戊申)	기유 (己酉)	경술 (庚戌)
손(巽)	진(震)	곤(坤)	감(坎)	이(離)	간(艮)	태(兌)	건(乾)
곤(坤)	진(震)	손(巽)	간(艮)	건(乾)	태(兌)	간(艮)	이(離)
2031	2032	2033	2034	2035	2036	2037	2038
신해 (辛亥)	임자 (壬子)	계축 (癸丑)	갑인 (甲寅)	을묘 (乙卯)	병진 (丙辰)	정사 (丁巳)	무오 (戊午)
곤(坤)	손(巽)	진(震)	곤(坤)	감(坎)	이(離)	간(艮)	태(兌)
감(坎)	곤(坤)	진(震)	손(巽)	간(艮)	건(乾)	태(兌)	간(艮)
2039	2040	2041	2042	2043	2044	2045	2046
기미 (己未)	경신 (庚申)	신유 (辛酉)	임술 (壬戌)	계해 (癸亥)	갑자 (甲子)	을축 (乙丑)	병인 (丙寅)
건(乾)	곤(坤)	손(巽)	진(震)	곤(坤)	감(坎)	이(離)	간(艮)
이(離)	감(坎)	곤(坤)	진(震)	손(巽)	간(艮)	건(乾)	태(兌)

저자가 8년 전 서울 어느 기업체 사장의 집터를 정해주었는데 그는 경인년(庚寅年)이 되자 사업으로 수백억 원의 돈을 벌어 큰 부자가 되었다. 어떤 이유에서일까?

그 사람이 남보다 월등한 능력과 재능이 있어서? 물론 그럴 수도 있었겠지만 저자는 그에게 합당한 행운이 따랐기 때문이었다고 생각한다.

그렇다면 그에게 어떤 행운이 따른 것인지 3합법에 의한 24방위로 살펴보기로 하자.

그의 주택은 한강이 내려다보이는 한남동에 3층 주택을 지었다.

주택풍수에서는 본인의 명궁(命宮)과 건물의 좌향(坐向) 그리고 대문(大門)과 음식을 조리하는 주방과의 상관관계가 상생(相生)하면 대길하지만 상극(相剋)하면 대흉하다고 판단한다.

생년간지(生年干支)란 출생년도의 천간과 지지를 말한다.

‘남녀명궁표’를 보면 1954년 남성은 간지가 갑오(甲午)이고 명궁(命宮)은 감(坎)이 된다.

또 1964년생 남자는 간지가 갑진(甲辰)이고 명궁은 이(離)이며, 2013년생 남자는 간지가 계사(癸巳)이고 명궁은 5수이나 2수 곤(坤)으로 변한다.

(중궁수가 5토(土)일 경우 남자는 3을 역행하여 2곤토(坤土)가 되고 여자는 3을 순행하여 8간토(艮土)가 된다.)

1954년 갑오생(甲午生)인 그의 명궁은 감(坎)이고 건물은 남향이다.

나침반으로 24방위를 측정해 보니 건물은 정확히 임좌병향(壬坐丙向)에 해당하는 임택(壬宅)이었다.

여기서 좌(坐)란 건물이 서 있는 좌표상의 택(宅)을 말하고 향(向)이란 건물이 마주 보고 있는 전면방위를 말한다.

본인의 명궁(命宮)인 감(坎)의 생년간지 갑오(甲午)와 24방위상의 임택(壬宅)과의 관계는 ‘이익(利益)이 왕성하여 부자(富者)가 되는 곳’에 해당되고 대문은 정남쪽 이향(離向)으로서 ‘납갑부귀격(納甲富貴格)’, 식당인 주방은 정북쪽 감향(坎向)에 있어 임택과는 ‘월덕귀인방위(月德貴人方位)’에 해당하였으며 남동쪽 손향(巽向)의 침실은 ‘귀인방위(貴人方位)’에 정확히 맞추어져 있다.

다시 경인년(庚寅年)인 그 해의 천간 경(庚)과는 ‘식록(食祿)으로서 부귀(富貴)가 왕성'하며, 지지인 인(寅)과는 '지지 3합으로 순운(順運)'에 해당되기에 크게 발복(發福)한 것이다.

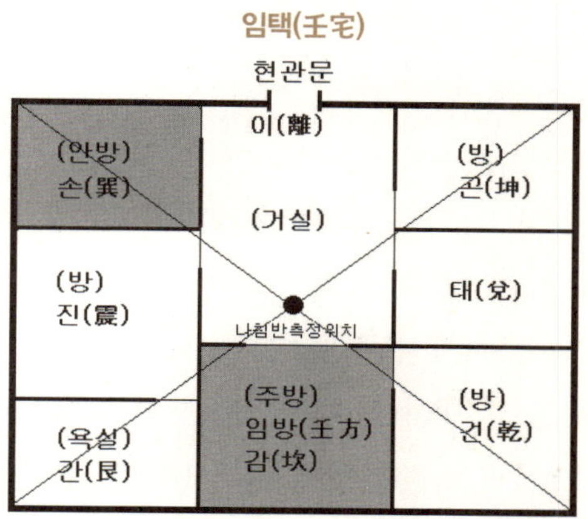

이처럼 아파트, 사무실, 사업장, 상가나 점포 등에서 본인이 선천적으로 타고난 명궁과 그에 알맞은 길방위(吉方位)에 거주하고 흉방위(凶方位)를 피하여 생활한다면 매년 돌아오는 유년운(遊年運)에서 반드시 발복(發福)하게 될 것이다.

예컨대 1964년생인 K 사장은 그의 생년간지가 갑진(甲辰)인데 정남향인 여의도 모 아파트 9층에서 9년째 살고 있다. 이 아파트 4모서리를 대각선으로 그었을 때 가장 중심이 되는 건물 중앙에 나경(나침반)을 놓고 24방위로 측정하였더니 정남향인 자좌오향(子坐午向)에 해당하는 자택(子宅)이었고 현관문은 동남쪽 손방(巽方), 잠을 자는 안방은 을방(乙方), 음식을 조리하는 주방은 임방(壬方)에 각각 배치되어 있었다.

그의 사업장은 영등포구 모처에 있었으며 사업장방위는 북향인 병택(丙宅)이었는데 출입문은 북쪽인 감방(坎方)이고 사무실은 정남쪽 이방(離方)으로서 무자년(戊子年)이 되자 두 곳에서 왕기(旺氣)를 만나 많은 돈을 벌었다.

이를 풍수적으로 해석하면 생년간지인 갑진(甲辰)은 명궁이 이궁(離宮)으로서 그의 아파트 자택(子宅)과는 '순복격(順福格)'에 해당하고 출입문은 '천덕(天德)'과 '생기방(生氣方)'에 해당되며 안방은 '납갑(納甲)'과 '식록귀인방(食祿貴人方)'이 되고, 주방 역시 부귀를 누리는 '월덕귀인방(月德貴人方)'으로서 모두가 대길격이었다.

또 많은 돈을 번 무자년(戊子年)의 천간 무(戊)와는 '간지납갑(干支納甲)'이 합(合)이 되어 큰 이익이 있게 되고 지지 자(子)와는 '복(福)'이 흥왕하게 되는 운'이었다.

사업장 역시 본인과 잘 맞는 '정재 2길격(丁財二吉格)'이었고 출입문은 '천부(天富)와 부귀길상격(富貴吉相格)'이 되었다.

이처럼 건물과 본인의 생년간지가 길격인 방위에 출입문, 안방, 주방 등이 배치되고 유년운(遊年運)에서 왕기(旺氣)를 만나 행운(幸運)이 함께 하였으니 반드시 부자(富者)가 될 수밖에 없는 것이다.

아래 그림은 출입문과 안방, 그리고 주방과의 상호관계를 표시한 것이며 중앙에 나침반으로 측정하는 위치를 표시하고 있다.

앞서 '출생년도별 남녀명궁표'를 찾기 쉽게 제시하였는데 명궁(命宮)이란 사람이 태어날 때부터 숙명적으로 타고나 '운과 명을 주관하는 궁위'로서 남자와 여자가 서로 다르다고 이미 설명하였다.

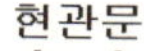

건물 실내도

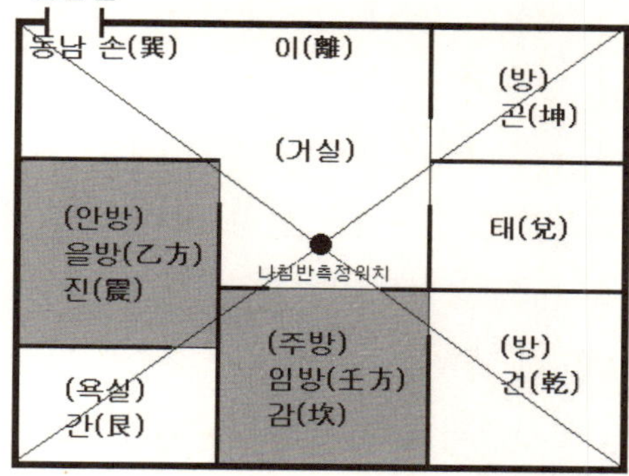

사무실내부구조도

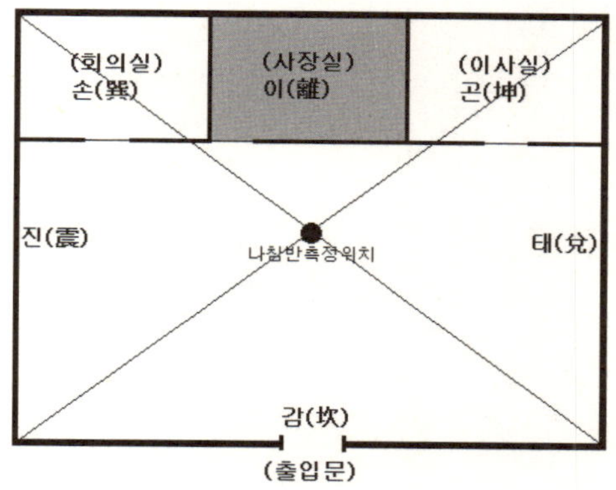

이는 출생년도의 간지(干支)와 주역 8괘에 의한 8방위를 서로 합치
시켜 건(乾), 태(兌), 이(離), 진(震), 손(巽), 감(坎), 간(艮), 곤(坤)으로 표현
한 것이나 주역괘의 뜻과 방위상의 내용이 서로 일치한다.

'남녀명궁표'에서 1970년생은 간지가 경술(庚戌)이고 명궁은 남녀가 똑같이 진(震)이다.

또 1977년생은 간지가 정사(丁巳)인데 남자는 명궁이 곤(坤)이지만, 여자는 명궁이 감(坎)이다.

'명궁의 특질'을 보면 명궁이 진(震)인 사람은 '스스로 개척하거나 창조정신이 강하고 빈손으로도 가업을 일으키고 재물과 부를 추구한다.'라고 기록하고 있고 명궁이 감(坎)인 사람은 '지혜가 있고 생각이 깨끗하며 자유로운 것을 좋아하고 처사가 신중하다.'고 하였다. 이와 같이 명궁으로도 그 사람의 성격과 특성을 알 수가 있다.

비법 2. 명궁(命宮)과 건물(建物)이 상생하는 궁위(相生宮位)를 찾아라

8궁은 24방위를 3개씩 한데 묶어 모두 8개 궁위(宮位)로 나눈다.

'명궁별 길흉방위'를 보면 명궁이 진(震)인 사람은 남쪽인 이(離), 남동쪽인 손(巽), 북쪽인 감(坎), 동쪽인 진(震)이 서로 상생하는 길궁(吉宮)이 되는데 특히 감좌이향(坎坐離向)은 재운방위가 되고 기타 4방위는 모두 흉한 궁위가 된다.

또 명궁이 곤(坤)인 사람은 북동쪽인 간(艮), 북서쪽인 건(乾), 남서쪽인 곤(坤), 서쪽인 태(兌)가 길궁위(吉宮位)이고 특히 간좌손향(艮坐巽向)은 재운방위이며 기타 4방위는 모두 흉한 궁위이다.

이와 같이 사람은 타고난 명궁에 따라 이미 길방위와 흉방위가 정해져 있으니 자신의 궁위와 건물방위를 알고 나서 그에 알맞은 주택이나 아파트 사무실의 방실이나 출입문, 주방이 3위일체(三位一體)로 길궁위에 배치해야 길경(吉慶)을 얻게 되고, 서로 상극이 되거나 어긋나면 불리하게 된다. 그러나 화장실이나 하수구, 창고 등은 반대로 흉궁위(凶宮位)에 배치해야 도리어 길하다.

　명궁이 건(乾)인 사람은 주택을 짓거나 아파트를 구할 때 동남향인 건좌(乾坐), 동향인 태좌(兌坐), 남서향인 간좌(艮坐), 북동향인 곤좌(坤坐)의 집을 구하면 복위, 생기, 천을, 연년으로 각각 대길하고 북향인 이좌(離坐), 서향인 진좌(震坐), 북서향인 손좌(巽坐), 남향인 감좌(坎坐)의 집을 구하면 절명, 오귀, 화해, 육살로서 불길하다.

　오래 거주할 주택이나 아파트 등은 유년운과 관계없이 명궁과 주택 및 아파트 등의 좌(坐), 그리고 출입문, 안방, 주방은 반드시 길궁위에 배치되어야 발복(發福)을 받을 수가 있다.

명궁과 건물의 좌(坐) 및 8방위 상호 간의 관계

명궁 \ 방위	6건 (乾)	7태 (兌)	9이 (離)	3진 (震)	4손 (巽)	1감 (坎)	8간 (艮)	2곤 (坤)
6건 (乾)	복위	생기	절명	오귀	화해	육살	천을	연년
7태 (兌)	생기	복위	오귀	절명	육살	화해	연년	천을
9이 (離)	절명	오귀	복위	생기	천을	연년	화해	육살
3진 (震)	오귀	절명	생기	복위	연년	천을	육살	화해
4손 (巽)	화해	육살	천을	연년	복위	생기	절명	오귀
1감 (坎)	육살	화해	연년	천을	생기	복위	오귀	절명
8간 (艮)	천을	연년	화해	육살	절명	오귀	복위	생기
2곤 (坤)	연년	천을	육살	화해	오귀	절명	생기	복위

* 각 수리는 후천 고유방위수

이 기준은 가구주의 명궁을 위주로 본 것이며 가족 중 잘 맞지 않는 사람이 있을 경우는 주택이나 아파트 또는 사무실의 각 실내에서 현관문이나 출입문이 침실과 주방 또는 사무실의 책상이 서로 상생을 이루는 생기, 연년, 천을 방위를 찾아서 생활해야 길하다.

예컨대 명궁이 간(艮)인 사람의 주택이 동남향인 건좌(乾坐)로 지어져 있으면 천을 방위로서 대길하고, 남향집인 감좌(坎坐)이면 오귀방위로서 대흉하다. 또 대문이나 출입문이 남쪽인 이방위(離方位)인데 안방이 남서쪽 곤방위(坤方位)에 있으면 상호관계가 육살방위로서 대흉하지만 주방이 동쪽인 진방위(震方位)에 있으면 생기방위로서 대길하다.

* 24방위는 너무 복잡하므로 8궁위를 이용하면 손쉽게 판단할 수가 있다.

비법3. 길흉궁위(吉凶宮位)의 특성을 알라

1. 생기궁(生氣宮)

생기궁은 북두칠성 중 탐랑성(貪狼星)이라는 길성인데 이에 부합되는 형국이 되면 총명하고 부귀흥왕하며 효순과 인정이 왕성함을 주관하는 대길궁이다. 여기서 궁(宮)이란 해당 지점 또는 방위상의 위치를 말한다. 생기궁은 특히 장남에게 유리하며 이 방위로 대문이나 주방, 침실인 안방을 배치하면 크게 발전한다.

그러나 대문이나 주방 등과 상극하여 흉한 궁위로 바뀌면 술을 좋아하고 바람을 피우며 파재를 당함은 물론 자녀가 불효하고 냉정한 인물로 바뀐다.

건물풍수나 묘지풍수에서 생기방위로 도로나 물이 들어오면 대길하고 물이 빠져나가면 대흉하다.

2. 천을궁(天乙宮)

천을궁은 천의궁(天醫宮)이라고도 하는 북두칠성 중 거문성(巨門星)에 해당하는 길성으로서 재물을 풍족하게 하고 인정(人丁)이 왕성하며 총명하고 어질며 효도하거나 신동(神童)이 나고 충성스럽고 풍후(豊厚)하며 장수(長壽)를 주관하는 길궁위이다.

이 궁위에 안방이나 공부방이 배치되면 더욱 좋지만 대문이나 주방 등과 상극하여 흉궁으로 바뀌면 파재하고 송사나 시비가 생기며 열등하거나 완고한 자식이 태어난다.

건물풍수나 묘지풍수에서 이 방위로 들어오는 도로나 물은 길하나 나가는 물은 대흉하다.

3. 화해궁(禍害宮)

화해궁은 녹존성(祿存星)으로 불리는 흉성궁위로서 음란하고 광기를 부리거나 요망하며 산업을 퇴패하고 완고하거나 우열한 자손이 난다.

그러나 합국이 되어 길성으로 바뀌면 근검절약하여 재산이 늘어나지만 사람은 인색해진다.

이 궁위에 화장실이나 창고, 하수구를 배치하면 도리어 길해지고 건물이나 묘지풍수에서 이 궁위로 도로나 물길이 들어오면 대흉하나 빠져나가면 길하다.

4. 육살궁(六煞宮)

이 궁위는 문곡성(文曲星)에 해당하는 흉성으로서 여자는 바람기가 있고 가정불화와 이산, 요절, 안질, 중풍, 재산퇴패 등을 주관하지만 대문이나 주방 등과 상생하여 합국이 되면 남성은 이성문제에 유리하고 예술에 재능이 있으며 총명하게 된다. 이곳에 화장실, 창고, 하수구 등을 배치하면 길하나 건물이나 묘지풍수에서 이 방위로 도로나 물길이 들어오면 대흉하고 빠져나가면 길하다.

5. 오귀궁(五鬼宮)

이 궁위는 염정성(廉貞星)에 해당되는 흉성으로서 혈광을 보거나 교통사고, 무능, 열등, 파재, 도적 등을 주관하나, 합국이 되면 재산이 늘어나고 가운이 순창하며 하는 일에 매력을 느낀다.

이곳에 화장실, 하수구, 창고 등을 배치하면 길하고 건물이나 묘지풍수에서 이곳으로 도로나 물길이 들어오면 대흉하나 빠져나가면 길하다.

6. 연년궁(延年宮)

이 궁위는 북두칠성 중 무곡성(武曲星)에 해당하는 대길성궁위로서 현명하고 효도하며 총명함을 주관하고 무관으로 등용되어 귀하게 되며 가업이 안정되고 재물과 사람이 왕성해진다.

그러나 다른 궁위와 상극이 되거나 파국이 되면 파재, 열등감, 독서 불리, 혈병 등이 생긴다.

이 방위로 대문이나 출입문, 안방, 주방, 공부방으로 사용하면 대길하고 화장실, 하수구, 창고 등으로 사용하면 불리하다. 건물이나 묘지 풍수에서 도로나 물길이 이곳으로 들어오면 대길하고 빠져나가면 흉하다.

7 .절명궁(絕命宮)

이 궁위는 파군성에 해당되는 대흉성궁으로서 파재와 손재, 형옥, 상해, 사고사, 연애와 바람기를 주관하나 합국이 되면 가도가 창달하고 선견지명과 권위로서 성공하고 재운이 순평하며 송사에도 이익이 있다. 절명궁으로 대문, 안방, 주방, 공부방을 배치하면 대흉하고 화장실이나 하수구, 창고 등을 배치하면 길하다.

건물이나 묘지풍수에서 이곳으로 도로나 물길이 들어오면 대흉하고 빠져나가면 길하다.

8. 복위궁(伏位宮)

이 궁은 좌보(左輔)와 우필성(右弼星)에 해당되는 길한 궁위(宮位)로서 관직(官職)으로 귀하게 되고 가운(家運)이 번창하며 부귀장수하고

어질고 효도하는 자손이 난다. 그러나 대문이나 주방과의 상극으로
파국이 되면 불화, 파재, 배반이 있게 된다.

이 궁위로 안방, 대문, 주방, 공부방을 배치면 길하고 화장실, 창고,
하수구를 내면 흉하다.

건물이나 묘지풍수에서 이 방위로 도로나 물길이 들어오면 길하나
빠져나가면 흉하다.

* 이상에 대한 학문적 근거는 주택풍수의 경전(經傳)인 『양택3요』,
『8택명경』, 『8택주서』, 『황제택경』 등이며 수만 건을 검증한 결과 모두
가 백발백중이라 적고 있으며 저자가 검증한 결과 확신을 얻을 수 있
었다.

독자 여러분도 현재 살고 있는 아파트, 사업장, 사무실의 각 방위 중
어느 호실이 생기궁이고 주방은 무슨 궁이며 출입문과의 관계는 상생
하는 곳인지 아니면 상극하는 곳인지 확인해보라.

비법4. 건물의 방위를 정확히 확인하라

우리가 살고 있는 주택이나 아파트, 빌딩, 사업장 등 건물이 실지 어느 좌향(坐向)으로 지어져 있는지 정확히 알아야 한다.

좌(坐)는 좌표를 말하고 향(向)은 좌를 중심으로 보았을 때의 전면을 말한다. 아파트의 경우에는 층수별로 그 아파트의 중심지점, 빌딩인 경우에는 빌딩의 중심지점, 사무실의 경우에는 사무실의 중심지점 즉 4각형인 경우는 각 모서리로 X자를 그었을 때 두 선이 서로 만나는 중심점에 나경(나침반)을 놓고 전후와 좌우 24개 방위를 측정하게 되면 건물이나 사무실의 좌(坐)가 어느 방위이고 그 앞쪽이 되는 향(向)은 어느 쪽이 되며 출입문과 침실, 주방, 화장실은 각각 어느 방향에 위치하고 있는지 알 수 있다.

다만 큰 건물 속에 여러 개의 작은 사무실이 나누어진 경우는 작은 사무실 내 정 중심에서 다시 같은 방법으로 출입문과 자신의 책상방위 등을 측정한다.

앞서 언급한 바와 같이 명궁이 진(震)인 사람은 정남향인 감좌이향

(坎坐離向)의 건물에 거주하면 건물 내 동남쪽 손방위(巽方位)는 생기(生氣), 남쪽 이방위(離方位)는 연년(延年), 동쪽 진방위(震方位)는 천을(天乙), 북쪽 감방위(坎方位)는 보필궁(輔弼宮)으로서 대길궁이 되고, 북동쪽 간방위(艮方位)는 오귀(五鬼), 북서쪽 건방위(乾方位)는 육살(六煞), 서쪽 태방위(兌方位)는 화해(禍害), 남서쪽 곤방위(坤方位)는 절명(絕命)인 대흉궁이 되는 것이다.

건물 좌향 측정 방법

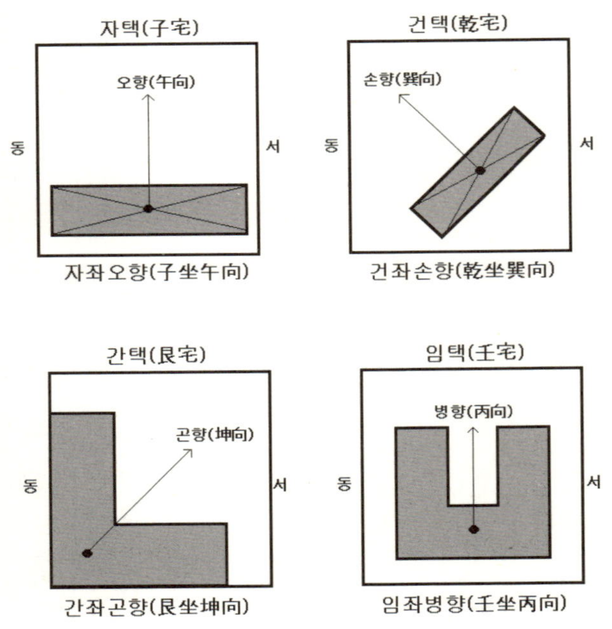

비법 5. 건물의 층수를 확인하라

건물층수와 관련하여 5층 이하인 경우와 5층 이상인 경우를 구분하고 있으니 5층 이하 건물의 방위가 북, 남, 동, 서인 자오묘유좌(子午卯酉坐)가 되는 경우는 **수-목-화-토-금-수**로써 오행의 순행순서에 따라 **1층은 수**(水)**인 육살, 2층은 목**(木)**인 생기, 3층은 화**(火)**인 오귀, 4층은 토**(土)**인 천을, 5층은 금**(金)**인 연년**을 각각 적용한다. 예외적으로 **1층이 금**(金)**으로 시작되는 경우**는 동향건물에 동문(東門)과 남서쪽 손문(巽門), 서향건물에 서문(西門), 남향건물에 남문(南門)인 경우이고,

1층이 토(土)**로 시작되는 경우**는 남향건물에 동남쪽 손문(巽門)과 서향건물에 남서쪽 곤문(坤門)이며, **1층이 화**(火)**로서 시작되는 경우**는 북향건물에 북동쪽 간문(艮門)인 경우이고, **1층이 목**(木)**으로 시작되는 경우**는 서향건물에 서북쪽 건문(乾門)인 경우이다.

5층 이상 고층건물은 선천하도수(先天河圖數)에 따라 각 층수마다 오행이 따로 정하고 있으니 **1.6은 수**(水)**, 2.7은 화**(火)**, 3.8은 목**(木)**, 4.9는 금**(金)**. 5.10은 토**(土)가 되므로 13층이면 10을 버린 3목(木), 29층이면 역시 20을 버린 9금(金)이 되며 35층이면 30을 버린 5토(土)가 되고, 6층은 수(水), 7층은 화(火), 10층은 토(土)이며 지하층도 같다.

비법 6. 3원갑자 왕쇠수(旺衰數)를 알라

    3원갑자는 제 363쪽 '3원갑자 운행년대표'와 같이 지구의 운행질서를 상원, 중원, 하원갑자 9개운 으로 나누고 각운마다 왕쇠(旺衰)를 정한 것이니 2004년부터 2023년까지는 하원갑자 제8운에 속한다. 다시 갑오년(甲午年)은 8운 중에서도 4운이 된다.

    3원갑자 기간이나 매년 운을 확인하려면 해당운수를 제 369쪽 '자백법(紫白法)'에 따라 구궁도 중궁에 대입하여 해당 궁위별 현재의 길흉을 확인할 수 있다. 8수는 당왕(當旺)한 왕기로서 대길하고 9수는 생기, 1수는 진기로서 평운이 되나 6, 2, 3, 4, 5는 흉수가 된다. 1백수(一白水)는 생기(生氣)인 길성이고, 2흑토(二黑土)는 병부성(病符星)으로서 건강에 불리하며, 3벽목(三碧木)은 구설이나 시비가 있다. 4목록(四木綠)은 문창성(文昌星)으로서 시험이나 고시에 유리하고 5황토(五黃土)는 재병성(災病星)으로 재앙과 질병이 있으며, 6수는 관운(官運)에 유리하다. 7적금(七赤金)은 파군(破軍)인 대흉성으로서 파괴의 별이며, 8백토(八白土)는 정재(正財)가 되어 재운이 좋고, 9자화(九紫火)는 희경성(喜慶星)으로서 기쁜 일이 많다.

비법 7. 풍수안목(風水眼目)을 넓혀라

음택풍수(陰宅風水)는 동기감응(同氣感應)에 따른 길지를 찾아서 죽은 사람의 유해를 땅속에 묻는 음(陰)에 관한 정(靜)적인 풍수이고, 양택풍수(陽宅風水)는 산사람을 상대로 생기복덕(生氣福德)을 얻는 양(陽)에 관한 동(動)적인 풍수이므로 음양(陰陽)을 똑같이 적용해서는 아니 된다.

풍수란 '땅(터)과 사람과의 조화'이며 그 대상을 모두 음양오행(陰陽五行)으로 설명하고 있다.

풍수학에서 산은 음(陰)이고 물은 양(陽)이므로 음양(陰陽)이 서로 만나 교회(交會)하는 곳에 생기(生氣)가 응축한다는 것이 풍수법의 핵심(核心)이다.

산사람에게는 생명에 필요한 햇볕, 공기, 물, 열, 식량 등이 필수적이므로 풍수 또한 그에 합당하여야 하고 택지(宅地)를 정함에 있어서도 햇볕이 잘 들고 양기가 뭉쳐져 있는 반듯한 평지를 제일로 친다. 그러나 저지대이거나 그늘지고 음습하며 모가 나거나 바람이 심하게 몰아치고, 언덕이나 매립지 같은 땅은 길지가 못 된다.

터에도 용도가 따로 있고 건물마다 오행이 정해져 있으며 빌딩이 숲을 이루고 있는 도심(都心)은 빌딩이나 건물이 음택풍수에서 비유되는 산(山)이요, 도로는 물(水)로 볼 수 있다.

기(氣)는 바람을 만나면 흩어지고(氣乘風則散) 물을 만나면 멈추듯(界水則止) 음(陰)인 산은 양(陽)인 물과 마주하는 곳에 생기가 왕성하므로 양기가 흐르는 도로와 인접해 있는 1층이나 2층이 3, 4층보다 기(氣)가 더 모이고, 도로 주변 건물이나 양 모서리에 양기(陽氣)가 왕성한 것은 너무도 당연하다.

또 빌딩이나 사무실은 양토(陽土)이기에 낮에는 사람들이 사무실에 모여서 일하고 아파트나 주택은 음토(陰土)이기에 밤이 되면 사람들이 아파트에 들어가 잠을 자거나 휴식을 취하니 상가나 빌딩은 양적이고 아파트는 음적이다.

지상층(地上層)은 양이고 지하층(地下層)은 음이며 지대의 높고 낮음과 경사와 평지는 물론 교통망과 교차로, 주변 건물과 주위 환경, 나무와 숲, 건축구조와 계단, 엘리베이터나 에스컬레이터, 통신망, 고압선, 전파, 전자파, 공간, 빛, 소음, 매연, 냄새, 습기, 밝고 어두운 조명과 색상은 물론이고 사무실의 책상이나 의자, 화분 등 모든 것이 풍수의 대상이자 음양오행(陰陽五行)으로 분류한 것들이다.

항간에 수맥파 탐지가 풍수의 전부인양 오해하고 있다. 물론 수맥파 탐지 역시 풍수의 대상이지만 오류가 많은 수동식보다는 정확한 계기(計器)로 측정하는 것이라야 믿을 수 있다.

넓은 직선도로는 양기가 직선으로 빠져나가 멈추지 아니하고 복잡한 도로나 골목길은 양기가 모일 뿐만 아니라 그에 잘 맞는 위치와 장소에 따라 상품들을 진열하여 많은 사람들이 모여드니 이것이 생기

(生氣)요, 왕기(旺氣)인 것이다.

예컨대 동대문시장이나 남대문시장은 목(木)에 해당하는 의류나 악세서리, 섬유, 피혁제품 등이 집중되어 있고, 빌딩으로 숲을 이루는 강남의 빌딩지대는 철골조에 통유리 건축물로써 금(金)에 속하는 것들이 많다.

방송사나 언론사, 전자상가나 주유소, 전기와 전자, 원자로 등은 화(火)에 속하고, 화훼단지나 농산물집하장, 농약상, 수목원 등은 목(木)에 속하며, 수산물시장이나 수도사업소 등은 수(水)에 해당한다.

또 지명에 있어서도 김포라는 지명은 금(金)의 포구로서 비행기가 오고 가는 공항이 생겨났고, 자동차는 금(金), 석유나 휘발유는 화(火), 도로는 토(土)로서 화생토(火生土), 토생금(土生金)이 되어 자동차가 도로위를 달린다.

후학들이여! 도심 한복판에서 청룡(靑龍)이나 백호(白虎)를 찾고 배산임수와 인테리어가 풍수의 전부인 것처럼 함부로 말하는 근시안(近視眼)을 버리고 '풍수는 터와 사람과의 조화를 통해 생기를 다루는 살아 있는 학문임'을 기억하라.

2부

사례별로 살펴본 건물풍수

사례 1. 침실을 바꾼 아파트 풍수

도시 사람들은 대부분 아파트에서 생활을 한다. 좋은 아파트란 주변 환경이 쾌적하고 교통이 좋으며 안락하고 편안한 것을 선호한다. 그렇다면 구체적으로 어떤 아파트가 좋은가?

모 기업체 P 사장은 서울 강남에서도 제일 값이 비싸다는 60평형 규모의 ○○아파트에 7년째 살고 있으나 잠자리가 불편하고 입주 후 3년째 되는 해에는 18세 큰아들을 교통사고로 잃었는가 하면 집안에는 왠지 모를 불안으로 마음이 안정되지 않았다. 수맥전문가를 불러 물어보니 수맥파가 있다 하여 동판을 깔고 여러 가지 장치를 하였으나 도무지 좋아지지 않아 부동산에 매물로 내어 놓았지만 집값만 떨어지고 팔리지 않았단다.

출장감정을 의뢰받은 나는 먼저 이 아파트가 주인과 잘 맞는지 방위를 살폈다.

주인은 1969년 기유생(己酉生)이고 명궁이 4손목(四巽木)인데 이 아파트는 정동향인 유택(酉宅)이라 '통순안강격(通順安康格)'이어서 길하나 안방은 동남쪽 손방(巽方)인 '육살궁'이었고, 주방은 남쪽 이방(離方)인 '오귀궁', 출입문은 동쪽 '절명궁'이었으며 화장실은 북서쪽 건방(乾方)인 '생기궁'에 배치되어 있었다.

층수는 15층으로 오자운(五子運)과 함께 목극토(木剋土)여서 어느 것 하나 잘 맞는 것이 없기에 유택(酉宅)인 유좌묘향(酉坐卯向)에 대하여 3원갑자(三元甲子) 8운 중 최왕수인 8수를 구궁도(九宮圖) 넣고 분석해 보니 안방은 25동궁으로서 '흑황(黑黃)'이 교차하여 질병으로 대흉하고, 큰아들 방은 43동궁으로 '벽록풍마살(碧綠瘋魔煞)'인데다 '겁살방위'로서 역시 대흉하며, 주방은 16동궁으로서 금생수(金生水)가 되어 그나마 다행이었다.

현재 옷방으로 사용하고 있는 서쪽 태궁(兌宮)이 '가장 운기가 왕성'한 88수이므로 침실로 개조하여 쓰도록 하고 역마방(驛馬方)과 귀인방(貴人方)을 찾아 풍수비보를 하였더니 그 후로 "잠자리가 편해지고 이제 살맛 난다."는 전화가 왔다.

침실로 개조한 옷방은 태궁(兌宮)인 보필(輔弼)로서 본인의 명궁과 일치하고 수리로 보면 "88동궁은 8백토(八白土)가 중첩하여 부귀하고 대귀하며 인정(人丁)이 발하고 재산이 늘어난다."고 기록된 당왕(當旺)한 대길수(大吉數)이다.

사례 2. 사무실 풍수의 성공사례

　빌딩이 숲을 이루는 번화가는 사람들이 빌딩 속으로 빨려 들어가는 듯하다. 직선도로는 사통팔달로 이어지고 지하철망 역시 번잡하며 도로 위를 달리는 차량도 매우 번잡하다.

　직장생활 하는 사람들은 교통이 좋고 근무하기 편하며 안정적이고 보수가 많은 직장을 선호하기 마련이고 출퇴근 시간과 집에서 잠자는 시간을 제외하고는 대부분의 시간을 직장에서 보낸다.

　풍수학에서 빌딩은 음(陰)인 산(山)으로 보고 도로는 양(陽)인 물(水)로 보므로 높은 빌딩은 높은 산이요, 큰 도로나 광장은 큰 강이나 호수로 본다.

　빌딩이 높으면 바람을 많이 받아 기(氣)가 흩어지고 직선도로 역시 양기(陽氣)가 그냥 지나쳐 버린다.

　사람이 운집하는 광장이나 작은 도로망이 서로 이어진 곳은 양기가 모여 있는 곳이다.

　예컨대 서울시청 앞 광장은 음택풍수에서 양기가 모인 호수에 비유되고 사람이 운집하는 명동이나 남대문시장 등은 생기(生氣)가 왕성한 곳이다.

　여의도 어느 빌딩 모 층에는 내가 알고 있는 H 부처 고위공직자 두 분이 계신다.

　그들의 요청으로 빌딩의 방위와 명궁을 참고하여 육살궁(六煞宮)에 있는 사무실을 생기궁(生氣宮), 출입문을 연년궁(延年宮)에 맞추었으며 구궁도(九宮圖)상 계사년에서 제일 왕성한 8수궁위에 그의 의자를 놓도록 하고 역마방위(驛馬方位)에 풍수비보를 했다. 그 후 1년이 지나자 박근혜 정부 제1기 입각자(入閣者) 명단에 두 분의 이름이 나란히 올랐다.

　이처럼 사무실 풍수는 길한 궁위 중에서도 현재 가장 왕성(旺盛)한 곳에서 집무를 하게 되면 최고의 좋은 기(氣)를 받을 수 있는 것이다.

사례 3. 실패한 음식점 풍수

　한정식. 양식, 분식, 레스토랑, 카페, 주점 등 음식점영업을 하는 업소에서는 그 지역과 위치 및 주변 도로와 주차시설은 물론이고 주변 환경이나 색상, 조명 등 분위기 그리고 같은 동업자와의 관계는 당연히 고려되어야 하겠지만 특히 건물의 방위와 본인의 명궁 그리고 출입문이나 대문, 주방, 화장실 등 풍수적인 고려가 필수적이다.

　분위기를 좋게 만들고 음식 맛이 좋다 하여 손님이 많은 것은 결코 아니다.

　서울 외곽에 있는 어느 추어탕 집은 음식 맛으로 소문이 나서 점심 때가 되면 줄을 서야 할 정도로 입추의 여지가 없이 장사가 잘됐다. 체인점도 내는 등 단시일 내에 많은 돈을 벌어 인접 토지를 매입하여 주차시설도 하고 주방과 객실을 더 넓게 증축하였더니 그 많던 손님이 갑자기 뚝 끊어져 울상이 되었다.

　종전과 똑같은 사람이 똑같은 방식으로 요리를 하였는데도 손님들은 왠지 서먹서먹해서 그 식당에 들어가기 싫어진다는 것이다.

출장요청을 받고 감정을 해 보니 명궁과 건물과는 상생하였으나 생기궁에 있었던 출입문이 절명궁에 배치되어 있었고 연년궁에 있었던 주방이 육살궁에 배치되어 있었는데 다시 하원갑자 8운을 적용해 보니 대문이 7적수(七赤數)가 합해진 77수였고 주방은 25흑황수(黑黃數)가 되어 있어 '질병과 파괴성이 왕성'하여 망할 수밖에 없었다.

또 경기도 수원에 있는 모 식당은 '웰빙식'을 잘하여 손님이 많기로 소문이 나 있었는데 위와 같이 인접 토지를 매입하여 주차장을 내고 객실도 더 크고 넓게 증축을 하였는데 그 많던 손님이 갑자기 끊어져 이상하다 하여 실지 감정해 보니 천을궁(天乙宮)에 있던 출입문이 화해궁(禍害宮)인 53 황벽수(黃碧數)에 배치되어 있었고 연연궁에 있던 주방은 오귀궁(五鬼宮)인 72 적흑수(赤黑數)에 배치되어 대흉하였다.

그 외에도 이러한 사례는 무수히 많았다.

사례 4. 패망한 어느 사업가의 주택

모 사업가는 물류사업으로 많은 돈을 벌어 서울근교에 땅 5,000여 평을 사서 물류창고와 3층 건물을 지어 사무실을 내고 가족과 함께 2층에 거주하였다. 2년 만인 임진년(壬辰年)에 집주인은 위암으로 쓰러지고 사업은 부도로 패망하고 말았다.

1960년 경자생(庚子生)인 그의 명궁(命宮)은 4손목(四巽木)이고 주택은 간택(艮宅)으로 지었으며 출입문은 정남쪽 오향(午向)으로 내고 침실은 동남쪽 손궁(巽宮), 사무실 문은 경방(庚方)에 있었다.

이 경우 경자생(庚子生) 4손목(四巽木)은 간택(艮宅)을 크게 기피하는 절명궁(絕命宮) 흉방위이고, 3층 건물은 목(木)으로서 간택(艮宅)과 상극인데다 출입문도 화해궁(禍害宮)에 있었으니 크게 불길하다.

사무실 문도 경방(庚方)이라 흠이 있는 방위인데다 임진년인 임(壬)은 '집을 상하는 극택운(剋宅運)'이 되었다.

특수비법인 3원갑자 제8운을 적용하면 '상산하수(上山下水)'로서 '정재불왕국(丁財不旺局)'이었고 간궁(艮宮)은 258동궁으로서 '건강에 불길'

하고, 중궁(中宮)도 25동궁이라 역시 불길한데 특히 대문인 이궁(離宮)
은 71동궁으로서 '재산파재'요, 경방(庚方)인 사무실 문은 '47동궁이라
크게 불리하다.'고 기록하고 있다.

사례 5. 어느 정신질환자의 경우

어느 시골 마을에 있는 한 가정에 조부(祖父)가 사망한 뒤 1년이 지났을 무렵이었다. 25세가 된 손녀가 갑자기 "친구가 목욕 가자고 한다."면서 발가벗은 채로 앞산을 오르내리며 사람들을 보고는 희죽 희죽 웃고 다니는 정신이상 행동을 보였다.

젊은 처녀가 알몸으로 들판을 뛰어다니는 모습은 사람들에게 큰 화젯거리가 되었다.

그녀의 부모는 그녀를 붙잡아서 방에 가두었으나 그녀는 문짝을 떼어내고 또다시 달아났다. 백방으로 방법을 찾던 부모들은 어느 날 조부의 산소에 문제가 있다는 말을 듣고 좋은 터에 이장하기로 했다. 이장하게 될 길일(吉日)을 정하자 그날 밤부터 딸이 정신을 차리고 부끄러움을 알더니 조부 산소를 이장하고 나서는 다시 예전으로 돌아왔다. 후에 그녀는 직장생활을 하는 성실한 청년과 결혼을 하여 아들 둘을 낳고 잘 살고 있다.

모 부처 공직자 부인은 갑자기 신경쇠약으로 우울증을 앓다가 정신과 치료를 받고 1년 후 퇴원을 하였으나 또다시 재발했다. 그래서 풍수 감정을 해보니 경술생(庚戌生)인 그녀의 명궁(命宮)은 3진목(三震木)이었는데 아파트는 태택(兌宅)으로서 대흉하였으며 아파트 층수 또한 금기시하는 7층이었다.

침실은 술방(戌方)인 97동궁, 주방은 손방(巽方)인 육살궁으로서 25흉수이고 출입문은 미방(未方)인 오귀궁(五鬼宮)과 43동궁으로서 정신이상 등으로 흉한 궁위였다.

그 아파트를 팔고 본인에게 잘 맞는 새 아파트로 이사를 하고 나서는 아무런 탈 없이 무사히 잘 살고 있다.

사례 6. 학업을 촉진하는 문창방위(文昌方位)

문창방위는 고시(考試)나 시험을 앞둔 학생들이 필수적으로 이용해야 할 풍수방위비법이다.

생년천간(生年天干)을 위주로 문창방위를 찾아서 책상을 옮겨주거나 모필(毛筆) 4개를 걸어두면 신기할 정도로 성적이 올라가고 공부에 전념하게 된다.

생년천간(生年天干)으로 공부방의 책상방위를 측정했을 때 ①생년이 임(壬)인 사람은 동북쪽 인방(寅方), ② 생년이 계(癸)인 사람은 정 동쪽인 묘방(卯方), ③생년이 갑(甲)인 사람은 동남쪽 사방(巳方), ④생년이 을(乙)인 사람은 정 남쪽 오방(午方), ⑤생년이 병(丙)인 사람은 서남쪽 신방(申方), ⑥생년이 정(丁)인 사람은 정 서쪽 유방(酉方), ⑦생년이 무(戊)인 사람은 서남쪽 신방(申方), ⑧생년이 기(己)인 사람은 정 서쪽 유방(酉方), ⑨생년이 경(庚)인 사람은 서북쪽 해방(亥方), ⑩ 생년이 신(辛)인 사람은 정 북쪽 자방(子方)이 문창방위(文昌方位)이다.

이 방위는 주택이나 아파트 내에서 생기, 연년, 천을 등 길궁위 방실

정 중심에서 다시 24방위를 측정해서 나온 본인의 문창방위에 책상을
배치한다.

　명궁표에서 생년은 알 수 있지만 생년천간을 알 수 없을 때는 생년
도수에서 "1911수"를 빼고 남은 수에서 10단위를 공제한 수가 된다.
　예컨대 1995년생이면 1995-1911=84에서 10단위 수 80을 제외하면 4
가 남는데 4는 위 ④번에 해당되는 을(乙)이니 정 남쪽 오방(午方)이 문
창방위(文昌方位)이다.(남은 수 1은 ①, 2는 ②, 3은 ③, 4는 ④…… 이다)
　근거는 청나라 때 왕여원(王汝元)의 『양택집성(陽宅集成)』과 『육임수
금(六壬袖金)』에 기록되어 있으며 실지 고3 수험생이나 고시준비생 등
많은 사람들에게 이 방법을 구사한바 응험(應驗)이 있었다.

사례 7. 승진과 영전은
녹마방위(祿馬方位)

공직자나 기업체 근무하는 사람들이 승진을 바란다면 녹마방위를 적극 활용하는 지혜를 가져야 한다.

풍수에서 녹마방위는 승진(昇進)이나 영전(榮轉)에서 재물과 관록 즉 재록(財祿)이 왕성하게 하는 대길방위로서 사업가는 경쟁력을 높이고 직원들은 사기를 높임과 동시에 승천(升遷)에 도움을 주므로 고위층이나 승진후보자들에게 가장 많이 구사하는 풍수비법이다.

아파트나 사무실에서 본인에 해당하는 이 방위를 찾아서 자기(瓷器)나 석재로 '달리는 말'을 조각하여 비치하면 신통하게 왕기(旺氣)가 증진된다.

근거는 『주역(周易)』 8괘유상(八卦類象)과 『자미두수전서(紫微斗數全書)』에 기록하고 있다.

생년지지(生年地支)가 신자진(申子辰) 즉 원숭이띠, 쥐띠, 용띠에 해당하는 사람은 동북쪽 인방(寅方)에 자기(瓷器)나 석재(石材)로 달리는 말을 만들어 세우고, 인오술(寅午戌)생은 남서쪽 신방(申方)에 역시 자기

(瓷器)나 석재(石材)로 만들어 세우며, 해묘미(亥卯未)생은 동남쪽 사방(巳方)에 목질(木質)로 세우고, 사유축(巳酉丑)생은 서북쪽 해방(亥方)에 동질(銅質)이나 금속재질(金屬材質)로 달리는 말을 만들어 세운다.

　이 비법은 국내에 잘 알려지지 않았으나 중국에서는 오래전부터 사용해왔던 비법이다.

　"예" 당시 36세였던 계축생(癸丑生) 어느 남자는 고시에 거듭 낙방하고 마지막 도전을 준비하고 있을 때 실의에 빠진 그의 부친이 찾아와 좋은 방도를 묻기에 공부방을 천을궁(天乙宮)으로 옮기게 하고 서북쪽 해방(亥方)에 구리 재질로 된 '달리는 말상'을 어렵게 구하여 배치하는 등 풍수비보를 하였더니 그다음 해에 "고시에 합격하였다."는 기쁜 연락을 받게 되었으며 그 외에도 이 비법을 사용하여 응험(應驗)을 본 사람들이 많다.

사례 8. 연애와 결혼은
도화방위(桃花方位)

애인을 만나거나 결혼을 잘하게 하는 도화방위(桃花方位)가 있으니 30세 이상의 미혼일 경우 이 방위에 해당 색상이 잘 맞는 화병을 설치하고 꽃을 꽂아두게 되면 신통하게 짝을 만나게 되는 풍수비법이다.

근거는 『달마일장금(達摩一掌金)』 가결법(歌訣法)에 의한 2가지 방법이 있으니 하나는 본인의 생년지지(生年地支)로 판단하는 방법과 또 하나는 주택자체방위로 판단하는 방법이다.

생년지지가 해묘미(亥卯未) 중 어느 하나에 해당되면 정 북쪽 자방(子方)에 남색(藍色)이나 흑색(黑色) 화병을 비치하고 맑은 물을 가득 채워 꽃의 종류와는 상관없이 1송이 꽃을 꽂아둔다.

사유축(巳酉丑) 중 어느 하나에 해당되면 정 남쪽 오방(午方)에 자색(紫色)이나 홍색(紅色) 화병에 위 같은 방법으로 9송이 꽃, 인오술(寅午戌) 중 어느 하나에 해당되면 정 동쪽 묘방(卯方)에 청색(靑色)이나 녹색(綠色) 화병에 3송이 꽃, 신자진(申子辰) 중 어느 하나에 해당되면 정 서쪽 유방(酉方)에 백색(白色)이나 금색(金色) 화병에 7송이 꽃을 각각 꽂아둔다.

　주택 자체방위로 보는 경우는 주택의 침상이나 출입문의 방위가 해묘미(亥卯未) 중 하나이면 자방(子方), 사유축(巳酉丑) 중 하나이면 오방(午方), 인오술(寅午戌) 중 하나이면 묘방(卯方), 신자진(申子辰) 중 하나이면 유방(酉方)에 각각 배치한다.

　기혼자인 경우 해당방위에 물이 없는 빈 화병이나 물이 없는 어항을 두게 되면 혼외 바람기를 불러오게 되므로 주의해야 한다.

　"예" 1983년 계해생(癸亥生)인 미혼 여성에게 정 북쪽 자방(子方)에 흑색(黑色) 화병을 비치하고 장미 한 송이를 꽂아 물이 마르지 않게 한 후 3개월째 되던 어느 겨울날 현재의 남편을 만나 교제하다가 결혼하게 되었다.

사례 9. 행운(幸運)을 가져오는 귀인방위(貴人方位)

　귀인방위는 행운을 가져오는 길방위인데 풍수학상 귀인(貴人)이란 총명과 지혜 그리고 인자함을 주관하는 길성(吉星)이다.

　이 방위에 출입문을 내거나 창문 또는 광고 선전물 등을 설치하면 재원(財源)이 몰려오게 되기에 가장 많이 사용하는 풍수비법 중 하나이다.

　출생년간(出生年干)이 갑무경(甲戊庚)생이면 축미향(丑未向), 을기(乙己)생이면 자신향(子申向), 병정(丙丁)생이면 해유향(亥酉向), 임계생(壬癸生)생이면 사묘향(巳卯向), 신(辛)생이면 인오향(寅午向)이다.

　근거는 『속도장(續道藏)』과 『자미두수(紫微斗數)』에 있으며 출생년간(出生年干)으로 해당방위를 본다.

사례 10. 바람기를 쫓는 목계피살법(木鷄避煞法)

바람기로 인해 가정이 파탄되거나 파재로 혼인이 어려움에 처해 있을 때 이를 잡는 풍수비법이 있으니 이것이 목계피살법(木鷄避煞法)이다.

근거는 『불설42장경(佛說四十二章經)』 12장에 '인색인욕난(人色忍欲難)', '이위권계야(以爲勸誡也)'에서 계(戒)로써 욕(欲)을 다스리고 선(禪)으로써 정(情)을 다스린다는 뜻이며 『현공비성학(玄空飛星學)』의 8괘 중 손(巽)은 4록목(四綠木)에 속하는 유혼지신(遊魂之神)으로서 재능이 탁월하고 정감이 풍부하며 문재(文才)와 도화(桃花)에 해당되나 파국(破局)이 되면 술과 도화(桃花)를 좋아하고 음탕하므로 이를 상극하는 물품으로써 도화를 파해(破解)해야 한다고 기록하고 있다.

주역8괘 중 태괘(兌卦)의 방위는 금(金)인 경유신(庚酉辛)의 숙살지기(肅殺之氣)로서 그중 유(酉)가 가장 강할 뿐 아니라 유(酉)는 곧 닭이다.

수탉은 남성, 암탉은 여성이니 닭과 같은 나무형상을 만들어 부리가 대문 밖을 바라보도록 대문이나 출입문에 설치하면 도화가 사라진다. 불교신자는 능엄주(嚙嚴呪)를 외우면 더욱 응험(應驗)이 있다.

“예” 1968년 무신생(戊申生)인 K 모 씨는 결혼 18년 차에 두 자녀가 있음에도 불구하고 잦은 출장을 이용하여 도처마다 애인을 두는 등 바람기로 인해 가정이 파탄지경에 놓이게 되자 그의 아내는 굿을 하거나 부적을 몸에 지니게 하는 등 용하다는 방법을 모두 동원해봤지만 남편의 바람기를 막을 수 없었다.

풍수비보로 육살궁(六煞宮)에 있던 그의 방을 생기궁으로 옮기고 대문과 출입문입구에 나무재질로 장닭(수탉)을 만들어 세웠더니 서서히 정신을 차리는 계기가 생기고 근래 와서는 거짓말같이 가정을 돌보고 아내를 사랑하는 태도로 바뀌었다고 한다.

사례 11. 꼭 피해야 하는 고겁동신살(孤劫同辰煞)

고겁(孤劫)은 고신(孤辰)과 겁살(劫煞)을 말한다. 출생년지로 보아 고신에 해당되면 외로운 독신이 되거나 육친과 인연이 끊어져 외롭게 된다.

또 겁살이 되면 파재나 재난이 많게 되므로 주택이나 아파트 또는 사무실과 점포에서 이 두 방위는 반드시 피해야 하는 대흉방위이다.

출생년지(出生年支)가 인묘진(寅卯辰)생 즉 범띠, 토끼띠, 용띠생이면 사방(巳方), 뱀띠, 말띠, 양띠인 사오미(巳午未)생은 신방(申方), 원숭이띠, 닭띠, 개띠생인 신유술(申酉戌)생은 해방(亥方), 돼지띠, 쥐띠, 소띠인 해자축(亥子丑)생은 인방(寅方)이 고신방위(孤辰方位)이다.

또 신자진(申子辰)생은 사방(巳方), 해묘미(亥卯未)생은 신방(申方), 인오술(寅午戌)생은 해방(亥方), 사유축(巳酉丑)생은 인방(寅方)이 겁살방위(劫煞方位)이다.

4토(四土)인 진술축미(辰戌丑未)생은 고신과 겁살이 중복되니 진생(辰生)이 주택이나 방(房) 또는 책상의 방위가 사방(巳方)에 있으면 고겁

방위는 해향(亥向)이 되고, 미생(未生)인데 신방(申方)에 있으면 인양(寅向), 술생(戌生)인데 해방(亥方)에 있으면 사향(巳向), 축생(丑生)이 인방(寅方)에 있으면 신향(申向)이 각각 고겁방위(孤劫方位)가 된다.

"예" 1988년 무진생(戊辰生)인 용띠 여성이 사택(巳宅)에 해당되는 오피스텔에 살면서 방실 구조에 따라 침대를 고신(孤辰)과 겁살(劫煞)이 함께하는 고겁동신살(孤劫同辰煞) 방향인 해향(亥向)에 배치하였는데 얼마 되지 않아 애인과 헤어지고 괴로워서 과음으로 지내다가 또다시 교통사고가 나서 중상까지 입었다.

오피스텔의 방위와 출입문 그리고 침실의 방위를 정확히 보라. 똑같은 방위라 하여도 그 사람이 출생한 연도에 따라서 다르게 적용된다.

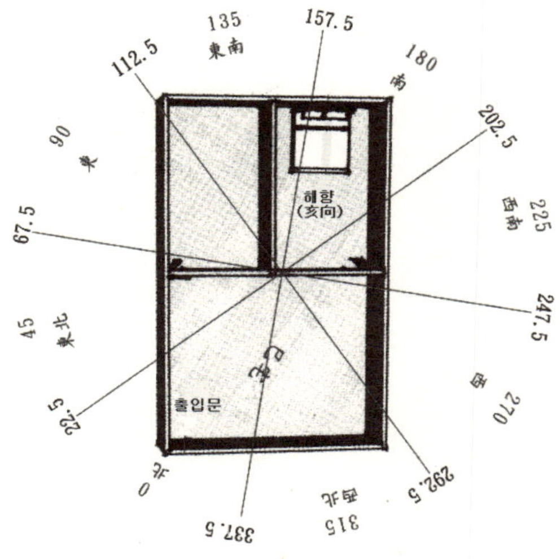

3부
풍수와 주역 1
성공을 불러오다

경찰청장실과 건물풍수

"청장님 이제 곧 경찰총수로 가시게 되면 청장실을 7층으로 옮기십시오."

내가 명예퇴직하는 날, 상사로 모시고 있던 경기지방경찰청장에게 두 번째로 하는 당부의 말이었다.

내가 이○○ 지방경찰청장을 처음 알게 된 것은 본청 특수수사과 계장으로 근무할 때부터이다.

당시 인사과장으로 부임한 그는 늘 후덕하고 원만한 인품으로 부하직원들을 대하였기에 모두가 그를 따르고 좋아하였다.

그 후 몇 년이 지나 내가 신상의 문제로 어려움을 겪고 있을 때 그가 도움을 주면서 나를 잘 알게 되었고 그러면서 그와 인연을 맺게 됐다.

내가 군포경찰서장으로 근무하고 있을 때 그가 경기지방경찰청장으로 부임해 왔으니 그때부터 그는 나의 직속상사가 됐다.

"이 서장, 빨리 와서 청장님 자리 좀 봐 드려야지?"

당시 같은 청 3부장이었던 J 경무관이 내가 풍수학에 밝다는 소문을 들었는지 지방청장이 부임하자마자 청장의 자리 문제로 내게 전화를 했다.

"이제 30분만 지나면 청장님 취임식에 참석할 텐데 취임식이 끝나고 나서 자리를 봐 드리면 안될까요?"

나는 취임식도 하기 전에 청장실에 먼저 찾아갈 이유가 있느냐는 식으로 대답하였다.

"취임식이 끝나면 손님들이 찾아올 텐데 그 전에 와서 자리부터 정해드려야 하지 않겠소?"

J 경무관의 거듭된 성화가 이어졌다.

"그럼 지금 곧 가겠습니다."

나는 전화를 끊고 나서 지방청장실로 달려갔다.

한참 후 내가 새로 부임한 경기지방청장실 앞에 도착하였을 때 그때까지 문 앞에서 기다리던 J 경무관과 지방청장실 방문을 열고 방안으로 들어갔다.

"청장님 영전을 축하드립니다."

나는 이제 막 부임해온 경기지방청장에게 정중히 인사하면서 그의 표정을 살폈다.

"오, 이 서장 반갑소!"

서류가방을 책상 위에 얹어 놓고 내게 악수를 청하는 그의 표정은 무척 밝고 힘이 있었다.

나는 미리 준비해간 나반(羅盤)으로 실내 길흉방향을 측정하였다.

"좋은 것이 좋다고 하기에……."

그는 한동안 만나지 않았던 나에게 뭔가 쑥스러운 듯 좋은 것이 좋다고 하기에 일부러 나를 불렀다는 취지의 말을 하였다.

"청장님, 이 방은 벽면에 기대어 남쪽 창문을 바라보시면서 집무하시는 것이 가장 안정감이 있는 길방위가 될 것입니다.”

“오! 그래요? 그럼 그렇게 정하기로 하지 뭐.”

청장의 말이 떨어지자 밖에서 대기 중이던 통신기술자들이 청장 책상의 주변 정리와 전화기 등 배선작업에 착수하였다.

드디어 취임식이 시작되었고 지방청 직원들과 관내 경찰서장급 간부들이 모두 참석한 가운데 지방청장은 여유 있는 모습으로 자신의 지휘방침을 구체적으로 선언하였다.

그 후 몇 개월이 지나고 총경급 정기 인사가 단행되었을 때 나는 경찰서장의 임기를 무사히 마치고 경기지방경찰청 청문감사 담당관이 되어 조석으로 이○○ 청장을 면전에서 보좌하게 되었다.

청문감사담당관의 임무는 지방경찰청 관내 직원들에 대한 직무감사와 감찰을 담당하는 매우 중요한 보직이다.

지방청 2층에 있는 회의실에서 부임신고가 막 끝나고 청장실에 들어가 보니 청장의 책상과 의자는 당초 내가 정해준 그 위치가 아닌 정반대방향으로 배치되어 있었다. 그 방위는 풍수학상 오귀궁(五鬼宮)에 해당하는 흉살방위였다.

오귀궁이란 직원들이 상사의 권위에 도전하거나 뒤에서 말썽을 일으키는 흉한 방위이다.

그렇다고 내가 다시 자리를 바꾸라고 한들 지방청장이 내 말을 듣지는 않을 것이다.

나는 그의 비위를 건드릴 것 같아 더 이상 아무 말도 하지 못했다. 하지만 내가 모시는 청장께서 더 잘되어 희망하는 다음 보직으로 영전해 가야 보좌하는 참모 입장에서 보람이 있는 것이기에 때를 기다렸다.

대체로 지방경찰청장으로 근무하게 되면 다음 보직으로 수도치안을 담당하는 서울지방경찰청장 되기를 희망한다. 그렇지만 서울청장 자리는 아무나 갈 수 있는 것은 아니었다.

나는 지방청장과 업무상 조석으로 마주하면서 그의 품위와 면모를 파악하여 이 사람이 병술년(丙戌年) 벽두에는 틀림없이 경찰총수가 될 것임을 짐작할 수 있었다. 그리고 다른 과장들과 사적으로 만났을 때마다 곧 경찰총수가 될 것 같으니 잘 모셔야 한다는 말을 여러 번 하였다.

그러던 어느 날 지방청장과 차장, 그리고 각 과장들이 함께 점심식사를 하는 기회가 있었다. 마침 식사가 일찍 끝나 차 한 잔씩 하는 시간에 나는 지방청장에게 조언을 하였다.

"청장님, 곧 본청장으로 가시게 되면 청장실을 7층으로 옮기십시오."

아마 다른 이들이 듣기에는 엉뚱한 말이었을 것이다. 내가 말을 꺼내자 옆에 있던 다른 과장들은 의아해하는 눈치였다.

"하필이면 왜 7층이요?"

"경찰청장실이 현재 9층에 있는데 더 높은 곳으로 올라가는 것이 좋지 않겠습니까?"

주위에 있던 다른 과장들은 각자 자기의 의견을 얘기하며 내 조언에 의문을 제기했다.

"제가 본청에 근무할 때 어느 경찰청장 때인가 출입문을 약 4m 정도 위쪽으로 이동하는 공사를 하기에 왜 그러느냐고 물어보았더니 그 청장이 어느 풍수사의 말을 듣고 그렇게 한다고 하였는데 그 청장도 그만두고 나서 검찰에 구속되었지 아마?"

옆에 있던 어느 과장이 좌중을 돌아보면서 하는 말이다. 오죽 답답

했으면 경찰의 총수인 경찰청장이 일부러 풍수사까지 불러 정문을 손 댔겠는가!

"지금 경찰청 정문은 동쪽으로 나 있고 본관 건물은 서남에 위치하고 있으며 청장실은 9층에 배치되어 있을 겁니다. 이 경우는 오자운(五子運)이 목(木)이고 금(金)과는 금극목(金剋木)으로 흉하나 7층은 목생화(木生火)하니 생기궁(生氣宮)으로 바꾸면 됩니다."

내가 풍수전문 용어를 열거하면서 자세히 설명하자 청장과 다른 과장들도 내 말에 동의하는 표정이었다.

"역대 청장님들이 임기를 거의 못 채우고 나갔는데 그래서인가?"

옆에서 듣던 어느 과장의 말이다. 그렇지만 임기 2년을 보장받은 허○○ 경찰청장이 건재하고 있기에 이번만은 그렇게 되지 않을 것이라는 표정이었다.

"제가 『건물풍수핵심비결』이라는 책을 써서 곧 출간 준비 중입니다."

나는 건물 풍수에 대한 저술까지 이미 준비하고 있다는 말도 언급하였다.

"나도 층수별로 좋고 나쁜 곳이 있다는 말에는 동의합니다."

내가 열변을 토하자 지방청장도 층수별로 길흉을 논하는 데 동의한다는 말이었다.

내가 경기지방경찰청 청문감사담당관으로 부임 후 3개월이 지났다. 자체 사고예방을 위해 부단히도 애써왔지만 이번에는 지방청 간부가 음주뺑소니사고를 일으키는 등 크고 작은 자체 사고로 말썽을 부렸다.

가지 많은 나무에 바람 잘 날 없다고 하였던가? 무사고 100일 작전까지 천명했지만 크고 작은 자체 사고가 거듭해서 발생하자 지방청장이 나를 불렀다.

"이 과장 말대로 내 자리를 다시 옮겨야겠어! 사무실 구조가 협소해서 편한 데로 옮겨서 그런지 골치가 아파."

그는 여름휴가 기간 중 내가 처음 정해준 대로 자리를 다시 옮기겠다고 하였다.

"당초 정하신 자리가 안정감이 있고 더 편안하실 겁니다."

나는 그저 안정감 있고 더 편안하다고만 말했다.

그 후 몇 개월이 지난 어느 날 나는 정년퇴직을 2년가량 앞두고 명예퇴직을 결심하였다.

정년 때까지 직무에 전념하기보다는 한창 좋을 때 후배들 앞에서 떳떳이 공직을 마감하는 것이 더 좋겠다는 생각이 들어서였다.

명퇴신청 1개월 후 청장은 여러 후배 동료들이 참석한 가운데 정부에서 임명하는 경무관 계급장을 양어깨에 달아주면서 홍조근정훈장과 함께 성대한 퇴임식을 내게 베풀어 주었다.

"이 경무관은 유학을 깊이 공부해 온 학구파로서 특히 풍수지리학에는 국내 최고 수준입니다."

청장은 여러 후배 동료들이 지켜보는 가운데 약력 소개와 풍수학 수준까지 거론하면서 내게 덕담을 아끼지 않았다.

국화꽃 향기가 물씬 풍기던 어느 가을날 나는 동료들의 박수를 받으며 그동안 정들었던 직장을 떠났으나, 그 후에도 동료들과 참모들이 경기지방청장의 경찰청장 승진 여부를 여러 번 내게 물어왔다.

"우리 청장님 다음은 어떻게 되실 것 같습니까?"

"이제 곧 본 청장으로 승진되어 가실 것이니 잘 모십시오."

나는 그때마다 똑같은 대답을 하였다. 그들도 2년 임기제 경찰청장이 버젓이 건재하고 있기에 내 말을 덕담 정도로 들었을 것이다.

어느덧 겨울이 돌아와 흰 눈이 내리던 어느 날 치안총수가 물러나는 일대 사건이 터지고 말았다. 농민 시위진압 과정에서 수백 명의 경찰이 부상하였고, 아까운 인명이 둘씩이나 목숨을 잃었다.

인권위의 조사로 과잉진압 논란까지 일면서 사회적 여론이 좋지 않았고 대통령의 사과까지 이어지더니 얼마 되지 않아 경찰총수와 서울청장이 책임을 지고 물러나는 경찰사상 또 한 번의 불행한 사태가 발생하고 말았다.

이제 같은 서열에 있는 후보자군 중에서 과연 누가 경찰총수가 될 것인지를 두고 많은 의견들이 오갔지만 얼마 지나지 않아 내가 예견해 왔던 경기지방청장이 두 계급을 뛰어넘어 경찰총수에 기용된 것이니 그동안 여러 동료들도 내 말이 거짓이 아니었음을 확인하였을 것이다.

그는 경찰청장으로 내정된 후에, 나에게 "도와주어 고맙다."는 인사의 전화를 잊지 않았다.

치안총수가 된 이○○ 청장은 경찰기강을 바로잡고 새로운 기풍을 일신하고자 부단히 노력하였다.

경찰청장 취임 후 1개월이 지났을 무렵 갑자기 비서실에서 전화가 왔다.

"선배님, 청장님 전화입니다."

비서실장의 전화를 받자마자

"이 형! 도와주어서 고맙습니다. 그런데 내가 경찰청장이 된다는 걸 어떻게 아셨지요?"

그는 겸손하게도 내게 이 형이라고 불렀다.

"모두가 청장님의 은복이지요, 축하드립니다."

"바쁘지 않으면 내 방에 와서 차 한잔 합시다."

"후배들의 눈이 있으니 나중에 가지요."

전화를 끊은 나는 일주일이 지났을 무렵 여러 참모들이 워크숍 하느라 본청에 없는 틈을 타서 청장실로 찾아갔다.

응접실에서 나를 본 청장은 얼마 전까지 같이 근무해왔던 동지의 예우로서 반갑게 맞아주었다. 이런저런 이야기가 오가던 중 나는 경찰청장에게 닥쳐올 중요한 말을 전하였다.

"내년 5월이면 청장님께서 아주 큰 대형사건을 겪게 되실 겁니다."

"예? 대형사건이라니요?"

청장은 믿지 않으려는 눈치다.

"저가 일부러 이 말씀을 꼭 드리려고 찾아온 것입니다."

"……."

청장은 이해할 수 없다는 표정이었다.

"저가 그 화(禍)를 피할 수 있는 방법을 알려드리고 가겠습니다."

나는 청장실과 침실, 그리고 13층 대청마루에서 청장이 중요한 업무를 볼 때 유리한 방향으로 풍수비보를 한 다음 하직인사를 하고 돌아왔다.

경찰청건물은 남서쪽에서 북동쪽으로 지은 곤택(坤宅)인데 청장실은 9층 중 남쪽 끝에 자리 잡고 있어 청장의 명궁(命宮)과도 맞지 않고 9층은 금(金)이고 오자운(五子運)도 목(木)이라 금극목(金剋木)이 되며 하원갑자 제8운과 그다음 해 5월 운이 대흉하여 이를 피하도록 풍수비보를 하였던 것이다.

어느덧 그 해가 다 가고 그다음 해 5월이 되었다.

청장은 마침 감사담당관과 같이 공무로 미국에 출장 중일 때 큰 사건이 터졌다.

한화그룹 K 모 회장의 아들이 폭행을 당한 데 분개한 나머지 회장이 직접 가해자를 잡아오게 하여 보복폭행을 한 사건을 퇴임한 최 전 경찰청장이 한화그룹에 고문으로 있어 서울지방경찰청에서 이 사건을 알고도 묵인했다는 기사가 연일 터져 나오자 경찰청장은 급히 귀국했고 사건의 공정성을 기하기 위해 검찰에 수사 의뢰를 하였다. 가뜩이나 수사권독립문제로 검·경 간 갈등이 심할 때 검찰이 경찰 수뇌부를 수사하는 것으로 비춰지자 경찰 내부는 초상집 분위기가 되었다.

3개월이 지나는 동안 엄청난 비난 여론으로 들끓다가 서울지방경찰청장과 주무간부가 책임을 지고 물러나자 겨우 잠잠해졌다.

만약 내가 사전에 대비토록 하지 않았다면 서울지방경찰청장이 아니라 경찰청장이 물러났을지도 모르는 일이었다.

"이 형! 이제 좀 가라앉는 것 같은데 앞으로는 문제없겠소?"

"청장님. 저가 뭐라고 했습니까? 금년 10월도 조심하셔야 합니다."

"10월은 또 뭐요?"

"아마도 근신해야 할 것 같으니 매사를 신중히 처리하십시오."

전화를 끊은 나는 청장이 무척 고충을 겪었음을 느낄 수 있었다.

그 후 경찰의 날인 10월 21일에는 청장이 대통령으로부터 모종의 일로 인해 심한 꾸중을 들었다는 말을 전해 들었지만 그래도 2년의 임기를 다한 몇 분 안 되는 경찰청장 중의 한사람이 되었다.

생기궁으로 옮겨 재당선된 시 의장

"시 의장께서는 지금 절명궁(絕命宮)에 앉아 계십니다."

경기도 군포경찰서장으로 부임한 나는 업무협조 겸 인사차 관내 유관단체장을 찾아 나섰다.

마침 시의회 의장실을 찾아가 차 한잔을 하면서 여담을 나누던 중 시의회 의장이 앉은 자리를 보니 건물 풍수학상 절명궁에 해당하는 흉방위이고 시 의장의 신변에 무슨 일이 일어날 것만 같아 의장실을 옮기도록 조언하고 나왔다.

건물풍수가 최근에는 '인테리어풍수'라는 이름으로 잘못 알려져 있고 서점가에서도 내용이 잘못된 3~4종의 책들을 쉽게 구할 수 있다.

대부분 동사택(東四宅)과 서사택(西四宅)에 대한 수평적인 일반개념만 비슷하거나 유사할 뿐 그 내용의 일부는 전혀 맞지도 않는 엉뚱한 것들이고, '관청풍수론', '건물층수별', '오행론'과 '각구일태극법'이라는 이론들은 국내 어느 문헌에서도 찾아볼 수 없는 이론들이다.

내가 구사하는 비법은 통계학적으로 검증되어 '백발백중'이요 '천발천중'이었다는 문헌과 수백여 건의 사건·사고 등을 통해 일일이 확인하여 '바로 이것이구나.'하는 확신을 갖게 된 것들이다.

검증대상 중 특정사건 등 자체 사고가 유난히 많아 경찰서 이미지가 일반 시민들에게 좋지 않게 알려진 화성경찰서 구청사의 경우, 어느 유명 풍수가를 불러 경찰서 정문을 다른 방위로 바꾸고 나서 정문 내 마주보이는 입구에다 큰 나무를 심어 문문(門)자 속에 나무목(木) 즉, '한가할 한(閑)자'로 비보하였다. 그 후에는 경찰서가 한가할 줄 알았는데 한가하기는커녕 그 후에도 경찰서장과 여러 명의 간부가 불명예스럽게 퇴진했다. 확인해 보니 서장실은 절명궁(絶命宮)에 배치되어 있었고 마당에는 '귀신이 타고 다니는 가마'로 불리는 크고 작은 건물들이 분별없이 흩어져 있어 관청풍수에서는 최상의 흉물임을 확인하고 새로 짓게 될 청사는 설계할 때부터 내게 정밀한 자문을 받도록 일러준 적이 있다.

경기도에 있는 모 농업기반공사의 경우는 직원들이 사건·사고와 질병에 많이 시달린다면서 내게 인터넷으로 감정 요청까지 한 적이 있었다. 확인해보니 주위로 흐르는 큰 내와 건물의 방위가 잘못된 위치에 배치되어 있었다. 또 어느 전원주택은 외관상 아름다운 정원으로 잘 꾸며져 있었으나 안방과 주방이 '육살궁'과 '화해궁'에 각각 배치되어 있어 암으로 주인이 사망하고 새로 들어온 주인도 고혈압과 중풍으로 쓰러지는 등 3차례 주인이 바뀌었다. 서울 강남에 있는 모 추어탕 집의 경우는 음식 맛으로 소문이 나서 짧은 기간에 큰돈을 벌어 주위에 넓은 공지를 사서 주차장 시설까지 갖추는 등 새로 증축하여 잘 꾸미고 나자 그 많던 손님이 갑자기 뚝 끊어졌다고 한다. 확인해 보니 '천을궁'에 있던 주방을 '오귀궁'으로 옮겨졌음을 확인할 수 있었다. 이런 경우는 그 집뿐만 아니라 여러 곳에서도 쉽게 확인할 수 있었다.

따라서 길성에 해당되는 '생기궁(生氣宮)'에서는 시험운이 좋아 고시에 합격하거나 주요대학에 합격하는 비율이 월등히 높았고, '연연궁 (延年宮)'에서는 안락하고 평온하며 부귀 장수하는 노인들이 많았으며 '천을궁(天乙宮)'에서는 자손들이 효도하고 부귀와 관련하여 매사가 잘 풀리는 길궁임이 확인되었을 뿐만 아니라, 흉성인 '절명궁(絕命宮)'에 서는 불의의 사건·사고로 급사하거나 살인사건이 많이 발생하는 흉 방위였으며, '오귀궁(五鬼宮)'에서는 폭력을 휘두르거나 정신이상으로 미쳐서 날뛰고 심장병과 고혈압 등에 해당하는 질병 발생률이 특히 높았다.

또 '육살궁(六煞宮)'에서는 암이나 당뇨 등 순환기 계통의 질병이 유 독 많았고 간통 등 이성관계로 구설수에 오르는 등 흉한 일이 특히 많 았으며, '화해궁(禍害宮)'에서는 구설 시비와 함께 가난하거나 농아, 소 아마비 등 환자들이 많이 거주하는 것을 확인할 수 있었다.

"서장님 말씀이 맞는 것 같습니다."

어느 날 군포 시의회 의장이 차 한잔 하러 가겠다면서 일부러 내 방 에 찾아와서 하는 말이다.

"뭐가 맞다는 말입니까?"

나는 시치미를 떼면서 그에게 진의를 물었다.

"역대 시의회 의장 7명이 모두 패망한 것과 서장님 말씀을 종합해 보니 무서운 생각이 들어서 의장실을 옮겨야겠다는 결심을 하게 된 것입니다."

그는 역대 의장들이 모두가 잘못되었다면서 다른 방으로 의장실을 옮기겠다고 하였다.

"여러 사람들과 상의해서 말썽나지 않게 잘하시오."

나는 그에게 시의회 건물 중에서 길한 방위를 알려주면서 몇 가지 당부의 말까지 잊지 않았다.

나중에 간접적으로 확인한 일이지만 그는 내가 말 한대로 시 의장실을 절명궁에서 생기궁으로 옮겼다.

그 후 내가 퇴직하고 나서 얼마 되지 않았을 무렵 종전의 그 의장에게 전화연락이 왔다.

"서장님 제가 이번 선거에 또다시 당선이 되어 재차 의장으로 뽑혔습니다. 모두 서장님이 저를 도와주신 덕분으로 생각합니다."

"의장님 축하합니다."

"서장님 제가 동양 난을 보내겠습니다. 오시는 기회 꼭 한번 찾아주십시오."

"감사합니다."

이튿날 나는 그가 보낸 동양 난을 택배로 전해 받았다.

내가 재차 강조하는 것은 주요청사나 건물을 지을 때는 반드시 층수별 오행이론에 의해 신중히 배치할 것을 권하고 싶다.

특히 관서장의 방은 가장 핵심이 되는 길 방위에서 일해야 모든 일이 순조롭게 진행되는 것이다.

이와 관련하여 대학 입학이나 고시를 준비하는 사람은 '생기궁(生氣宮)'을 선택할 것이며, 돈 많이 벌기를 원하는 상인이라면 상가나 점포의 배치를 3길방(三吉方)에 배치해야만 순조로울 것이다.

길흉 여부를 측정하는 방법 또한 국내 풍수학자들의 잘못된 사견(私見)을 버릴 것을 권하면서 새로운 건물풍수학의 혁신이론을 전파하고자 사전식으로 정리한 『건물풍수핵심비결』을 출간하였으므로 독자 여러분의 많은 검증과 확인을 통해 행복해지는 지혜를 스스로 터득하기 바란다.

어느 검찰청장의 사무실 배치

내가 서울 관악경찰서 형사과장으로 근무할 때의 이야기이다.

"이 과장! 시간 있으면 내 방에 와서 차 한잔 하고 내 자리 좀 봐줘."

대검 감찰부장을 역임한 K 모 검찰청장의 전화다.

"내일 점심시간 때 찾아뵙겠습니다."

나는 다음 날 점심때 K 모 검찰청장을 찾아가기로 약속하였다.

내 사무실과 그의 사무실은 그다지 멀지 않는 거리에 있기에 나는 이튿날 점심시간에 걸어서 그의 사무실로 찾아갔다.

"이 과장, 누가 내 자리를 이 앞쪽으로 앉으면 좋다고 해서 자리를 새로 정하고 보니 출입문 옆이라 사람이 드나들 때마다 불편하고 심적 안정이 되지 않네."

"대체 누가 이 자리가 좋다고 하던가요?"

나는 검찰청장이 앉은 좌석은 흉방위인 오귀궁(五鬼宮)에 위치해 있었고, 그것도 출입문 옆이라 심적 안정에 좋지 않은 곳이기에 누가 그렇게 말했는지 그것부터 궁금했다.

"여기 있네, 그자가 명함과 함께 한시를 적은 액자도 하나 선물로 주고 가서 풍수의 대가인줄로만 알았지."

그는 검찰청장답지 않게 껄껄 웃으면서 받은 명함을 내게 보여주었다.

"이 사람은 엉터리입니다. 제가 한번 혼내 준 적이 있는데 겁도 없이 이곳까지 찾아와서 도사행세를 하다니."

명함에 적힌 그의 이름은 장안에서 온갖 풍수도사로 소문을 퍼뜨리고 다니는 ㅇㅇ도사라는 사람이었다.

내가 서울 양천경찰서 수사과장으로 있을 때였다. 갑자기 경찰서장이 불러 2층에 있는 서장실로 올라갔더니 그 ㅇㅇ도사라는 사람이 당시 J 서장의 사주와 관상 그리고 족상까지 본다면서 호들갑을 떨었다. 그는 J 서장에게 금년 말에는 틀림없이 경무관으로 승진될 것이라고 했다. J 서장은 그 말에 들뜬 나머지 자랑도 할 겸 그가 감정하는 광경을 지켜볼 사람을 찾다가 내가 역학의 기초상식정도는 알고 있을 것이라고 생각하여 부른 것이다.

"서장님, 석회 시간이 되어 과장들이 밖에서 기다립니다."

"그리고 당신은 조금 있다가 내가 내려갈 테니 1층 수사과장 방에서 기다리시오."

나는 그가 서장에게 온갖 감언이설로 떠들어 대는 것이 못마땅하여 그의 말을 가로막았다. 그리고 그에게 물어볼 일이 있으니 수사과장 방에서 잠시 기다리라고 한 후 회의를 끝내고 다시 그를 만났다.

"선생! 명함 좀 봅시다."

50대 초반으로 보이는 그는 하얀 모시 두루마기에 하얀 부채를 들고 있어 보통사람에게는 제갈공명이나 도사처럼 보이기에 충분하였다.

"예, 여기 있습니다."

그가 호주머니에서 꺼낸 명함에는 ○○도사라는 명칭과 함께 풍수지리, 사주관상, 수상, 족상, 기문둔갑 등 온갖 비술명이 빼곡히 적혀 있었다.

명함을 본 나는 그가 엉터리 도사행세 하는 사람이라는 생각이 들어 몇 가지 물어보았다.

"선생은 어디서 무슨 공부를 얼마나 하셨나요?"

나는 그의 얼굴을 빤히 쳐다보며 무슨 공부를 얼마나 했는지부터 물었다.

"예, 계룡산에서 한 5년간 도를 닦았지요."

그는 충청도 계룡산에서 5년간 도를 닦았다고 말했다.

"계룡산 어디에서 5년간 무슨 도를 닦았나요?"

"……."

대부분 도사라는 사람들은 신령스럽다는 명산을 배경으로 도를 닦았다는 말을 하기가 십상이다.

내가 좀 더 구체적으로 그의 형적을 묻자 그는 얼굴 표정이 갑자기 벌겋게 달아오르더니 말을 못하고 당황하는 기색이 역력하였다.

"여보시오. 도사님! 나도 역학 공부를 30여 년째 했어도 아직 도통하지는 못했소, 그리고 5년 만에 득도하셨다니 대단하십니다. 그런데 산에서 공부를 하려면 먼저 숙식문제 등 기거할 만한 곳이 있어야 하고 도를 닦는다면 구체적으로 어느 분야를 어떤 방식으로, 그리고 무슨 도를 닦았다고 해야 하지 않겠소?"

내가 그에게 강한 어조로 되묻자 그는 말을 못하고 계속 전전긍긍하고 있었다.

"이왕 경찰서에 온 김에 당신의 신원부터 확인 좀 합시다. 주민등록

증은 가지고 계시겠지요?"

신원확인 하겠다는 말에 그는 얼굴색이 파랗게 변했다.

"주민등록증도 안 가지고 여러 관청을 출입한단 말이요?"

"예, 여기 있습니다."

한참 망설이다 말고 그가 지갑에서 주민등록증을 꺼내어 보여 주기에 나는 즉시 주민조회로 수배 여부를 확인하였다.

놀랍게도 그는 모 잡지사 기자 출신에다 공갈과 사기 등 전과 3범이었으나 수배 사실은 없었다.

"이봐요, 당신 겁도 없이 함부로 경찰서에 출입하면서 ○○도사 운운하고 운명을 감명한답시고 관서장에게 환심을 사서 용돈 몇 푼 받으려는 모양인데, 앞으로 한 번만 더 이런 식으로 행세하고 다니면 가만두지 않겠소!"

"죄송합니다. 다시는 그러지 않을게요."

그 후 그는 어떤 의도에서인지 나를 만나려고 여러 번 시도해 왔으나 나는 끝내 그를 만나주지 않았다.

그해 겨울이 되자 경무관이 될 것이라고 기대하던 J 서장은 모종의 사건에 휘말려 감찰조사를 받다가 불명예스럽게도 그만 사표를 내고 말았다.

그러던 그가 J 서장에게 하던 수법 그대로 새로 부임한 K 검찰청장에게 구사하면서 온갖 궤변을 늘어놓고는 사무실의 의자와 좌석의 배치를 가장 흉방위에 해당하는 오귀궁(五鬼宮)에 배치하도록 권하였고 K 검찰청장도 그의 말을 액면 그대로 믿었으니 기가 찰 노릇이었다.

나는 생기궁(生氣宮)에 그의 책상을 재배치토록 권하여 그 위치로 자리를 옮겼다.

내가 K 검찰청장을 처음 만난 것은 지금부터 10년 전 서울 관악경찰서 형사과장으로 근무할 때부터이다.

그는 대검 감찰부장으로 재직하고 있었는데 내 부하직원이 경미한 일로 인해 검찰에 구속되는 바람에 직원을 구하고자 그를 잘 아는 어떤 분의 소개로 불문곡직 그가 살고 있는 아파트를 찾아가게 되었다.

그의 부인은 명리학 등 역학공부를 많이 하였다는 소문을 들은 터라 나는 『운명의 시계』라는 명리학 기초저서를 갖고 가서 내가 쓴 책이라면서 그의 부인에게 선물하자 그의 부인은 역학도답게 무척 기뻐하였다.

현관에서 차 한잔을 하고 있을 즈음 막 퇴근하여 내실로 들어오는 K 감찰부장에게 나는 정중히 인사를 하였다.

"부장님 관악경찰서 형사과장입니다."

"당신이 웬일이요?"

K 감찰부장은 날카로운 표정에 깡마른 체구였으나 인정이 많아 보였다.

"여보, 이 과장님이 쓴 책인데 역학에는 상당한 수준인가 봐요."

그의 아내는 당황하고 있는 나의 앞을 가로막으며 부드러운 분위기로 유도해주었다.

"그래? 그럼 내 사주부터 한번 보지 뭐."

K 부장은 갑자기 자기의 생년월일시를 내게 알려주면서 자신의 사주부터 봐달라는 것이었다.

나는 만세력에 의하여 그의 사주를 즉석에서 뽑았다.

사주명식은 편관격(編官格)에 양인(羊刃)이 있으니 권력기관의 고관이 분명하다.

쉽게 말해 사주명식에서 편관격이란 검찰, 경찰, 군인, 의사 등에 많은데 명리학상 오행이론으로 보아 흉운일 때는 흉한일이 많지만 길운일 때는 크게 발전하는 귀인의 명식이 아닌가? 당연히 검사장급 지위에 오를 수 있는 귀명이었다.

그러나 부친궁에 해당하는 편재(編財)는 그 뿌리가 없으니 부친과는 분명 인연이 없다.

"부친과는 인연이 없어 유년시절에 부친께서 돌아가셨고, 모친께서는 많은 고생을 하시면서 부장님을 뒷바라지하셨습니다."

촌철살인이라 했던가!

첫마디에 적중하지 않으면 그에게 신뢰를 받을 수가 없다.

나는 그의 명식(命式)에서 가장 큰 특징을 지적한 것이다.

"어? 이 사람 봐라!"

K 부장과 그의 아내가 깜짝 놀란다.

그다음은 지금까지 신상에 중요한 일이 있었던 연도까지 일일이 열거해 나가자 그는 고개를 끄덕였다.

"그럼 91년도 운세를 한 번 더 봐라."

91년도는 연운이 용신(用神)을 충극하는 해이다. 용신이 충극을 받으면 죽을 수도 있는 운명 아닌가?

명식을 자세히 살펴보니 크게 다치거나 수술을 받게 될 운이었다.

"오행 중 토(土)가 용신이고 토는 곧 비위에 해당되므로 위장수술을 하지 않으셨다면 교통사고를 당하셨겠네요."

"허! 허! 이 사람 참 대단하구만."

두 내외는 서로 얼굴을 쳐다보면서 만족해하는 표정이었다.

"당신의 선생이라는 사람 말이야, 이 과장보다 더 잘 알아?"

K 부장은 그의 아내를 쳐다보며 그녀에게 명리학을 가르쳤다는 모 선생의 학문수준을 물었다.

"선생님도 연도별로는 정확하게 못 맞추더라구요."

앞으로 어려운 일이 있을 때마다 가끔 이 과장을 부를 테니 사양하지 말라는 부탁과 함께 부하의 일까지 메모하는 친근함을 보였다.

얼마 후 그는 내가 미리 알려준 해에 정확히 승진하여 ○○검찰청장이 됐다.

그 후 그는 어려운 고비가 있을 때마다 내게 자문을 구하였고 나를 여러 번 초청하여 그의 가족과 함께 식사를 같이 하기도 하였다.

생기궁으로 옮긴 고3생의 공부방

내가 서울 양천경찰서 수사과장으로 근무하던 어느 날 경무과장 K 씨가 내게 찾아와 정년퇴직도 얼마 남지 않았는데 남은 인생을 어떻게 살아갈지 궁금하다면서 자신의 장래에 대해서 사주나 한번 봐달라고 간청하였다.

그는 경비과장 K 씨와 함께 내 역술실력을 이미 확인하였던 바로 그 사람이다.

그와 나는 거리낌 없는 친한 사이이기에 퇴직 후 어떻게 살아갈 것인지 궁금하여 사주 명식을 풀어서 알아보기로 했다.

그의 생년월일시를 받아든 나는 현실적인 사실 확인부터 하고 싶었다.

"K 형! 늦자식이 있네요? 서모(庶母)도 계셨고?"

K 과장은 갑자기 두 눈을 동그랗게 뜨며 놀란 표정이었다.

"이 과장, 참으로 대단하구먼, 나는 아직까지 서모를 모셨다는 말을 한 번도 입 밖에 낸 적이 없고 정년퇴직이 얼마 남지 않았는데도 아직 고3생인 외아들이 있어요."

"정년퇴직하시면 한 2년쯤 쉬시다가 새로운 직장을 갖게 될 것이고 외아들은 효자로서 성공하여 부모님을 잘 모실 테니까 걱정하실 필요 없네요."

"그래요?"

K 과장은 무척 기쁜 표정이었다.

"나는 그렇다 치고 하나뿐인 우리 아들의 사주 한 번 더 봐주시오. 곧 대학에 진학할 것인데 공부를 너무 못해서 앞이 캄캄해요."

나는 K 과장의 외아들 사주명식을 풀어 늦둥이의 장래를 정밀히 감명하기로 하였다.

명리를 해석하는 방법에는 여러 가지가 있다.

통변성 이론에 의한 용신적용법으로 보아도 90% 이상은 적중할 수 있으나, 더욱 중요한 것은 알고자 할 때는 『범위수비결(範圍數秘訣)』에 의한 수리오행으로 풀이하는 것이 적중률이 높다.

'범위수'란 출생년월일시를 주역괘에 의해 그것도 선천괘와 후천괘로 분류하고 나서 해당수를 산술적으로 해석하게 되면 평생 운은 물론 년, 월, 일운까지도 정확하게 확인할 수 있는 비결서이다.

"어느 대학을 지망하십니까?"

나는 어느 대학을 지망하는지부터 물었다.

"학교 담임선생님은 공부를 워낙 못해서 삼류인 후기 대학을 지망하라고 하는데 이 녀석은 명문대인 Y 대에 원서를 넣으려고 하니 우리 내외는 아예 기대도 하지 않습니다."

늦둥이가 원서를 넣은 Y 대는 꿈도 꿀 수 없는데 괜히 고집을 부려 체념하고 있는 상태라는 것이다.

"그럼 원하는 Y 대에 꼭 합격할 수 있도록 도와 드릴까요?"

나는 올해 그에게 반드시 좋은 일이 있을 것으로 예측하고 도와주고 싶었다.

"예? 합격할 수 있도록 도와주신다구요?"

도무지 믿어지지 않는 표정이었다.

"내일 당장 아들의 공부방부터 확인합시다."

내일은 토요일이라 퇴근길에 K 과장이 살고 있는 집 구경부터 하고 싶었다.

토요일 퇴근 시간에 나는 K 과장의 승용차로 서울 관악구 봉천동에 있는 K 과장의 집에 도착한 시각이 오후 2시쯤 되었다.

"사모님 실례합니다."

"과장님께서 누추한 저의 집까지 찾아주셔서 감사합니다."

K 과장보다 키가 큰 그의 아내가 반갑게 나를 맞아주었다.

자식에 관한 일로 일부러 찾아왔는데 초면이라도 소홀히 대할 수야 없지 않겠는가? 남편인 K 과장에게 나에 대해 익히 들은 바가 있었는지 알 수는 없지만 부인은 과일과 음료수를 한 상 잔뜩 차려 나왔다. 과일을 먹으면서 나는 대문과 안방, 그리고 주방, 화장실 그리고 아들의 공부방 구조를 찬찬히 살폈다.

양옥으로 지은 아담한 단층집이었으나 안방은 연년궁(延年宮)에 해당하였고, 주방은 천을궁(天乙宮)에 있어 단란하고 복된 구조로 조화를 이루고 있었으나, 공부방만은 오귀궁(五鬼宮)에 배치되어 매우 불길하였다.

건물풍수에서 오귀궁이란 정신적 안정이 잘되지 않고 공격적이며 각종 질병을 불러일으키는 흉신이 머무는 곳이다.

이러한 곳에는 화장실을 배치하거나 창고 등으로 사용하면 도리어 길경(吉慶)의 형국이 된다.

마침 공부방 옆에 창고로 쓰고 있는 빈방이 있어 정밀하게 측정해 보니 그곳은 생기궁(生氣宮)이 분명했다.

"K 형! 내 말을 잘 들으면 귀한 아들 반드시 Y 대학에 합격할 것이지만 그렇지 않으면 힘들 것입니다."

나는 웃으며 K 과장 내외에게 농담 섞인 말을 하였다.

"우리 아들 Y 대학에만 합격된다면야 뭘 못하겠습니까."

그의 부인이 K 과장보다 더 열성적이었다.

"좋습니다. 그럼 아들 공부방을 여기 빈방으로 옮겨서 약간 푸른색 계통의 도배지로 꾸미시고 동쪽으로 된 이 창문을 사용하게 하시되 침대는 머리가 북쪽으로 오게 하시고 책상은 동쪽 창문이 마주 보이도록 배치하십시오."

나는 문창방위(文昌方位)에 책상을 배치하고 침대까지 일일이 지적해주었다.

"별로 어려운 것 아니네요."

사실 그들 내외는 자식의 일이라면 옹벽으로 된 대문이라도 뜯어 옮길 심산이었다.

시험 당일의 일진과 아들의 사주를 비교하였더니 분명히 탐랑일(貪狼日)이자 생기일(生氣日)이었다.

"시험을 보러 가는 날 청색계통의 내의와 흑색 옷을 입고 가게 하십시오."

수목상생의 이치에 따라 흑색과 청색은 수(水)와 목(木)으로써 상생이 된다.

이튿날 나는 K 과장으로부터 내가 시키는 대로 당장 공부방을 옮겼다는 이야기를 들었다.

그 후 몇 달이 지났다.

바쁜 일이 생겨 K 과장 아들의 시험일과 발표일까지 내가 기억할 수는 없었다.

어느 토요일 오후, 점심때가 되어 직원들과 식사하려고 사무실을 막 나가려는데 경무과장 K 씨가 눈시울을 붉히며 달려와 두 손으로 내 손을 덥석 잡는 것이었다.

"이 형! 고맙습니다."

"예?"

나는 그때까지도 무슨 뜻인지 몰랐다.

"우리 아이가 Y 대 합격하였습니다."

그는 그만 내 앞에서 체면도 잊은 채 두 눈에서 눈물을 주르르 흘렸다.

얼마나 가슴 졸이며 기다렸던 기쁨인가!

"축하합니다. K 형! 정말 축하해요."

나는 그의 손을 꼭 쥐여주며 축하와 칭찬의 말을 거듭하였다.

그의 외아들은 흉신이 머무는 오귀궁(五鬼宮)에서 탐랑(貪狼)인 생기궁(生氣宮)의 기를 받아 희망하는 대학에 입학할 수가 있었던 것이다. 물론 그의 실력과 운이 함께 닿았지만 말이다.

그 후 2년 6개월이 지나 내가 서울 관악경찰서 수사과장으로 근무하고 있을 때였다.

정년퇴임을 한 전 경무과장 K 씨가 갑자기 내 방으로 찾아왔다.

"K 형! 잘 있었어요? 그리고 아드님은 학교 잘 다니시고?"

나는 반가운 나머지 외아들의 안부부터 물었다.

"아들은 Y 대 1학년 재학 중 공군장교로 입대했으며, 저는 2년간 놀다가 금년에 모 재벌회사에 취업이 되어 건강하게 근무 잘하고 있습니다. 그때 이 형이 내게 했던 말이 너무 정확하고 신기해서 점심식사도 대접할 겸 일부러 찾아왔습니다."

나는 그와 점심식사를 하면서 그동안 있었던 여러 이야기를 주고받았다.

"K 형, 군에 간 외아들은 장차 훌륭한 정치가가 될 것이요."

나는 마지막으로 그의 외아들이 장차 훌륭한 정치가가 될 것이라는 말로써 그를 배웅하였다.

대통령도 재혼해서 더 잘되지 않았소!

"박 대통령도 재혼하여 더 잘되지 않았소!"

이 말은 경찰청 모 부서 국장을 지내시다 퇴임한 모 치안감이 총경 때 내게 한 말이다. 내가 서울 양천경찰서 수사과장재임 때 모 경찰서 정보과장이었던 Y 씨가 내게 찾아왔다.

"이 형! 우리 서장 말이요. 본청에서 근무할 때 경무관이 되어야 하는데 구로경찰서장으로 좌천되었으니 이번에도 경무관이 되기는 틀린 것 같다면서 우리나라에서 제일 유명한 역술인을 찾아가서 장차 어떻게 될 것인지 자신의 앞길에 대해 자세히 물어오라고 해서 이렇게 이 형을 찾아왔으니 시원한 대답 좀 해주시오."

평소 나와 친하게 지내왔던 구로경찰서 정보과장 Y 경정의 말이다.

"우리나라에서 가장 유명한 역술가를 만나보라고 했다면 서울 한복판에 가서 찾아볼 것이지 하필 왜 나를 찾아왔소?"

"이 형보다 역술을 더 잘 아는 사람이 어디 있단 말이요?"

나는 그가 인천 부평경찰서 경비과장으로 발령을 받았을 때 형사과장이었던 내가 그에게 앞으로 6개월만 있으면 서울로 입성할 것이라

하였더니 그때는 믿지 않고 있다가 정확히 6개월이 되어 서울로 복귀한 적이 있었다. 경찰인사에서 본청이나 서울에서 승진을 하게 되면 대부분 지방경찰서로 배치되고 더구나 승진을 해서 지방으로 내려간 사람은 의무적으로 1년 이상 근무해야 하는 것이 인사원칙인데 반해 6개월 만에 서울로 복귀한다는 것은 인사원칙상 도저히 불가능한 일이었다. 하지만 그는 내가 말 한대로 정확히 6개월 만에 서울로 복귀하여 그때까지 구로경찰서 정보과장으로 근무하고 있었다.

"Y 형이 당시 서울로 복귀할 수 있었던 것은 크나큰 행운이 따랐기 때문이지요."

"그 당시 나 자신도 6개월 만에 서울로 입성한다는 것을 꿈에도 생각해 본 적 없었는데 이 형이 어떻게 미리 알았는지 지금도 궁금합니다."

Y 과장이 처음으로 인천 부평경찰서에 부임하였던 어느 날 과장들과 식사 중 내가 경비과장 Y 씨의 관상을 본 적이 있었는데 평소와는 달리 그의 이마에서 일월구가 유난히 빛났고 찰색도 좋아 심심풀이로 그해 신수를 풀어 보니 그해 7월 정기 인사가 있을 때 반드시 서울로 올라갈 것 같아 그때 함께한 여러 동료들 앞에서 그 말을 했으나 모두가 인사원칙을 알고 있었기에 아무도 내 말을 믿으려 하는 자가 없었다.

"Y 형, 당신네 서장을 나는 잘 알지도 못하고 설령 안다고 하여도 당신 서장의 장래 일을 어찌 내가 말할 수 있겠소."

나는 그에게 단호히 거절하였다.

"이 형, 우리 서장 보통 극성스러운 사람이 아니니 나하고 같이 우리 서에 가서 서장 한번 만나보시오."

정보과장 Y 씨는 내가 서울 구로경찰서장의 사주명식을 봐주지 않

으면 정보과장이 서울 시내 유명 역술인을 다시 찾아 나서야 한다는
취지였다.

"당신네 서장 만날 생각은 아예 없으니 꼭 알고 싶다면 출생 연월일
시나 한번 물어봐주시오."

"내가 서장께 물어서 알려 줄 테니 꼭 부탁합니다."

그가 돌아가고 나서 이튿날 아침 Y 과장이 내게 전화로 알려준 것은
J 서장과 또 한사람인 어느 여자의 생년월일시를 복수로 알려주었다. J
서장은 아마도 그가 잘 알고 있는 그녀의 신상을 통하여 나의 역술 실
력을 확인해 보려는 심산이 분명했다. 그 여인의 명식은 일반적으로
말하는 상관격으로서 평생을 통하여 결혼을 하지 않고 혼자 살아갈 30
대 후반의 연예인이며 유년시절에는 양부모가 일찍 돌아가 불우했던
사람이 분명했다. 그리고 구로 서장은 어머니가 재혼하자 어머니를 따
라 의부 밑에서 공부하여 행정고시를 합격한 후 경정으로 경찰에 특채
되었고 장차 치안감까지 승진할 수 있는 비교적 관운이 좋은 사람이었
다. 나는 한참 망설이다 말고 구로 서장에게 전화하였다.

"서장님께서 불러주신 여자 분은 10대에 부모님께서 일찍 돌아가시
고 나이가 40이 다된 현재까지 결혼을 하지 않는 연예인이며 앞으로
도 계속 혼자서 살아갈 팔자이고 자식 또한 없을 것입니다."

여인의 불우했던 환경과 연예인이라는 것 등 알고자 하는 핵심을
내가 이야기하자 그의 음성이 갑자기 떨리기 시작했다.

"맞아요! 연예인 맞아! 정말 대단하네요. 그럼 나는 어떻겠습니까?"

"서장님은 금년에 승진할 운이 없습니다. 내년 후반에는 반드시 승
진하시게 되고 장차 더 높이 승진하시게 될 것입니다."

“예? 그러면 앞으로 치안감까지도 할 수 있단 말입니까?”

“그렇습니다.”

치안감이면 지방경찰청장급이다. 그는 경찰서장답지 않게 흥분되어 들뜬 목소리였다.

“한번 만납시다. 만나서 직접 그 말을 들어야지 어디 전화로 되겠소?”

이튿날 점심때 나는 구로경찰서 정보과장 Y 씨를 따라 어느 일식집에서 그를 만났으며 작은 체구에 당차 보이는 그의 첫 모습이 인상적이었다.

“이 과장! 당신의 이름은 익히 들어 잘 알고 있소, 그러나 그렇게 정확히 맞추리라고는 생각지도 못했소.”

“서장님 아무 말씀 마시고 잠자코 그때만 기다리십시오.”

그는 식사 도중에도 내게 관심을 갖고 여러 말이 오갔으나 더 이상 말하지 않고 점심 식사를 마친 후 곧바로 사무로 돌아왔다. 그 일이 있고부터 그는 상급자답지 않게 수시로 내게 전화하면서 복잡한 심경까지 토로하기도 하였다. 그의 부인은 모 고등학교 교사로 재직 중이었다. 부친이 중풍으로 와병 중이어서 간병할 사람이 없자 이복형제들 간에 불화가 심하여 며느리인 부인이 궁지에 몰린 때가 많았다고 했다.

“집사람 때문에 내가 골치 아파죽겠어요. 아버님도 병석에 계시고……”

병석에 계신 부친을 아내가 잘 돌보지 않는다는 불평스런 말투였다.

“부친에 관한 일은 1년 후면 잘 해결되실 겁니다.”

　1년만 지나면 부친이 사망할 것이고 부친이 사망하면 간병문제는 걱정하지 않아도 된다는 뜻이었다.

　"아니 어떻게 해결된다는 말이요."

　"지나보시면 압니다."

　나는 더 이상 말하지 않았다. 사실 그는 아내에게 부친의 간병문제로 불만이 많았을 뿐만 아니라 당초 내가 보았던 그 여인의 사주와 서로 암합하고 있는 것으로 보아 서로가 밀애(密愛)하고 있지 않나 하는 생각을 떨칠 수가 없었고 그녀로 인해서 아내가 더 미워졌는지도 모른다. 그러던 몇 개월 후 구로 서장은 서울지방경찰청 수사부서 과장으로 발령을 받았다. 관례에 따른다면 내년 정기인사에서 특별한 사유가 발생하지 않는 한 승진할 수 있는 보직이다. 그해 여름 어느 날 그는 내게 또다시 전화하였다.

　"이 과장, 나 마누라와 이혼하려 하는데 어떻겠소?"

　나는 갑자기 그가 부인과의 이혼이란 말을 꺼내기에 당황스럽고 한편으로는 그의 인격이 의심스러웠으나 우선 말려야겠다는 생각에서 그를 심하게 나무랐다.

　"이혼이라니요? 당치도 않습니다."

　"박 대통령도 재혼해서 더 잘되지 않았소?"

　그는 고 박 대통령까지 거론하면서 이미 결심을 굳힌 듯했다.

　"당신, 본처와 이혼한다면 승진은 고사하고 즉시 공직에서 쫓겨 날 것이요. 승진을 앞두고 아내와 함께 총력 경주해야 할 이 마당에 이혼이라니……."

　나는 그에게 당신이라고 비하하면서 엄중히 경고하였다. 그는 그 후에도 내게 20여 차례 이상 전화하면서 재혼을 거듭 강조했으나 나는 그때마다 내가 감찰에 폭로하고 말 것이며 그렇게 되면 상대방과 함께 당신은 처참한 신세가 될 것이라고 경고하였다.

그러던 중 어느덧 한 해가 지났다. 와병 중이던 부친은 사망하였고 장례식장에서는 형제들과 서로 다투는 바람에 부친을 하관하는 마지막 순간조차 보지 않고 그냥 돌아왔다는 소식을 조문 간 사람들로부터 전해 들었다. 그러던 그가 그 이듬해에는 정확히 경무관으로 승진하였고 아내와는 이혼을 하지 않았다. 내가 경찰청 특수수사계장으로 근무할 때 정복에 경무관 계급장을 단 그가 경찰청장에게 승진신고를 하러 경찰청에 왔다가 정복을 입은 채 기쁜 표정으로 내게 찾아왔다.
"이 계장, 역술 실력 정말 대단해!"
"쉿!"
내가 새로 발령받은 특수수사과 직원들은 아직 내가 누구인지조차 잘 모르는 상태인데 공연히 엉뚱한 소문이 퍼져갈까 우려하여 그의 입을 가로막은 것이다.
다시 몇 년이 지나자 그는 치안감으로 고속 승진하여 지방경찰학교 교장으로 발령받았을 때였다. 종전과 다른 경찰서에 근무하던 Y 과장이 갑자기 내 사무실로 찾아왔기에 나는 Y 과장과 함께 차를 나누면서 그가 찾아온 용건을 묻다가 깜짝 놀랄 말을 전해 들었다.
"이 형 J 씨말이야, 중앙경찰학교 교장."
"아, J 치안감?"
"그래, 그 양반이 나보고 이 형을 찾아가서 자기의 사생활을 이 형이 너무 많이 알고 있으니 말조심을 시켜달라고 해서 일부러 왔네."
나는 정말 어이가 없었다. 공직자의 신분으로서 그의 사생활에 대해서 누구에게도 말한 적이 없었고 또 말할 수도 없다. 그러나 그가 아내와 이혼하겠다고 그렇게 날뛰고 있었을 때 내가 한사코 말렸기에 오늘의 그가 존재한 것 아닌가? 그의 아내도 그 당시 내가 알고 있는 그 사실을 알고 있을까?

"Y 형! J 치안감을 만나거든 내가 개○○라고 욕하더라는 말을 꼭 좀 전해 주시오."

나는 지금도 그 일을 잊지 못한다. 물론 그것이 그의 팔자요 운명이 겠지만 인격적으로 함량 미달인 그가 어떻게 치안감까지 승진될 수 있었는지 도저히 믿어지지 않는다. 그는 마지막으로 경찰청 모 부서 국장을 끝으로 공직에서 물러났으나 경우회 등에서 나를 만나게 된다 면 어떤 표정을 지을지 무척 궁금하다.

길지에서 되찾은 음덕

경상북도 군위군은 팔공산 북쪽에 위치한 인구 5만이 채 안 되는 전형적인 농촌 마을이다. 순박한 인심은 예나 지금이나 변함이 없었고 일연스님이 삼국유사를 집필하셨던 '인각사'가 있는가 하면 골짜기 위로는 거대한 고로 땜이 한창 건설되고 있었다. 경감 때 수사과장으로 잠시 근무하면서 이곳과 인연을 맺은 적이 있었는데 경찰서장이 되어 다시 이곳을 찾았으니 감개무량하기도 했다.

"서장님, 대구에서 유명한 풍수가 주 2회씩 출장 와서 2년 동안 풍수강의를 하는 이가 있습니다. 농협장, 축협장 등 시골에서 풍수에 관심이 많은 사람들 10여 명이 산림조합장실에 가끔 모인다는데 수준이 어느 정도인지 한번 만나보시지요."

부임 후 수개월이 지났을 무렵 내가 오래도록 풍수지리학을 공부하였다는 말을 들은 정보과장이 내게 와서 귀띔을 해 주었다.

"강사가 누구라고 하던가요?"

풍수학계에서 대가라고 한다면 어느 누구인지 알 수가 있을 것 같아 그에게 강사의 이름부터 물었다.

"이름은 잘 모르나 대단한 실력가라고 합니다."

정보과장은 누구에게 건성으로 들은 이야기를 흥미 삼아 내게 그대로 전하는 것이었다. 나는 어느 날 강의가 열린다는 산림조합 4층 사무실에 사복 차림으로 찾아갔다.

불과 20여 평 남짓한 사무실에는 시골 농사꾼으로 보이는 남녀회원 10여 명이 자리에 앉아있었고 나를 알아보는 산림조합장은 마침 출장으로 인해 그 자리에 없었고 오후 2시쯤 되었을 때 60대 중반으로 보이는 풍수학 강사가 문을 열고 들어오더니 낯선 나를 바라보고는 뭔가 한동안 머뭇거렸다.

"저는 이 동네 사는 사람입니다만 선생께서 풍수에 밝다고 소문이 나서 저도 풍수학에 관심이 있는지라 한번 뵈러 왔습니다."

나는 신분을 말하지 않고 그냥 대충 얼버무렸다. 그러자 그는 웃으면서 자리에 앉더니 스스로 풍수학공부를 좀 했다는 표정으로 나를 설득하기 시작하였다.

"한 30년 동안 이 길을 걷다 보니 오늘 여기까지 오게 되었소, 풍수라는 학문은 워낙 공부하기 어려워서 일반인들은 이해하기 힘들지요."

나는 그의 말은 듣지 않고 먼저 그의 실력부터 알고 싶었다.

"선생께서도 형기론과 이기론을 따로 구분하시는지요?"

대부분 학자들은 산천의 형세와 모습으로 풍수를 논하는 형기론(形氣論)을 강조하지만 고수급들은 형기론에 다시 오행과 방위학에 의한 이기론(理氣論)까지 모두 알아야 하기에 나는 그것부터 물어본 것이다.

"형기면 어떻고 이기면 어떻습니까? 명당이면 그만이지."

그의 대답은 엉뚱한 데가 있었고 그 명당임을 입증하는 방법을 아무렇게나 두리뭉실하게 넘어가자는 말투였다. 그 앞에 앉아 있는 수

강생들은 강사의 얼굴을 쳐다보며 무슨 말을 하는지조차 알지 못하는 표정들이었다.

"그럼 선생이 공부하신 책은 주로 어떤 것들인지요?"

이번에는 그가 공부했다는 문헌들을 물어보았다.

"여러 고전을 많이 읽었지요. 그리고 풍수에는 '구성법'이란 것이 있는데 그 정도는 알고 있어야지."

그의 태도는 무척 거만하였고 수강생들에게 강의했다는 구성법 기초이론을 내게 자랑삼아 말하는 것이었다. 그가 내게 말한 내용은 극히 기본적인 이론에 불과하고 더 이상 물을 것이 없겠다는 생각이 들어 실망한 나머지 그냥 돌아오고 말았다. 며칠 후 공식적으로 산림조합장을 만날 일이 있어 그의 사무실을 찾아갔다.

"조합장께서 풍수공부 많이 하셨다는 소문이 있던데……."

나는 조합장에게 엉뚱하게도 풍수공부에 대한 이야기로 말머리를 돌렸다.

"2년 동안 강의를 받았는데 제가 공부한 이 수준 가지고는 풍수라는 말도 못 꺼냅니다."

그는 명문대를 나온 엘리트답게 겸손한 태도를 보였다. 그리고는 강사와 함께 답산을 하였던 내용과 여러 가지 일화들을 이야기하더니 그가 강의에서 받은 교재를 서랍에서 꺼내어 내게 보여주었는데 무척 두툼한 복사본이었다.

"시중에 나온 풍수학 교재 중에 가장 잘된 책이라고 스승께서 추천하셨지요."

나는 그가 내민 그 책을 보는 순간 그만 웃음이 나오고 말았다.

"이 책은 바로 내가 쓴 책이요. 강사님께서 내 책을 가지고 강의까지 하시다니……."

"아니 저자가 서장님 이름이 아니잖습니까?"

"필명이 운정과 정암인데 같은 필명으로 쓴 책이 이 책 말고도 10여 권 되지요."

"그래요? 진짜 풍수의 대가는 바로 눈앞에 계시네요?"

그는 놀라는 표정을 짓더니 나를 대하는 태도가 갑자기 달라졌다.

"서장님, 좋은 터나 한번 봐 주이소, 저에게는 연로하신 노부모님이 계십니다."

"그럼 나중에 한번 기회를 봅시다."

나는 그의 청을 훗날로 미루고 말았지만 2년 동안이나 나의 책으로 강의해 오면서 잘난 체하는 그 강사에게 왠지 불쾌한 생각이 들었다. 그 무렵 경찰서 청문감사관인 B 씨가 모친상을 당했다. 청문감사관이란 민원을 포함하여 직원들의 감찰을 담당하는 중요한 보직이다. 스스로 엄격하면서 정의로운 B 씨가 그 직무를 성실히 수행해온 덕분에 군위경찰서는 단 한 건의 자체 사고 없이 경찰서의 직무를 성실히 수행할 수 있었다. 나는 정보과장 P 씨와 함께 퇴근 시간을 이용하여 B 씨의 친형이 계신다는 인근 마을에 문상을 가게 되었다.

약 20여 호쯤 되어 보이는 전형적인 농촌 마을 들녘에는 가격 하락으로 인해 제때 수확하지 않아 그대로 말라버린 포도밭의 포도송이들이 여기저기 널려져 있어 가난한 농촌 실정을 그대로 웅변하는 듯하여 무척 씁쓸한 생각이 들었다. 초라해 보이는 외딴집 상가에서 영전에 분향하고 재배한 나는 옆에서 통곡하는 상주들을 향하여 일일이 인사를 나누었다.

"갑자기 상을 당하시어 얼마나 슬프십니까? 모친께서는 천수가 얼마이신지요?"

"서장님께서 이렇게 찾아주셔서 정말 감사합니다. 저의 어머님은 금년 83세이십니다. 이 분은 본가에 사시는 큰 형님이시고, 작은 형님은 병환이 중하여 병원응급실에 계시는데 모친이 돌아가셨는데도 충격을 받을까 봐 일부러 알리지 않았습니다. 그리고 저에게는 누님 세 분이 계십니다."

B 씨는 슬퍼하며 눈물을 쏟았다.

"장지는 어디이신지?"

나는 장지가 궁금해서 물어보았다.

"형님 집에서 불과 1km도 안 되는 뒷밭으로 정하였습니다. 3년 전 돌아가신 아버님 산소 옆에 같이 모시기로 가족들 간에 이미 합의를 보아둔 상태입니다.

"예, 그렇습니까."

나는 정보과장과 빈소에서 나와 손님접대용으로 만든 비닐하우스에서 상가에서 내주는 간단한 음료수를 따르면서 함께 뒤따라 온 청문감사관 B 씨와 이야기를 나누었다.

"아버님이 돌아가시고 집안은 갑자기 몰락하기 시작했어요. 둘째 형님은 지금 병석에서 사경을 헤매고 계시는데 저도 건강이 안 좋아 승진공부도 포기하였고 도무지 되는 게 없어요."

50대가 된 B 씨가 경감으로 승진하고자 시험공부까지 해왔다지만 그것은 여간 어려운 일이 아니다.

"이왕 오신 김에 마을 뒤에 정했다는 묘 터나 한번 돌아보고 가시지요?"

정보과장이 갑자기 거든다.

"그렇지 않아도 궁금하던 차였는데 가까이 있다니 어디 한번 가보세."

나는 정보과장과 함께 3년 전에 돌아가셨다는 부친 산소를 향해 걸어가고 있었고, B 씨도 60대 후반의 남자 한 분과 같이 내 뒤를 따라나섰다. 을씨년스럽게 여기저기 널려 있는 초겨울 포도밭은 농사를 지어본 농민이 아니면 농민들의 애끓는 심정을 어찌 이해할 수 있으랴. 한참 걸어가다 보니 텅 빈 밭 한구석에 초라해 보이는 무덤 한 기가 있었는데 그 무덤이 바로 B 씨의 부친 산소였다. 60대 후반으로 보이는 남자 한 사람이 주머니에서 나경(羅經)을 꺼내 들고 주위를 측정하기도 하고 무덤 위로 올라가서 사방을 살피는 것을 보니 소위 지관이라고 부르는 시골 풍수인줄을 금방 알 수 있었다. 나는 개의치 않고 무덤 옆으로 직충(直沖)하고 있는 하천과 무덤 뒤로 가로지르는 농수로가 마음에 걸렸다. 산머리가 내밀고 있는 입수처(入首處)에 올라가서 자세히 관찰해보니 좌우선 용맥이 혈좌와 상극하는 가운데 물이 들어오는 곳은 천강살(天罡殺)에 해당하는 대흉살 방위였다. 천강살이란 도선비기에서 말하는 대흉살 방위인데 이곳은 반드시 물길이 빠져나가는 파구(破口)에 있어야지 물길이 들어오는 득수(得水) 방위에 있게 되면 집안이 망하고 대흉하게 된다고 하였다. 다른 것은 차치하고라도 이것만은 반드시 확인해야 하는 필요불가결의 요소이다.

"이 묘소를 누가 정하였나요?"

"저분이 잡았습니다. 저분은 저의 집안 아저씨뻘 되시는 분이고 안동에서 명풍수로 이름난 분이십니다."

청문감사관 B 씨가 그분이 잡아준 터라고 내게 귀띔해 주기에 나는 불문곡직하고 그를 불렀다.

"선생께서 이 터를 잡으셨소?"

나는 큰소리로 그에게 물었다.

"예, 지가 잡아주었지요. 시골에 이만한 터가 어디 쉽게 구해질 것 같소?"

그는 자신 있다는 말투였다.

"여기 들어오는 물은 어떻소?"

길흉방위를 정확히 아는지부터 물었다.

"길한 방위로 들어오는 물이라 부자가 날것이요."

그는 도리어 길한 방위라고 우겼다.

"여보시오! 당신 정말 돌팔이군요. 부자가 된다니 뭐가 어째?"

나는 그만 그에게 화를 벌컥 냈었다.

"B 감사관! 이 자리는 집안이 몰락하는 자리요. 지금 당장 이장하지 않으면 큰일이 생길 것인데 어머님까지 이 묘소 옆에 합장으로 모신다니 큰일이 날 것이요."

B 씨는 고개를 끄덕였다. 아버님을 이곳에 모시고부터 집안에 질병이 끊이질 않고 있으니 아마 아버님 산소가 잘못된 것이 아닌가 하는 생각도 식구들 간에 해왔다는 것이다.

"내일 당장 장사를 치러야 하는데 어머님 장지는 어디다 모십니까?"

그의 표정은 더욱 어두웠다.

"이 밭은 누구의 소유요?"

나는 올라오면서 약 500여 평 되어 보이는 이 밭 한쪽에 지기가 뭉쳐있는 곳을 확인하였던 터라 먼저 밭의 소유자부터 물었다.

"저의 큰형님 고추밭입니다."

"그럼 잘 되었으니 이리 좀 와보시오."

그의 큰형님이 농사짓는 고추밭이라는 말에 안도한 나는 B 씨를 불러 이곳의 지형을 설명하였다.

"이곳 밭 뒤로 이어져 오는 산의 등줄기는 저쪽에서 바라보이는 큰 산맥과 이어져 이곳에서 그 기운이 멈춰져 있고 저쪽에서 들어오는 큰 물줄기가 이곳에서는 길방위(吉方位)로 변하였으니 입(入), 좌(坐), 득(得), 파(破) 즉 입수처와 좌향 그리고 물이 들어오고 나감이 풍수 이기법에 합당하니 이곳에다 장사를 지내면 1년 6개월 안에 반드시 좋은 일이 생길 것이요."

나는 B 씨의 부모산소가 정확한 좌향과 함께 무덤의 깊이인 천광까지 자세히 일러주자 아까 그 지관이라는 사람이 갑자기 끼어들었다.

"어째서 여기가 길지란 말이요?"

"나는 선생하고 얘기하고 싶지 않으니 내게 묻지 마시오."

그에게 설명할 필요가 없음을 확인한 나는 귀찮다는 생각이 들어 다시 상가로 돌아왔다. 상가에 오자 형제들이 한자리에 모여 앉아 가족회의를 하였고 B 씨가 가족들에게 말하기를 "2년 동안 조합장들을 가르쳐 왔던 대구에서 유명한 풍수라는 사람도 결국은 우리 서장님이 쓴 책으로 강의하였다는 소문을 들었는데 5촌 아제도 그 앞에서 꼼짝 못 하는 것 보니 대단한 분."이라고 설득하자 형제들도 내가 시키는 곳에 장지를 정하기로 합의한 것이다.

"하관시각을 몇 시로 결정하는지요?"

B 씨가 하관 시각까지 내게 묻는다.

"내일 오전 11시 30분부터 오후 1시 30분까지는 오시(午時)가 됩니다."

나는 왜 그 시각이 합당한지 그에 대한 설명을 하고는 함께 간 정보과장과 함께 경찰서로 돌아왔다.

"수운(水運)에 맞추어 부모산소를 정하였으니 아마도 1년 6개월이 지나면 청문감사관에게 좋은 소식이 있을 거야."

나는 돌아오는 차 안에서 정보과장 P 경감에게 1과 6은 하도수(河圖數)에서 수(水)에 해당되는 수이니 1년 6개월이면 반드시 발복할 것이라는 말을 거듭해 주었다.

어느덧 해가 바뀌고 정기인사가 있어, 나는 인천지방경찰청 청문감사담당관으로 보직 발령을 받아 상경하게 되었다. 지나간 일들을 기억할 여유도 없이 매일 같이 바쁜 일로 시간 가는 줄 모르던 어느 날 그동안 잊고 있었던 전임경찰서 청문감사관 B 씨에게서 전화가 왔다.

"서장님! 저 군위서 B입니다. 서장님의 은혜를 어찌 다 갚아야 할지……."

그의 목소리는 떨렸고 감격에 흐느끼는 듯했다.

"이 사람 갑자기 왜 그러나? 집안에 무슨 일 있어?"

나는 무엇이 그를 감격하게 하였는지 궁금했다.

"서장님, 제가 경감으로 승진했습니다. 오늘 의성경찰서 경무과장으로 발령을 받았고요. 어머님 돌아가셨을 때 중환자실에서 사경을 헤매던 형님도 완쾌되어 집에 돌아왔습니다."

"축하하네! 축하해!"

"이 모든 것은 서장님께서 저의 부모님 산소를 잘 써준 덕택이라 믿고 있습니다."

아직도 나에게 서장님이라 부르는 그의 목소리는 종전보다 더욱 힘 있게 들렸다. 연령으로 보나 경찰서 서열로 보나 그가 승진한다는 것은 결코 있을 수 없는 일인데 경북지방경찰청 그 많은 승진 대상자 중에서 단 한 명에게 돌아가는 특진의 행운이 바로 그에게 돌아간 것이다.

"정말 잘되었군! 반가워 정말."

부모님 산소를 새로 정한지 정확하게 1년 6개월 만의 일이다. 그는 그 후 인사이동이 있을 때마다 내게 안부를 물어왔고 다시 1년이 지난 얼마 전에도 전화가 왔다.

"서장님! 저는 이번 인사에 고향인 군위경찰서 경무과장으로 다시 돌아왔습니다. 서장님이 그 당시 저와 함께 순시 나가실 때 고로면에 있는 저의 처가 집 장인·장모의 산소를 돌아보시고 무덤에 물이 들었다고 하셨지요? 이번에 건설 중인 댐에 의해 수몰될 것 같아 이장해 보니 역시 무덤 속에 물이 가득 들어 있더라구요. 정말 어떻게 아시는지 풍수도사이십니다. 서장님 떠나신 후로 서장님이 풍수의 대가시었다는 소문이 읍내에 자자합니다. 그리고 저의 조카 두 명이 이번 공무원 시험에도 합격하여 집안에는 기쁨이 가득합니다. 꼭 한번 모시고 싶습니다."

그는 수화기를 놓을 줄 모르고 신이 나서 한참 동안 이런저런 일들을 내게 전하는 것이었다. 기쁜 소식을 전하는 그에게 언제나 신의 가호가 함께하기를 기원하는 바이다.

나 경찰서장 될 수 있소?

내가 경찰청 수사 부서에 근무할 때의 일이다. 때마침 점심시간이 남아 옆방에서 차 한잔 한다는 생각으로 평소에 가깝게 지내던 수사 부서 계장 전 경감 방에 들렀다. 전 경감은 어디선가 전화를 받고 나더니 내가 들어갔는데도 심각한 표정을 지으며 멍하니 의자에 앉아만 있기에 왜 그렇게 넋 빠진 사람처럼 앉아만 있는지 되묻게 되었다.

"전 형 집안에 무슨 일이라도 있어요? 안색이 좋지 않은 걸 보니 뭔가 심각한 모양인데?"

"이 형, 금년에 80이 되신 어머니께서 위암으로 돌아가시게 되었는데 시골에는 300여 평 되는 조그마한 밭 한 필지가 있어 그곳에 부모님을 모시려 했는데 현재 그 밭을 경작하고 있는 삼촌이 강력하게 반대를 하니 어쩌면 좋겠소?"

전 계장은 집안 사정을 소상히 내게 털어놓았다.

"그 밭이 길지인지 흉지인지도 알아보지 않고 무조건 부모님 묘소로 사용한다는 것은 문제가 있지 않을까요?"

"그럼 이 형은 길지인지 흉지인지 보면 알 수 있나요?"

천 경감은 갑자기 표정이 달라지더니 내게 관심을 보인다.

"나는 어릴 적부터 선대의 영향으로 풍수공부를 좀 해왔기에 밭이나 임야가 길지인지 흉지인지는 어느 정도 알 수 있지요."

내가 길지인지 흉지인지 어느 정도 판단할 수 있다고 하자 전 경감은 내 말에 관심을 갖고 더욱 적극적으로 서두른다.

"이 형! 다음 일요일 새벽에 내가 특급 새마을호 차표를 준비할 테니 나와 함께 내 고향 논산으로 좀 갑시다."

"다음 주 일요일에 논산을 간다구요?"

"한시가 급해요. 어머님께서 임종을 오늘내일하고 계시는데 집안에서는 아버님과 가족들은 절대 화장은 못 한다고 하시니 마땅한 장지가 없어 삼촌이 농사짓고 있는 복숭아밭을 예상하고 부탁드렸더니 삼촌이 그것마저 막무가내로 거부하고 있어요. 만약 그 밭이 길지라면 무리수를 두더라도 그곳을 장지로 정할 수밖에 없고, 만약 흉지라면 급히 다른 곳에 물색할 수밖에 없게 되었지 뭡니까?"

전 경감은 우선 삼촌이 농사짓고 있는 복숭아밭만이라도 나와 같이 가서 보고 오면 된다고 말하는 것이었다.

"그럼 한번 내려 가봅시다."

나는 딱한 그의 처지에 일요일 아침에 내려갔다가 오후에 올라올 생각으로 쉽게 약속하고 말았다.

드디어 일요일 새벽 새마을호 첫차를 타고 충남 논산을 향했다. 아침부터 이슬비가 부슬부슬 내리기 시작하였는데 논산역에 내리니 전 경감의 시골에 사는 동생이 택시를 대절하여 미리 마중 나와 있었다.

"인사해라. 나와 옆 사무실에 친하게 지내는 이 반장이시다."

"안녕하세요. 먼 길에 일찍 오시느라 고생하셨어요."

"비가 오는데 마중 나오셨군요."

시골에 농사를 짓고 산다는 첫째 동생은 무척 순박한 충청도 토박이로 보였다. 택시로 약 30여 분 달리다가 약 30여 호가 옹기종기 모여 있는 마을 입구에서 차가 멈추었는데 이곳은 전씨가 어릴 적부터 태어나 살았고 7남매도 이 마을에서 태어났다는 말을 내게 하였다. 전 계장은 고향에 대한 향수 때문이었는지 마을을 한 바퀴를 돌고 나서 다시 차에 올라 문제의 복숭아밭에 도착하게 되었다. 밤송이만 한 복숭아가 조롱조롱 열린 그 밭은 마을 뒷산 밑에 위치하고 있었으며 토질이 음습하고 주변에도 습지가 있어 장지로는 부적격한 흉지였다.

"전 형, 이 밭은 장지로 쓸 수 없는 흉한 땅이요."

차에서 내려 밭 한 바퀴를 돌아보다 말고 10분도 채 되지 않아 나는 그냥 돌아가자고 하였다.

"그래요? 그럼 낭패인 걸 어쩌지……."

전 경감은 실망한 표정이 역력하였고 동생 또한 같은 표정이었다.

하는 수 없이 타고 왔던 차로 되돌아서 약 10분쯤 읍내로 나오고 있을 때 어느 고구마밭 한쪽에 길지로 보이는 곳이 있어 갑자기 차를 멈추게 하였다.

"비도 그쳤으니 잠시 차에서 내려 바람 좀 쐬고 갑시다. 그런데 전 형, 저기 보이는 고구마밭 말이요."

전 경감과 그의 동생은 눈을 동그랗게 뜨고 내가 가리키는 곳을 바라보고 있었다.

"저기 언덕 위에 있는 붉은 빛나는 고구마밭이요?"

"그래요. 지기가 뭉쳐 있는 것 같으니 한번 가봅시다."

비가 온 뒤라 진흙길이 미끄러웠지만 논길을 따라 그 밭에 들어가서 가만히 앉아 보니 무척 아늑한 느낌이 들었다. 비록 대 길지는 아니었지만 그런대로 장후에 별 탈 없을 땅이 분명했다. 밭 언덕에 있는 산맥을 풍수학에서는 '돈룡'이라 부른다. 돈룡이라도 청룡과 백호를 갖추고 국세가 길격이면 장지로는 훌륭하다.

"이 밭을 먼저 매입하시오. 그렇게만 된다면 가족묘지로는 손색이 없을 것입니다."

산기슭을 개간하여 고구마를 심은 곳이라 임야와 다름이 없었고 고구마밭이기에 그다지 비싸지도 않을 것 같은 생각이 들었다.

"형님, 저 밭은 이 동네 사는 김 씨의 밭입니다. 논밭을 팔고 도시로 나간다고 언제부터 말해왔으니 아마도 쉽게 살 수 있을 것 같습니다."

이 마을 내력을 잘 아는 동생이 자신 있게 말하였다.

"그럼 동생이 책임지고 꼭 매입하도록 해라."

"알겠습니다. 형님."

일행은 다시 읍내로 나와서 점심식사를 하였는데 두 형제의 표정이 매우 밝았다.

그 후 3일이 지났다.

"이 형, 시골 동생이 그 밭을 아주 싸게 샀는데 쌀 5가마 값이니 거저지요, 거저."

전 경감은 동생의 전화연락을 받고 기쁜 나머지 곧장 내 방에 찾아와서 내게 반가운 소식을 알렸다.

"복이 있군요. 약 300평 정도 되는 땅이니 전형을 비롯하여 가족묘지로 사용한다면 묘지 걱정은 안 해도 될 것입니다."

"아버님 연세가 올해 83세인데 돌아가시면 어머니 옆에 두 내외를 나란히 함께 모시게 되었으니 한시름 놓을 수 있게 되었습니다."

"앞으로 집안에 좋은 일이 있을 겁니다."

"예? 저도 경찰서장 할 수 있어요?"

그가 갑자기 자신도 경찰서장이 될 수 있는지 묻는다.

"그럼요, 될 수 있고말고요."

전 경감은 무척 성실한 사람이었다. 7남매 중 유일하게 서울에서 대학을 나온 장남이며 순경에서 출발하여 40대 후반에 경감이 되었으니 총경까지 승진하기는 연령상 쉽지는 않겠지만 그는 모시는 상사로부터 항상 신임을 받고 있는 성실한 직원이므로 고속승진을 한다면 총경이 될 가능성이 없는 것도 아니다. 그의 가정에는 이혼 직전에 있는 동생과 오래도록 질병으로 고생하는 또 다른 동생이 있었다.

"이 형, 터를 정하는 그날 집에 돌아오니까 수원에 계시는 누나가 어머님이 입원하신 병원으로 찾아오셨는데 누나의 꿈에 갑자기 시골 김 씨 밭에서 불기둥이 하늘로 치솟는 것을 보고 어머니가 돌아가신 줄 알고 조바심이 되어 서울에 올라왔다면서 혹시 김 씨의 고구마밭 그 장소에 어머니를 모실 것 아니냐고 되묻기에 깜짝 놀랐는데 어떻게 보지도 않는 그 장소를 누나가 꿈에서 확인하였는지 믿어지지가 않아요."

"아마도 누나와 텔레파시가 서로 통했나 봅니다."

나는 형제간에 텔레파시가 서로 통하고 있어 누나가 어머니를 장사 지내게 될 정확한 지점을 꿈으로 확인한 것이라고 말했다.

그 후 3일쯤 지났을 때였다.

“이 형, 어머님께서 운명하셨습니다. 죄송하지만 내일 동생과 같이 장지로 한 번 더 가주셨으면 합니다.”

슬픔에 싸인 그의 전화 목소리는 몹시 떨렸다.

“전 형, 걱정 마시오, 내 정성껏 도와 드리리다.”

나는 이틀간 연가를 내어 그의 동생과 함께 장지인 논산으로 내려갔다. 장례일이 되자 많은 사람들이 조문을 하였고 오후 3시가 될 무렵 서울로부터 운반된 운구 행렬이 논산인 이곳 장지까지 도착하게 되었다. 장례식은 천주교식이었는데 장지를 돌아보는 사람들마다 한 마디씩 거들었다.

“여기에 이런 터가 아직 있었네.”

“저 산이 청룡이고 이 산은 백호일세.”

“토색이 아주 붉고 빛이 나는 걸 보니 길조일세.”

나는 아무 말 없이 하관할 광중의 깊이와 하관 시각을 3합인 길격에 맞추어 안장을 지휘하였다.

“젊은이 정말 고맙소, 내가 마지막 묻힐 이런 길지까지 잡아주시다니.”

전 경감의 부친도 만족하였는지 내 손을 덥석 잡으며 감격의 눈물을 글썽거렸다.

“이 터가 어르신 마음에 드시는지요?”

나는 85세인 전 경감의 부친을 위로하며 다시 한 번 그의 표정을 유심히 살폈다.

“저 산이 청룡이고, 이 산은 백호이니 이쪽은 내청룡 내백호가 되지요?”

노인은 어느새 내청룡 내백호까지 파악하고 있었다.

"저기 흐르는 물은 길수(吉水)로서 이 무덤에 아주 유익한 기를 불어 넣을 것입니다."

무덤 앞에서 좌우로 원을 그리며 흐르는 개울물에 대해 길 방위에서 들어와 흉 방위로 빠져나간다는 소위 12포태법, 그리고 도선비기에서 명시하는 천강살까지 풍수를 묻는 사람들이 질문하는 대로 일일이 대답을 하자 아는지 모르는지 모두가 고개를 끄덕였다. 나는 정성을 다하여 오로지 적선한다는 생각으로 그들을 도와주었다.

장례가 끝나고 나서 이듬해 봄이 된 어느 날 전 경감이 내게 찾아왔다.

"이 형, 박사학위를 5개나 가지고 있는 고향 친구가 서울에 있는데 그가 시골에 갔더니 서울에서 유명한 풍수를 데려다가 묘지를 잘 썼다고 소문이 나서 한번 보고 싶으니 이번 주말 시골 갈 기회에 나와 함께 내려가자고 하는데 그가 만약 어머님 묘지를 잘못 썼다고 트집 잡으면 어떻게 하지요?"

갑자기 그의 엉뚱한 말에 나는 불쾌한 생각이 들었다.

"박사이거나 석사이거나 간에 내가 정성을 다해 도와준 것이고 그렇다고 전 형으로부터 어떤 대가를 받고 터를 정해준 것이 아니지 않소? 터라는 것은 일부러 흠 잡으려 들면 무엇이든 흠 잡힐 수도 있으니 그때는 전 형이 알아서 조치하면 될 것 아니오."

나는 퉁명스럽게 대답하였다. 사실 그는 박사학위를 5개나 취득하고 있다는 친구를 일부러 데려다 사후 감평하기로 약속해놓고 내 뜻을 넌지시 떠보기 위한 계책이었는지도 모른다. 그렇지만 그가 그 어렵고 절박한 처지에 있을 때 내 나름대로 동료애를 발휘하고자 일부러 휴가를 내고 논산까지 내려가서 손수 정해준 부모 산소에 대하여 타인을 데려다 평가를 받는다는 말을 내게 할 이유가 없지 않은가?

그들이 약속한 주말이 지나고 월요일 아침이 되어 나는 일찍 사무실에 출근하였다. 평소와 같이 사무실 문을 열자 전 경감이 나보다 먼저 내 사무실에서 상기된 표정으로 나를 기다리고 있었다.

"이 형! 정말 고맙소."

"뭐가요?" 나는 대꾸하고 싶지 않았다.

"박사라는 그 친구가 어머니 산소를 한참 돌아보면서 패철로 방위를 보더니 누가 잡은 터냐고 내게 묻기에 우리 직원이 잡았다고 하니까 정말 잘 잡은 터라면서 방위도 잘 맞고 형국이 아주 길격이라 하여 기분이 아주 좋습니다."

이제야 안심을 해도 되겠다는 말이다. 사실 그는 순경으로 경찰생활을 시작하였지만 총경이 되어 고향에서 경찰서장을 해보는 것이 그의 꿈이었으니 어머니 묘소가 만약 잘못되었다고 하였다면 그는 자기의 출세를 위해 어렵게 구한 어머니 묘소를 당장이라도 옮길 수 있는 사람이었다.

그 후 어느덧 10년의 세월이 흘렀다. 6년 전 경정이 되었던 그가 고속으로 총경에 승진하여 꿈에도 그리던 충남 홍성경찰서 서장이 되었다. 정년을 2년여 남겨 두고 천신만고 끝에 얻은 천금과도 바꿀 수 없는 귀한 보직이었다. 나는 그가 승진을 하거나 보직을 옮길 때마다 그에게 축전을 보내 축하해 주었고, 이제 그가 정년을 1년여 남겨 놓았을 초가을이 되었을 무렵 나 역시 경정으로 승진하여 서울 양천경찰서 수사과장으로 근무하고 있을 때였다. 이른 아침 전 총경으로부터 갑자기 전화가 걸려왔다.

"이 형, 그동안 안부 전화도 자주 못 드려 죄송스럽습니다. 그간 별고 없으시지요?"

"저는 염려 덕분에 잘 있습니다만 서장님도 별고 없으시지요?"

총경 승진을 한 후부터 지금까지 서로 연락이 없던 그가 갑자기 내게 전화하는 까닭이 의심스러웠다.

"이 형! 어젯밤에 아버님이 돌아가셨습니다. 연세가 95세이시고 어머님 산소 옆에다 함께 모시기로 했지만 이 형이 한 번 더 도와주셔야겠습니다."

그의 태도는 한마디로 뻔뻔스러웠다.

"10년 전 이미 아버님의 가묘를 만들어 놓지 않았습니까? 가묘를 해 둔 그대로 모시면 될 것인데 공무에 바쁜 저가 일부러 논산까지 가야 할 일이 뭐가 있습니까."

나는 극구 사양하였다. 그를 위해 끝까지 도와주어야겠다는 생각이 이제는 내게 없었다.

"안됩니다. 최종적으로 이 형이 확인해야 되니 내일 아침 동생이 이 형을 찾아갈 것입니다."

"그러지 마시고 다섯 개의 박사학위를 가졌다는 그 친구에게 부탁하던가 아니면 우리나라에서 이름난 사람 많이 있으니 그들을 찾아 새로 이장하던지 가묘를 새로 고치시든지 전형 생각대로 하시고 더 이상 내게 부탁 마시오."

나는 매정하게 먼저 전화를 끊었다.

이튿날 아침 사무실에 출근하자 그의 동생 전 씨가 미리 찾아와서 나를 기다리고 있었다.

"어떤 일이시오? 전 형과 전화하였는데요?"

나는 그의 동생을 쌀쌀하게 냉대하였다.

"과장님, 저의 아버님이 어젯밤에 돌아가셨습니다. 어머님 산소를 잘 모신 덕택에 우리 7남매가 모두 잘 되었습니다. 형도 총경이 되어 고향인 홍성경찰서에서 서장을 하고 있고 그때 질병을 앓던 동생도 건강이 회복되었으며 결혼 5년 동안 자식이 없어 이혼하려던 셋째 동생도 재결합하여 아들 하나 낳아 잘살고 있으니 이 모두가 어머님 산소를 잘 선택해준 과장님의 덕택이라면서 집안에서는 어떻게든 이 과장님을 한 번 더 모셔오라고 하니 어찌하시겠습니까?"

그는 내게 애원하였다.

"집안일이 잘 풀렸다니 반갑군요. 그렇지만 이 자리는 워낙 바쁜 곳이라서 자리를 비울 수가 없네요."

나는 하루쯤은 연가를 낼 수도 있었지만 바쁜 업무를 핑계 삼아 거절하였다.

"과장님 너무하십니다. 아버님이 어제 막 돌아가셨는데 어떻게 그리 박절하게 대하십니까?"

그는 눈물을 흘리며 내게 애원하였다. 눈물에 약한 것이 인간이라 하였던가!

"정 그리시면 서장님께 휴가 신청을 해서 장례식 당일 날 한번 내려가지요."

나는 그의 눈물을 보자 내 마음이 동하여 그만 승낙을 하고 말았다.

"과장님 정말 고맙습니다. 그럼 모레 아침 특급열차 왕복표를 준비하겠습니다.

그는 흐느껴 울던 눈물을 닦으며 자리에서 일어나더니 갑자기 내게 무릎을 꿇고 큰절을 하고는 내방을 빠져나갔다. 이틀 후 장지에 도착한 나는 깜짝 놀라고 말았다.

현직 경찰서장의 부친상을 당해서 그런지 아니면 7형제 각자의 사회적 지위에서 연유한 것인지는 알 수 없으나 모친상을 당했을 때와는 비교도 할 수 없는 문상객들이 장지에 모여들었다.

"이 형, 정말 면목이 없습니다."

전 서장은 내게 정중히 사과하였다.

"처음 시작을 제가 했으니 마무리도 제가 해드려야지요."

나는 미리 설치한 가묘의 흙을 걷어내고 10년 전 처음 마련할 때의 위치에서 한 치도 어긋남이 없이 모친의 묘소 왼쪽에다 부친의 유해를 안장하였다.

10년 만에 새로 만난 형제들은 모두가 성공하여 잘살고 있었고 홍성경찰서 서장인 전 씨도 어머니가 돌아갔을 때와는 달리 활력이 넘쳐 보였다.

경찰서장님 부친 묘는
왕기(旺氣)가 다되었소

내가 서울 관악경찰서 수사과장으로 근무하고 있던 어느 초여름날 상사로 모시는 이 서장이 모친상을 당했다. 장례는 형님이 계시는 경상북도 안동에서 거행할 예정이었는데 이 서장은 나에게 상가로 내려올 것을 희망하므로 나는 장례일 하루 전 직원을 대표하여 승용차로 서장의 고향인 안동을 향했다. 서울에서 승용차로 약 4시간을 달려 오후 1시쯤 되었을 때 초상집 앞을 들어서니 각계에서 보내온 조화가 골목길 입구에서부터 상가 입구까지 약 50m나 되는 골목길에 가득히 진열되어 있었다. 이 서장의 형은 안동시의회 의장이었고 고려 말 유학자 이색선생의 종가로서 그의 가문은 대대로 명망이 높았을 뿐만 아니라 아직도 사당을 모시고 있는 보수적인 집안이었다. 나는 조문을 하고 나서 이 서장과 얘기를 나누던 중 갑자기 장지가 궁금하여 그에게 물어보았다.

"장지는 어디로 정했습니까?"

"30년 전에 돌아가신 아버님 산소 옆에다 모시기로 되어 있습니다."

"아버님 산소는 어디 있습니까?"

"집에서 약 1.5km쯤 떨어진 뒷산인데 저 큰 산 넘어 한참 가야 됩니다."

"장지를 한번 보고 싶은데요?"

"그럼 조카를 딸려 보낼 테니 한번 다녀오시오."

나는 왠지 모르게 장지부터 확인하고 싶었다.

나는 25세가량 되어 보이는 서장의 조카와 함께 장지로 예정된 이 서장의 부친산소가 있는 곳을 찾아 나섰다. 승용차로 언덕길을 한참 올라가다가 고개 위에서 차를 세우고 경사가 진 곳을 걸어서 약 20m쯤 더 올라갔을 때 부친의 묘소가 보였다. 주위를 자세히 살펴보니 그 묘소는 이미 기운이 쇠하여 휴수기에 있기에 모친을 그곳에 함께 모시기보다는 이 묘를 다른 장소로 이장해야 할 것만 같았다.

"집안에 종산이 있나요?"

나는 먼저 조카에게 명가의 후손이라 종산이 있을 것 같아 그에게 물어보았다.

"저 앞으로 보이는 산들이 모두 우리 종산입니다."

다행히 넓게 펼쳐진 임야가 내 눈앞에 들어왔다.

"종산 주위를 승용차로 한번 돌아볼 수 있나요?"

"예, 이 앞에 보이는 큰길로 나가시면 대충 돌아볼 수 있을 것입니다."

조카와 나는 승용차로 돌아오던 길을 되돌아 인근 마을 뒷산 길을 빠져나갔다.

"잠깐 차를 세우시오."

한참을 돌던 나는 건너편에 보이는 한 지점을 발견하고 승용차에서 내린 다음 그곳의 산세를 살폈다. 마치 큰 종을 엎어 놓은 것 같이 둥글게 솟은 산 밑에는 얕은 언덕이 하나 솟아 있는 것이 보였고 주위의 산들이 그 지점을 향하여 호위하는 듯한 모습이었으며 그 앞에 마주 보이는 작은 동산은 마치 한 마리의 호랑이가 먹잇감을 앞에 놓고 막 물어뜯으려는 기상이었다.

"저곳으로 한번 가봅시다."

나는 조카와 함께 건너서 보이는 한 지점을 향해 달려갔다. 한참 후 흐르는 땀을 손수건으로 닦으면서 내가 찾은 곳은 수백 년간 잘 모셔 온 어느 고총이 있었고 그 앞에는 근래 보기 드문 길지가 주인을 기다리고 있었다.

"이 산도 같은 종산이요?"

"예, 그렇습니다."

"저기 보이는 저 묘소는 누구의 묘소인가요?"

"예, 저의 윗대 할아버지 산소인데요, 상당히 오래되었다고 합니다."

과연 그랬다. 내가 본 그 터는 복호형(伏虎形)으로서 근래 찾아보기 어려운 명당이다. 풍수학에서 복호형이란 호랑이가 숲 속에 숨어서 잠자고 있는 개를 잡아먹으려고 기운을 응축하고 있는 듯한 곳인데 그 앞에는 면견안 즉, 잠자는 개의 모습을 하고 있는 작은 동산이나 큰 바위 등이 있어야 발음할 수 있다고 하였다.

나는 조카의 승용차를 타고 상가로 되돌아와 이 서장을 만났다.

"내일 장사지내실 장지는 불리하니 대단히 죄송한 말씀이지만 장지를 다른 곳으로 정하시지요?"

엉뚱한 내 말에 이 서장은 눈이 둥그렇게 뜨고 되물었다.

"집안사람들 모두가 함께 결정한 일인데 지금 당장은 어쩔 수 없지요. 어디 그 옆에 좋은 터라도 있던가요?"

"부친 산소는 30년이 지나 발음이 끝났으니 포기하시고 아까 이곳으로 오면서 보아둔 장소가 한곳 있는데 그곳 역시 종산이라 하니 장지를 그곳에다 정하고 부친 산소도 이장하시는 방안을 의논해 보시지요. 그러면 서장님께 반드시 좋은 일이 있을 겁니다."

"어디를 두고 하는 말인지?"

이 서장이 조카를 바라보며 묻는다.

"○○공 할아버지 산소 밑입니다."

조카가 ○○공 할아버지 산소 밑이라 하자 그는 더욱 놀란다.

"아니 그곳은 선조 때 유성룡 선생의 사위인 ○○공 할아버지의 묘소로써 왕실의 국풍이 잡아준 터이고 그 자손들 중에 영의정과 판서 등 수많은 명신들이 태어나서 우리 가문을 빛내었다고 하여 몇백 년이 지났어도 아직까지 불천위제사를 지내는 대 명당 터입니다. 그런데 그 밑에 아직도 대길지가 있다는 말이지요?"

나는 웃으며 고개를 끄덕였다.

"그럼 문중에다 이야기하고 그 자리로 정해야겠구만……."

이 서장의 표정은 아직 좋은 길지가 남아 있는데도 그대로 방치해둘 경우 문중에서 누군가 반드시 그곳을 차지할 것 아닌가 하는 것이다. 이 서장은 이 중요한 사실을 놓고 친형과 잠시 의논을 하더니 문중에서 다중이 들고 일어나 반대할까 하는 것이 염려되어 종중에서 말 좀 한다는 특정인을 미리 모셔다 내락을 받는 등 밤새도록 이 일로 분주했다는 후문을 나중에 이 서장에게 전해 들었다.

날이 밝자 나는 이른 아침부터 인부들과 함께 묘지로 새로 조성될 그 지점에다 땅을 파기 시작하였다. 약 10cm 정도 흙을 걷어내니 온통 청석으로 된 암반이 가로놓여 있어 곡괭이가 들어가지 않았다. 중기를 사용하면 쉽게 해결될 것이나 주위의 바위를 중기로 걷어 올리게 되면 혈자리가 상할까 하여 일부러 인력으로 조심스럽게 파내기로 하였다. 천장지비(天藏地秘)라 대길지는 하늘이 감추고 땅이 숨긴다고 하였다. 5척 5촌의 깊이로 땅을 파 내려가야 하는데 바위는 도무지 깨어지지 않았다.

"약 30cm 정도 더 파 내려가면 밑에는 반드시 오색토가 나올 것이니 포기하지 말고 계속해 보시오."

나는 인부들을 독려하였다. 아니나 다를까 한 자(약30cm)쯤 더 파 내려갔을 때 큰 암반 밑으로 아주 단단한 오색토가 그 모습을 드러내었다.

그 무렵 이 지방 지관으로 보이는 세 명의 남자가 찾아왔는데 그중 한사람은 70대 노인이었고 두 사람은 50대 중반쯤 되어 보였다.

"이곳이 어찌 길지란 말이요?"

70대 노인이 불문곡직 내게 물었다. 나는 인부들에게 하던 일을 계속 진행토록 지시하고는 한쪽으로 나와 그들과 마주했다.

"어르신께서는 뉘신데 한참 천광일하는 사람에게 시비를 하시오?" 나는 불쾌한 나머지 퉁명스럽게 물었다.

"이 분은 이 고장에서 이름난 풍수의 대가이십니다."

젊은 사람이 노인 편을 들고 나섰다.

"그래요? 그렇다면 어르신께서는 이곳이 흉지처럼 보이시오?"

나는 단도직입적으로 되물었다.

"이 고장에서 풍수께나 하는 사람은 저 위에 있는 이 씨 선대 묘소를 대길지라고 하여 일부러 찾아오는 사람이 많지만 어디 이곳은 가당치도 않아요. 만일 이곳이 길지라 했다면 벌써 누군가 묘를 썼을 겁니다."

과연 그럴 수 있는 일이다. 대길지라면 지금까지 누가 이곳을 남겨
두었겠는가?

"어르신 인사드리겠습니다. 저는 이정암이라 합니다."

나는 연세가 많은 어른께 내 필명을 대고 인사부터 하고 나서 자초
지종을 설명하려 하였다.

"예? 이정암 선생님요?"

젊은 사람이 갑자기 공손해지더니 내 이름을 재차 되묻는다. 나는
웃으며 고개를 끄덕이었다.

"한국도선풍수학회 이정암 선생님 말씀입니까?"

"그렇습니다."

나는 웃으며 대답하였다.

"어르신 인사드리시지요. 우리학회 교재로 사용하는 『요해 도선비
기』 저자 이정암 선생님이 바로 이분이시랍니다."

젊은 사람이 이곳 ○○풍수학회에서 ○○선생에 의해 배우고 있는
풍수학 교재가 바로 나의 저서임을 말하자 그들은 멋쩍은 표정을 지
었다.

"몰라 뵈었습니다."

일행은 연이어 고개를 굽실거리더니 서 있기가 멋쩍었는지 잠시 후
마을로 내려가고 말았다. 점심때가 되어갈 무렵 구슬픈 상여소리와
함께 꽃상여가 산 밑으로 올라오고 수많은 조문객들이 그 뒤를 따르
고 있었다. 상여가 도착하자 많은 사람들이 천광(망자의 체백을 땅에 묻
기 위해 땅을 파낸 곳) 장소에 모여 한마디씩 거들었다.

"이곳이 무슨 형국이요?"

70대 후반쯤 되어 보이는 노인이 내게 물었다.

"예, 복호형이라 합니다."

내가 이곳을 복호형이라고 말하자 모여든 사람들은 일제히 놀란 표정으로 주위 산을 살폈다.

"복호형이면 면견안이 있어야 하잖소?"

이 노인의 물음은 분명 풍수학을 공부한 분이다. 나는 그 앞 20여m 지점에 서 있는 작은 언덕을 가리켰다.

"어르신 저 언덕이 무엇 같습니까?"

나는 그 노인에게 되물었다.

"오라, 그래 맞아, 면견안(眠犬案)이야! 면견안, 어찌 이런 곳이 여태 남아있는지 대길지는 임자가 따로 있다더니 정말 그런가 보구만."

노인의 얼굴에서 희색이 돌자 함께 지켜보던 다른 사람도 더 이상 이의를 제기하지 않았다. 정해진 하관시각을 맞추어 하관을 한 후 장차 이 서장의 부친 산소를 이장할 그 옆에 가묘를 만들고 봉분과 축대 조성까지 마쳤다. 봉분이 약 90%쯤 완성되어 갈 무렵 나는 이 서장과 상주들에게 하직 인사를 하고 서둘러 서울행 승용차에 올랐다.

이 일은 누가 시켰거나 요청을 받고 한 일이 결코 아니다. 내가 모시고 있는 상사에게 내가 할 수 있는 최상의 서비스를 제공한 것에 대해 스스로 만족할 뿐이다.

이듬해 이 서장은 경무관으로 승진하였고 ○○지방경찰청에 근무하다가 몇 년 후에는 치안감으로 명예퇴직하여 어느 방송국 지역본부장을 역임하였다.

나는 지금도 상사였던 그분의 가정에 행운이 늘 함께하기를 빈다.

속발지지는 있는 것인가?

이 이야기는 바람과 돌이 유난히 많은 척박한 땅 제주도에서 내가 구사하였던 풍수 개운법에 관한 이야기이다.

제주도 토박이인 오 사장은 부친이 돌아가시자 마을 뒤 공동묘지에다 부친을 장사지냈다. 그는 어떤 일이든 자신이 직접 확인한 사실이 아니면 남의 말을 잘 듣지 않아 고집불통으로 소문난 사람이었다.

부친이 돌아가시고 3년째 되던 해 갑자기 큰형이 급성간염으로 세상을 떠나게 되자 7남매 중 둘째인 그가 80이 넘으신 노모를 모시는 맏형 노릇을 대신해야 하는데 출가한 동생들도 모두 여러 가지 불행한 일들을 겪게 되자 집안이 점차 몰락해가는 듯했다.

"아버지 산소를 잘못 쓴 건가?"

동생들이 한자리에 모여 가세가 기울고 있는 것을 아버지 산소가 잘못된 탓으로 돌렸다.

"쓸데없는 소리! 아버지 산소가 어떻다고 그래!"

오 사장은 동생들이 모여 아버지 산소 탓하는 것을 보고 못 마땅히 여겨 동생들을 나무랐다. 이 소식을 전해 들은 어느 인척이 내게 전화를 하여 여름철 휴가 때 한번 다녀가라고 했다. 휴가 때마다 다녀가라는 말을 여러 번 전해 들은 나였지만 그동안 시간이 없었으니 이번 휴가 때 제주도에 내려가면 먼저 그 산소부터 찾아봐야겠다는 생각을 하게 되었다. 오 사장의 부친이 돌아가시고 나서 여러 형제들이 거의 같은 시기에 불운을 함께 겪는다는 것은 개인적으로 타고난 사주 탓만은 아니다. 드디어 여름휴가를 얻은 나는 가족과 함께 홀가분한 마음으로 제주도로 떠나게 되었다.

제주도 도착 이튿날 아침부터 나는 오 사장과 함께 문제의 묘소를 찾았다. 한라산 중턱을 향하여 한참 올라가고 있는데 바람이 무척 심하게 불어 제주도는 바람과 돌이 유난히 많다고 하는 그 말을 실감할 수 있었다. 갈대숲이 우거져 길지를 찾을 길이 없었고 육지에서 적용하던 풍수법이 제주도에서 그대로 적용될 리 만무하였다. 아마도 바람이 멈추고 지기가 치솟는 곳이어야 이곳 제주도의 명당이 될 것이다.

겨우 찾은 오 사장의 부친 묘소는 조그마한 봉분에는 갈대 등 잡풀이 많았으며 땅은 건조하고 바람이 직충하는 흉지로써 풍수의 핵심요소인 장풍득수가 이곳에서는 적용되지 않았다. 주위에 있는 작은 물길까지 일일이 확인한 나는 목렴과 화렴이 든 묘지임을 직관적으로 간파할 수 있었고 한시가 급하게 이장을 서둘러야 하는 곳이 분명했다.

"어떻습니까?"

나 혼자서 무어라 중얼거리자 함께 따라온 오 사장이 내게 물었다.

"이곳은 바람이 직충하고 건조한 곳이며 나무뿌리가 시신을 심하게 감고 있으니 빨리 이장을 서둘러야 할 것 같습니다."

나는 조용히 그리고 힘주어 말했다.

"이 주위에 나무라고는 한 그루도 없는데 어찌 관속에 나무뿌리가 침입했다는 것입니까?"

사실 무덤 주변에 크고 작건 간에 큰 나무뿌리가 스며들 만한 나무라고는 찾을 수가 없었다.

"이 무덤은 그런 곳이니 사실인지 여부는 이장할 때 무덤을 파보면 아시게 될 것입니다."

나는 자신 있게 웃으면서 말하였다.

"그렇다면 새로 이장할 땅이 있어야지요?"

그렇다, 제주도는 화산으로 인해 용암으로 뒤덮인 곳이라 사방에는 온통 화강암과 돌 조각뿐이었다.

"마땅한 곳을 찾아봐야지요……."

이장할 땅은 다음날 가까운 곳에서 다시 찾아보기로 하고 주위를 맴돌다가 한낮이 되어서야 산에서 내려왔다.

저녁때가 되어 식사를 할 무렵이었다. 그의 일가친척들이 내가 왔다는 소문을 듣고 횟감이랑 잔뜩 사서 오 사장 집에 모였다. 모두가 반가운 얼굴들이었고 휴가이기는 하지만 서울에서 일부러 내려와 부친 묘소를 돌아본 것으로 알고 있어 나에게 그 어떤 말이라도 듣고 싶어서 일부러 찾아온 것이다.

"오늘 낮에 아버님 산소 돌아보시면서 날씨는 덥고 해서 무척이나 고생했수다 게."

오 사장은 굵직한 제주도 사투리로 새삼 내게 인사를 하였다.

"부친 산소가 산 중턱이긴 해도 차로 올라갔으니 크게 고생한 것은 없지요. 그리고 산소를 돌아보았는데 큰 문제는 없지만 한 번쯤 이장은 고려해야 할 것 같습니다."

긴장해서 질문하는 이들을 안심시키기 위해 나는 별 탈이 없다는 말부터 시작하여 조심스럽게 입을 열었다.

"이장이라면 어떤 문제점이 있다는 뜻인데……."

어느 여동생이 이장을 거론하자 오 사장은 갑자기 얼굴색이 변하더니 못마땅해하는 표정을 지었다.

"문제점이라면 화렴과 목렴이 들어 있어 시신이 새까맣게 타고 나무뿌리가 온통 관을 감고 있어서……."

나는 분명히 짚고 넘어가야겠다는 생각에 가족들 앞에서 그만 사실대로 말하고 말았다.

"거봐요, 나무뿌리가 들어가 아버지를 괴롭힌다잖아요."

셋째 여동생이 끼어들었다.

"땅속에 묻힌 무덤을 보고 주위에 있지도 않은 나무뿌리가 무덤 속에 가득 들었다고 하고 땅속에는 불이 타지도 않을 텐데 불이 들었다고 하니 이거야 원 믿어야 할지……."

오 사장이 화를 내며 저녁밥도 먹지 않고 자리를 박차고 일어나자 갑자기 분위기가 어색해졌다. 상식적으로 땅속에는 불이 탈 수 없지 않는가. 그의 의심도 어느 정도는 타당했다.

"당신, 잘못 말한 것 아니요? 무덤 속에 나무뿌리가 시신을 온통 감고 있다 했는데 그렇지 않으면 큰 망신을 당하고 또 그런 소문이 나면 제주도에는 오지도 못해요."

옆에서 가만히 듣고 있던 아내가 멋쩍어하는 사람들을 대신해서 내게 경고하고 나섰다.

"내 말이 틀리게 되면 제주도는 평생 못 오겠지?"

나는 웃으면서 자신감을 보였다. 그러자 가족들이 말을 이었다. 어떤 사람들은 기도를 하고 나니까 땅속이 훤히 들여다보여 6·25 때 묻힌 총을 찾기도 하고, 무덤 속에 김이 올라오는 것도 훤히 보인다고 하면서 마치 엑스레이로 투시하는 것처럼 했다는 것이다. 그러나 내가 경험한 바에 의하면 그렇게 말하는 사람이야말로 새빨간 거짓말을 하고 있다고 단정할 수밖에 없다. 땅속에 화렴이 들어 시신이 까맣게 타거나 나무뿌리가 시신을 감고 있는 것들을 알 수 있는 것은 오랫동안 풍수에 관해서 깊이 공부하게 되면 그 터가 갖고 있는 목, 화, 토, 금, 수 오행상의 특성에 따라 직관력을 통해 판단할 수 있는 것이다.

사실 오 사장이 화를 내는 것은 가뜩이나 쪼들린 가정형편에 이장할 경비도 없을 뿐 아니라 방법도 잘 모르는데 동생들이 걸핏하면 부친 산소를 두고 이러쿵저러쿵하는 것이 속상했던 것이다.

이튿날 나는 오 사장을 타일러 부친산소를 다시 찾았다. 부친산소 옆 가까운 곳에 만약 길지가 있다면 이를 찾아 혼백과 가족들의 마음을 편안히 해주고 싶은 진솔한 마음에서였다.

주변 산세를 한참 동안 관찰한 나는 오 사장의 손을 잡고 눈길이 닿는 한 곳을 향하였다. 야트막하게 생긴 인근 오름 옆에는 바람이 멎었고 땅속에서 치솟는 훈훈한 지기(地氣)를 나는 감지할 수 있었다.

"오 사장! 어서 여기 큰 말뚝을 박으시오."

나는 웃으며 그에게 정확한 위치를 알려주었다.

"여기가 명당 터요?"

"명당이라 하지 않고 명혈이라 하는 곳인데 이곳은 깊이 4~5m 정도 땅속을 파 내려가도 돌 하나 나오지 않을 그야말로 훈기가 치솟는 곳이지요. 공동묘지 주변에 아직도 이런 곳이 남아 있다니 이건 대단한 복이지요."

나는 성의를 다하여 그에게 설명하였고 오 사장도 내 말이 무슨 뜻인지 알지는 못해도 좋은 곳이라는 감을 느낀 것 같았다. 그러고 나서 한참 후 산에서 내려왔으나 왠지 모르게 기분이 무척 좋았다.

홀가분하게 남은 휴가를 잘 보내고 우리 가족은 서울로 돌아왔다. 그런데 그해 겨울이 다 가도록 오 사장은 부친산소를 이장하지 않았고 여러 동생들의 성화가 거듭하게 되자 이듬해 초여름이 되어서야 이장할 날짜가 정해졌다. 나는 이장시각을 정확히 계산하여 일진과 맞추어 전화로 일러주었다.

오 사장이 부친산소를 이장하는 날이다. 그런데 저녁때가 되도록 아무런 전화연락이 없자 아내가 오 사장에게 전화를 걸었지만 오 사장은 나중에 연락하겠다는 말뿐이다. 조바심이 난 아내는 내가 오 사장 가족들이 모인 공개 장소에서 말한 대로 과연 시신에 목렴과 화렴이 들어 있었는지에 대해 가슴을 조였으나 오 사장이 선뜻 대답을 하지 않자 궁금증이 더 심해진 아내는 오 사장 부인에게 다시 전화하였다. 전화를 받은 오 사장 부인이 아내에게 알려준 그날의 일들은 이렇다.

오 사장이 새벽 일찍 장의사와 같이 부친산소에 가서 시신을 발굴하고 있었는데 그녀는 이장하는 장면을 보지 않으려고 타고 갔던 트럭 안에서 기다리고 있을 때 장의사가 빨리 와보라고 하여 현장에 가봤더니 발굴한 유골이 온통 새까맣게 검은 데다 난데없는 고사리 뿌리가 관 밑에서 치솟아 마치 그물로 유골을 감싸듯 시신에 뒤엉켜 있어 너무 참혹하였다는 것이다. 또한 새로 옮긴 그 터는 중기로 사람의 키만큼 깊이 파 내려갔으나 돌 하나 발견되지 않는 붉고 깨끗한 황토뿐이어서 기분이 무척 좋았다는 것이다.

"참 다행이군요. 내가 얼마나 가슴 졸였는지 알아요?"

"이제 발복할 날만 남았어! 수운(水運)에 맞추었으니 1년 반만 있으면 뭔가 좋은 조짐이 나타날 것일세."

나는 아내에게 1년 반을 기다려 보자고 하였다.

오 사장은 해변가에 귤밭 한 필지가 있었다. 이곳에 건물을 짓고자 융자를 받았으나 건물을 완공하려면 돈이 많이 들 것 같아 큰 기술을 요하는 분야만은 건축업자에게 맡기고 나머지는 부부가 억척같이 일하여 4층 민박집을 지었다.

개업을 시작하자 민박을 찾는 사람들이 연일 만원이었고 1년 내내 손님이 끊어지지 않았다. 거기다 렌터카까지 운영하면서 번 수입 금액은 하루 평균 수백만 원이었고 개업한 지 얼마 되지 않아 은행융자금도 단시일에 갚게 되었으며 출가한 여동생과 형제들도 모두가 성공해서 집안이 불같이 일어나고 있었다. 불과 1년 반 전만 하더라도 온갖 불행에 시달려 왔던 이들에게 메마른 땅 가뭄에 단비가 내리듯 행운은 끊임없이 찾아왔으니 지하에 계신 아버님이 도운 것인지 아니면 하늘이 도운 것인지 기쁨의 연속이었다.

얼마 후에는 오 사장의 외아들이 육군 제대 후 조부님 산소에 가서 제사를 지낸 후 전국에서 단 한 명을 뽑는 모 방송국채용시험에 합격을 하였고 입사한 지 얼마 되지 않아 미모의 아나운서 출신 여성을 아내로 맞아 자녀를 낳고 행복하게 잘살고 있다.

당신은 알고 있었잖소!

내가 경찰청 수사국 수사지도관실에 근무할 때의 이야기이다. 그곳은 특정 수사분야에 특기가 있는 직원들을 선발하여 일선 경찰관들에게 강의를 하기도 하고 주요 미제사건이 있을 때는 현지에 출장하여 수사상의 잘잘못을 따지고 감독하는 곳이다.

같은 부서에서 근무했던 김 반장은 특정종교를 신봉하는 자여서 내가 사석에서 이따금씩 주역에 관한 이야기를 하기만 하면 예민한 반응을 보이면서 핀잔을 주기가 일쑤였다. 그러던 어느 겨울날 아침, 내가 일찍 출근하여 밀린 보고서를 작성하고 있을 때 8시경이 되어 인천에서 전철을 타고 출근하는 김 반장이 외투를 벗어 옷걸이에 걸고 있는 표정을 쳐다보다 말고 나도 모르게 그의 귀에 거슬리는 말을 무심코 내뱉고 말았다.

"김 반장님, 집에 무슨 일이 있지요? 자식 문제로?"

그 말이 떨어지기가 무섭게 김 반장의 불호령이 떨어졌다.

"뭣이 어째? 네가 주역이니 뭐니 해도 귀엽게 봐줬더니 아침부터 재수 없게 우리 집에 무슨 일이 있다니, 있기는 뭐가 있어!"

그는 갑자기 노기에 찬 얼굴로 내게 욕설을 퍼부었다.

"죄송합니다. 제가 잘못 말했습니다."

나는 죄송하다는 말밖에 더 말할 수가 없었다. 그도 그럴 것이 아무 생각 없이 출근하는 상관에게 좋은 아침이라는 인사는 못할망정 얼굴을 대면하는 첫마디가 집안에 좋지 않은 일이 있지 않느냐는 식으로 불쑥 물었으니 화낸 것은 당연한 일이었다. 그렇지만 관상학을 깊이 연구한 나는 그의 얼굴을 보는 순간 눈 밑 자식궁이 검푸른 암갈색 빛을 띠고 있었고 그의 안면 여러 곳에서 불길한 기운을 확인하자 나도 모르게 그만 실수의 한마디(?)를 내뱉은 것이었다. 그러나 그는 그날 퇴근 때까지만 해도 사무실이나 집에서는 아무런 일이 없었다.

나는 퇴근하고 집에 돌아와 TV를 막 켜려는 순간이었다.

"따르릉!" "따르릉!"

수화기를 받으니 함께 근무하는 B 반장의 다급한 목소리였다.

"이 형! 김 반장 집에 무슨 일이 있어 모두 급히 모이라고 하니 저와 함께 갑시다."

"무슨 일인데요?"

"무슨 일인지 나도 모르겠는데 우리 사무실 직원들이 모두 가서 도와주어야 할 급한 일이랍니다."

"알았어요. 곧 나갈게요."

B 반장과 내가 만나 김 반장 집에 도착하였을 때는 밤 10시경이었고 집안에는 슬피 통곡하는 여인의 울음소리가 흘러나왔다.

"아이고 이를 어쩌나!"

방문을 열고 들어서자 두 눈이 퉁퉁 부은 김 반장이 내 손을 덥석 잡으며 눈물을 쏟는다.

“이 반장! 당신은 알고 있었지? 아침에 내가 당신에게 욕설로 쏘아붙일 때 말이야, 그때 왜 자세히 말해주지 않았어?”

김 반장에게는 외동딸이 하나 있었다. 애지중지 잘 키워온 딸은 Y대를 졸업하고 B 중학교에서 교편생활을 시작하게 되었다. 그러다가 대학 다닐 때부터 사귀던 애인이 다른 여자를 만나 절교를 선언하고는 훌쩍 이민을 가버리게 되자 그녀는 그만 충격을 받고 여러 날 고민하다가 오늘 밤 퇴근 무렵에 음독자살을 하고 만 것이었다.

함께 간 직장 동료들은 정성을 다하여 그녀의 시신이 안치할 때까지 김 반장을 도와주었다.

사건 당일 아침 내가 김 반장에게 자식궁에 불길한 징조가 보여 출근 직전에 한마디 한 적이 있었다는 소문이 직장동료들에게 퍼졌고 그동안 숨겨왔던 나의 관상 실력까지 그만 탄로 나고 말았다. 김 반장의 슬픈 일을 치르고 나서 일주일쯤 지났을 무렵 갑자기 배 실장이 나를 불렀다.

“이 반장! 직속상사인 나에게는 한마디 말도 하지 않고 시치미만 떼고 있을 거요?”

사무실 실장 배 씨는 자신의 승진문제에 대해서 무척 궁금한 모양이었다. 그는 내가 풍수와 주역 그리고 명리학과 관상학까지 익힌 줄은 모르고 있었다. 경찰에 입문하기 전부터 스승님의 유지를 받들어 어느 누구에게도 이 분야에 대해서는 아는 체하지 않았고 주위에서도 그저 주역공부를 좋아하는 정도로만 알고 있었겠지만 이번 김 반장의 일이 있고부터는 무엇인가 범상치 않은 데가 있다는 것을 느끼고 있는 것 같았다. 그가 내게 알고자 하는 것은 언제쯤 총경이 될 수 있는가 하는 것이다. 나는 그가 적어준 생년월일시를 받아 누구에게도 발

설치 않겠다는 다짐을 받고 며칠 후 해답을 알려주기로 했다.

그러고 나서 3일째가 되던 날이다.

"실장님께서는 지금부터 3년 후에 총경이 되어서 동남쪽인 손방(巽方)으로 내려가서 경찰서장을 하시겠습니다."

"오! 그래, 그때 총경을 할 수 있단 말이지?"

조바심치는 배 실장에게 3일 동안 뜸(?)을 들이기가 쉽지 않다는 생각에 3일이 되는 날 퇴근할 무렵 나는 그의 방에 찾아가 미리 메모한 종이를 봉투에 넣어 그에게 건네주면서 일찍 부친을 여읜 사실까지 함께 설명했다. 그러자 그는 상기된 표정으로 무척 기뻐하였고 그 일로 인해 함께 근무하는 동안 그는 항상 나에게 관심을 보이면서 무척 아껴 주었다.

그로부터 3년이 되는 해의 연말, 치열한 승진경쟁으로 불꽃이 튀었다. 경찰청 수사국 총경급 승진대상자 6명 중에서 1차, 2차, 3차로 거치게 되는 인사고과 성적 1등을 받지 못한다면 승진을 기대할 수가 없다. 1차 평정에서 4위에 머물고 있음을 알아차린 배 실장이 어느 날 내게 찾아왔다.

"3년 전 이 반장이 내게 적어준 내년 운세인데 내년에 꼭 승진해서 동남쪽에 있는 어느 지방경찰서장을 한다고 했지요?"

잊은 줄로만 알았던 그가 치밀하게도 3년 전 내가 적어준 내년 운세 봉투를 그대로 간직하고 있었던 것이다.

"내년에는 틀림없이 경찰서장이 될 것입니다."

나는 이번에도 자신 있게 대답했다.

"그런데 내 인사고과 성적이 4등인데 어찌 가능키나 하겠소?"

"인사고과도 2차, 3차 평정자가 따로 있고 지휘관 추천 점수도 남아 있으니 너무 걱정하지 마십시오. 승진이 되고 안 되는 것 또한 하늘의 뜻이며 저는 이 분야에서 한 번도 틀려본 적이 없습니다."

"오, 그래요?"

그러자 그는 내 손을 꼭 잡으며 기뻐하였다.

제5공화국 정부가 들어선 그다음 해였다. 각종 제도가 바뀌고 승진에 있어서도 능력을 최우선시한다는 선발기준이 새로 정해진 것이다. 아직 입춘이 며칠 더 남아 있고 날씨는 무척 추워 새로 들어선 정국처럼 쌀쌀하기만 한데 출근하자마자 전국 총경급 승진발령 발표로 희비가 엇갈렸다. 당연히 승진하리라고 기대했던 사람들의 이름은 찾아볼 수 없었고 전혀 생각하지도 않았던 배 실장이 총경으로 승진한 것이다.

"이 형! 정말 신통한 사람이요. 어찌 그리 용하단 말이요."

그는 흥분한 나머지 내가 출근하기를 기다렸다는 듯이 나를 자기 방으로 불러 기쁨을 함께 나누고자 하였다.

"제가 뭐라 하였습니까? 하늘만이 알 수 있다 하지 않습니까?"

"승진발표 후 곧 있게 될 보직 발령은 어찌 되겠소? 내 생각대로 강남경찰서장을 할 수는 없을까요?"

그는 지나치게 자기도취에 빠져 있는 듯했다. 누가 초임경찰서장을 서울에서도 1급지인 강남경찰서장으로 발령한단 말인가?

"저가 동남쪽인 손방(巽方)이라 하지 않던가요?"

나는 한사코 주역괘에서 확인된 서울에서 동남쪽을 말했다. 그날 이후 배 실장은 하루 종일 걸려오는 축하전화에 시간 가는 줄 몰랐고 3일째가 되자 경북 청송경찰서장으로 발령받은 것이다.

경북 청송이라면 서울에서 정확히 동남쪽인 손방(巽方)에 있는 3급지 경찰서이다.

그는 이렇게 하여 청송경찰서장을 시작으로 꿈에 그리던 경찰서장이 되었다.

풍수와 주역 2

국운을 간파하다

주요 권력기관 터 풍수에 어긋나

#상황1 지난봄 어느 날이었다. 한 풍수학자와 현직 경찰 고위간부가 서울시내 모처에서 만났다. 이 자리에서 풍수학자는 "5월을 조심하라. 큰 사건이 벌어질 것이다."라고 단단히 일러두었다. 아니나 다를까. 한화 김○○ 회장 보복폭행 사건이 터지면서 경찰조직에 줄초상이 났다.

#상황2 경찰총수의 퇴진압력이 거세게 일던 얼마 전, 풍수학자와 경찰 고위간부가 다시 만났다. 이런저런 얘기 끝에 앞날을 물어보는 경찰 고위간부에게 풍수학자는 "지금은 (총수가)그럭저럭 넘어가겠지만 올해 안에 한 번 더 고비가 올 것"이라고 조심스레 귀띔했다. 앞으로의 일이야 장담할 수는 없는 노릇. 이○○ 경찰청장은 일단 아슬아슬하게 위기를 넘겼지만 앞날이 불안한 상황임을 부인할 수는 없다.

요즘 경찰 내부에서는 '푸닥거리'라도 해야 되는 것 아니냐며 곤혹스러워 하는 이들이 적지 않다.

한화 김○○ 회장 보복폭행사건을 둘러싼 후유증으로 다들 맥이 빠져 있기 때문이다. 이○○ 청장이 최근 대국민 사과를 통해 "사건청탁 관행을 일소하고 조직 운영 시스템을 바로잡겠다."고 역설했지만 일선의 체감과는 거리가 있어 보인다.

사실 경찰은 1991년 현재의 서울 서대문구 미근동에 둥지를 튼 후 무슨 연유에선지 총수들의 '말년 팔자'가 대체로 사납다.

이○○(2대) 전 청장은 슬롯머신 사업자와의 연루 의혹으로 구속됐으며, 김○○(3대) 전 청장은 부동산 투기의혹으로 밀려났다. 박○○(5대) 전 청장은 '초원복집 사건'으로 구속됐고, 김○○(8대) 전 청장은 인천 인현동 상가건물 화재참사로 자리를 내줘야 했다. 이○○(9대) 전 청장은 수지 김 피살사건 내사중단 의혹으로 구속됐으며, 이○○(10대) 전 청장은 최○○ 전 특수수사과장 배후의혹 참고인으로 검찰에 소환되는 불운을 겪었다.

이 때문에 2003년 12월 경찰청장 임기제가 확정되자 안팎에서는 오랜 숙원인 '수사권 독립'과 달라질 경찰의 위상에 많은 기대를 했다. 하지만 임기제 시행 첫 총수인 최○○ 전 청장은 지역구 출마와 관련, 정치권에 휘둘리다가 결국 2004년 말 임기 3개월을 남겨놓고 중도에 하차했다. 최 전 청장은 퇴임 후 한화건설 고문을 맡았다가 이번 사건으로 기소된 상태. 그 뒤를 이은 허○○ 전 청장 역시 임기 1년을 남긴 2005년 말 농민시위 사망사건으로 그만뒀으며 지금의 이○○ 청장 역시 임기를 채울 것이라고 장담하는 사람이 많지는 않다. 그렇다면 경찰청 주변에는 풍문대로 '불운의 그림자'가 잔뜩 드리워져 있는 걸까?

＊ 26년 경력의 베테랑 수사관

한국 도선풍수 명리학회 이정암 회장은 전직 경찰간부 출신이라는 점이 눈길을 끈다.

2005년 8월 경기지방경찰청 청문감사관으로 명예퇴직해 최종 계급은 경무관이다. 경찰에 몸담은 26년 중에 17년이 넘게 수사 분야에서만 근무한 베테랑이다. 경찰 입문 전부터 배운 풍수·명리학을 적용해 사건을 해결한 것도 한두 번이 아니어서 경찰 내부에서는 오래전부터 '용하다.'는 소문이 파다했다. 퇴임 후에는 기다렸다는 듯이 밀린 원고를 정리해 『풍수 그리고 운명』, 『범위수비결』 등 10여 권의 관련 저서를 연이어 발간, 주위를 놀라게 했다. 특히 이달 중 발간 예정인 『건물풍수핵심비결』은 국내 최초의 건물풍수 백과사전이라는 점에서 벌써부터 관심을 끈다.

"경찰청 건물은 마름모꼴의 대지 위에 동북향(東北向)으로 지어졌습니다. 그런데 정문 출입문이 동쪽으로 나 있어 풍수상 좋지 않아요. 북서쪽의 후문도 마찬가지입니다. 또한 경찰청장 집무실이 9층인데 바로 여기가 절명궁(絕命宮)에 해당합니다. 즉 관재(官災), 구설(口舌)이나 교통사고로 요절하는 등 단명을 주관하는 흉살(凶煞)방위에 해당되지요."

그러면서 청장실을 적절한 층(7층)으로 배치하거나 그게 여의치 않으면 정문을 일부 개조해야 대길(大吉)하다는 것. 사실 이 씨는 이○○ 청장이 경기청장 재임 때 차기 경찰총수로 승진할 것을 이미 예견한 바 있어 주위에서는 이 씨의 권고를 그럴듯하게 받아들인다. 하기야 한화 김○○ 회장의 보복폭행 사건에 대한 예언도 그렇거니와 2003년 8월 인천지방경찰청 청문감사관 때 대통령 탄핵 건을 비롯, 모 장관의 100일 낙마와 17대 총선 당락 여부까지 미리 알아맞혔으니 그럴 법도 하다.

흥미 있는 일화도 많다. 2004년 경기도 군포경찰서장 재임 때였다. 평소 군포서장은 단명하기로 소문난 자리였다. 그가 부임해서 서장 자리를 풍수적으로 풀어 보니 육살궁(六煞宮)에 해당됐다. 그래서 대문의 방향을 현 교육청 쪽으로 틀었다. 이후 해마다 전체 직원 중 10% 이상 승진자가 계속 생겼고, 지금도 감사의 전화를 받곤 한다고 전한다. 군포시의회 건물도 같은 '절명궁' 자리여서 건강과 행운을 가져다 주는 '생기궁'으로 바꾸는 법을 귀띔해 줬더니 단명하던 의장이 연임하는 경사가 겹치기도 했단다.

* 청와대는 3층으로 지었어야

"청와대는 3층으로 지었어야 합니다. 배산이 탐랑목성(貪狼木星)이고 3층일 경우 생기궁이 되어 대길할 운입니다."

국회의사당의 경우 떠다니는 배의 꼬리에 있어 정치인들의 생각이 이재(理財)에 치우친다고 지적했다. 여의도가 행주형(行舟形)이라면 63빌딩이 돛이요, 섬 안에 늘어선 빌딩들은 마치 큰 상선에 짐을 싣고 계류하는 선박의 모습인데, 선미(船尾)가 되는 쪽에 국회의사당이 대문과 상극이 되는 방위에 배치돼 있기 때문이다.

서울 서초구 서초동의 대검찰청 건물도 배산보다 높이 솟은 데다 정문이 남향으로 돼 있어 검찰총장실을 복덕궁(福德宮)으로 옮겨야 회복된다고 했다. 반면 재벌가의 경우 비교적 길운의 자리에 위치했다고 설명했다. 삼성과 LG, 현대차 등 국내 10대 그룹 총수들이 사는 동네는 서울 강북의 한남동 등 남산 자락과 성북·평창·가회동 등 북한산 자락이라는 공통점을 갖고 있다. 전국에서 가장 비싼 주택들이 모여 있는 한남동의 경우 남산을 등지고 양옆에 좌청룡·우백호 격의 언덕이 솟아 바람을 막아주며, 옆에 한강이 감싸듯 흘러 풍수적으로 재물운이 많다는 것. 재벌그룹의 사옥 중에서는 삼성그룹의 서울 태평로 본사가 층수별로 오행상생의 길운을 받도록 잘 배치돼 있다고 풀이했다. SK건설도 풍수경전인 '양택삼요'에 따라 집을 짓는 것을 중요시 여긴다고 귀띔했다.

생활풍수 상식에 대해 몇 가지를 알려달라고 부탁하자 *임신 중에는 집수리를 하지 말 것 *아이들이 비뚤어지면 동쪽과 동남쪽을 먼저 살필 것 *남편이 바람을 피우면 북서쪽을 살필 것 *여자에게 문제가 있으면 남서쪽을 살필 것을 권했다. 또한 주택의 서쪽에 큰 길이 있으면 길하고, 남쪽에는 빈터가 있어야 좋다고 말한다. 과거 각종 사건을 수사하면서 살인사건이 발생하는 집에 가보면 대부분 '절명궁' 터였음을 알 수 있었다는 그는 현장 경험이 풍수 연구에 도움이 된다고 했다.

* 풍수 학문적으로 집대성할 것

"풍수는 자연에 순응하면서 살아가는 인간의 지혜입니다. 또 그 역사와 뿌리가 장구하고 경험적 과학의 산물이기에 백발백중, 천발천중 맞아 떨어진다고 해도 과언이 아닙니다."

경북 의성에서 태어난 그는 어릴 적부터 할아버지한테서 한학과 역경 등 경학을 배웠다. 해군에 지원해 39개월 군 복무를 마친 뒤 검사가 되고자 고시 준비를 했다. 그러던 어느 날 우연히 한 스님을 만나 "자네는 검사는 안 될 테고 경찰서장은 하겠구만."이라는 얘기를 듣게 된 것이 계기가 돼 3년 동안 스님과 전국을 떠돌며 풍수·명리학을 공부했다. 1979년 간부 27기로 경찰에 입문한 후에도 틈틈이 스승(스님)한테 물려받은 풍수경전을 익히며 내공을 쌓았다. 퇴임 후에 본격적으로 관련 저술을 발간하는 등 오로지 풍수·명리연구에만 전념하고 있다. 요즘에는 고미술협회와 대학, 각 단체 등에 초청 강의도 나간다.

이래저래 제자가 130여 명에 이를 만큼 따르는 사람도 많아졌다. 앞으로의 일에 대해서는 "제갈공명과 소강절 선생의 인간 길흉사 요결 『황극책수(皇極策數)』 등 7, 8권 정도의 저술을 더 발간해 풍수이론을 학문적으로 새롭게 집대성할 계획."이라고 밝혔다.

* 주요 저서는 『풍수 그리고 운명(풍수)』, 『요해 도선비기(풍수)』, 『소설 도선국사(풍수)』, 『비전으로 전하는 한국 최고의 명당(풍수)』, 『옥룡자답산가(풍수)』, 『범위수비결(주역)』, 『주역과 하락이수(주역)』, 『적천특수비전(명리)』, 『천운(풍수,명리)』, 『한·중풍수학 총정리』, 『건물풍수핵심비결(풍수)』, 『통합운명학 자동해설프로그램(명리)』 등이다.

(이상은 서울신문사 K 기자의 '인물탐구' 중 제 71쪽 '경찰청장실과 건물풍수' 관련 기사임)

아-! 천안함(天安艦)

"경인년(庚寅年)은 북한으로부터 서해 무력공격을 받을 것이다."

내가 군포경찰서 서장으로 재직할 때 어느 지인이 점심식사에 초대하여 모 식당을 찾아갔더니 그곳에는 낯선 남자 한 사람이 자리를 같이하고 있었다.

상견례 후 식사와 함께 이런저런 이야기를 끝내고 서장실로 와서 차 한잔을 하고 있을 때 그 남자가 갑자기 특정인의 생년월일시가 적힌 쪽지를 내밀었다.

"유명하다는 말을 듣고 찾아왔는데 실례가 안 된다면 이 사주 좀 봐주시지요?"

나는 어리둥절하다가 그가 멋쩍어하는 것 같아 그 쪽지를 받으면서 물어보았다.

"누구신데요?"

그는 아무런 대답도 없이 쪽지만 내밀기에 그 쪽지를 받아 사주명식(四柱命式)을 살피다가 깜짝 놀랐다.

"아니 이 사람이 누구요?"

나는 재차 주인공이 누구인지 되물었다.

"어떻습니까? 장관 한자리할 사주입니까?"

"장관이 뭐요? 다음 대통령이 될 사람인데."

"어찌 그렇게 말할 수 있지요?"

"다음 국운과 같이할 사람이니까 틀림없이 대통령이 될 사람이지요."

"말씀드리기가 곤란하지만 현재는 서울시장님이십니다."

"그럼 이명박 서울시장말입니까?"

그는 고개를 끄덕였다.

금기(金氣)가 왕성하여 병술년과 선거가 있는 정해년은 화기(火氣)가 금기(金氣)를 녹이는 형상이라 구설이 있을 것을 조용히 일러주었고 그는 메모를 하고는 아무 말도 하지 않고 상기된 표정으로 서장실을 빠져나갔다.

나중에 안 일이지만 그는 당시 서울시장의 측근인 L 모 씨였다.

서울시장이 대통령이 된 첫해는 제도개혁, 다음 해는 토목공사 강행, 3년째 되는 경인년(庚寅年)은 북한으로부터 무력공격을 받을 것임을 측근들에게 일러주었고 2007년경 학회 인터넷홈피에도 그대로 등재하였다. (현재까지 삭제하지 않고 있음.)

그동안 나는 명예퇴직을 하여 집에서 쉬고 있을 때 내가 재직 중 상사로 모셨던 박 전 경찰청장과 서울대학 총동창회장 모 씨 등 5명이 갑자기 우리 집으로 찾아왔다.

그들은 대부분 자신의 앞일을 궁금해하였고 노무현 대통령을 이은 다음 주자가 과연 누구인지를 내게 물었다.

나는 군포서장 때 만나본 모 씨가 생각이 나서 현재 이명박 서울시

장이 다음 주자라고 말하자 그들은 절대로 그렇게 되지 않을 것이라
했고, 어떤 이는 모 기관에서 그의 약점을 아는 사람이 많아 불가능하
다는 말도 하였으나 나는 더 이상 강변하지 않았다.

그 후로 나는 서울 종로구 모처에 있는 사무실로 출근하고 있을 즈
음 병술년이 되자 이명박 전 서울시장은 '황제 테니스'니 뭐니 하며 구
설수에 올랐고 언론도 그를 공격하기 시작했다.

드디어 대선이 있는 정해년(丁亥年)이 되었다.

경선을 앞두고 오고 간 여러 가지 이야기들은 생략하고 선거일이
임박하던 어느 날이다.

소위 '비비케이 사건 동영상'이 발표되자 사무실 주변 사람들이 내
사무실로 찾아와 기사화된 신문을 보여주면서 마치 항의라도 할 듯한
태도로 내게 따지고 들었다.

"이래도 이명박 후보가 대통령이 된다고 생각합니까?"

"물론입니다. 만약 내 말이 틀리면 사무실을 폐쇄하겠습니다."

"14층에 있는 오○○ 도사는 10년이 넘도록 역술을 해 왔는데 이번
에는 정동영 후보가 33.5%로 이기겠다고 했다는데……."

"만약 정동영 후보가 당선된다면 내 손에 장을 지지겠소! 그는 금년
국회의원 총선에 나와도 당선되지 못할 것입니다."

정 후보의 사주가 금년운과 상충된다는 것을 강조하자 그들은 더
들어볼 생각도 하지 않고 문을 박차고 나가 버렸다.

그 무렵 나는 지방에 출장 갈 일이 생겨 아침 일찍 투표를 하고 지방
출장 후 7일 만에 사무실로 나갔더니 이명박 대통령 당선으로 어느새
나는 스타가 되어 있었고 14층 오○○ 역술인은 사무실 간판을 내려야
할 분위기였다.

나는 김 회장과 점심식사를 같이하면서 대선 관련 이야기를 주고받다가 앞으로 5년간의 전개될 국운을 내게 물었다.

"앞으로 나라가 어찌 될 것 같아요?"

"첫해는 제도개혁이 있을 것이고, 그다음 해는 토목공사를 강행할 것이며, 3년이 되는 경인년에는 서해 무력공격이 있을 것입니다."

"그럼 전쟁이 난다는 말인가요?"

"전쟁이야 나겠어요?"

"도사를 바로 옆에다 놔두고……."

김 회장은 엉뚱한데 찾아가서 잘 맞지도 않는 대선예측을 물어보았고 가깝게 있는 나에게는 사무실을 낸지 몇 달 안 된 애송이라 묻지도 않았다는 말투였다.

이명박 대통령이 취임한 후 '광우병문제'로 촛불시위가 수개월째 번져나가자 안면이 있는 청와대 모 비서관은 수시로 내 방에 찾아와 나라 걱정을 하였다.

"이러다가 나라가 잘못되는 것 아닙니까?"

"계절로 보아 처서가 지나고 선선한 바람이 불면 서서히 끝날 걸세."

나는 촛불시위의 열기가 처서까지 이어질 것으로 보고 그렇게 일러주었다.

그다음 해가 되자 국토부에서는 4대강 토목공사를 시작한다는 발표가 있었고 그 무렵 인사동 김 모 회장으로부터 만나자는 연락이 왔다.

"영일과 포항에 고향을 둔 정치권 실세들이 '서울에서 역술로 제일 유명한 사람을 소개해 달라'고 하여 이 회장을 소개하였으니 인사도 할 겸 같이 가자"는 것이었다.

어느 날 나는 김 회장과 함께 그들이 모인 모 한정식집으로 찾아갔

을 때 그곳에는 대통령을 당선시키기 위해 구국기도회를 주관해왔다
는 S교회 원로장로 이 모 씨를 위주로 4명이 앉아 있었는데 앞으로 자
신들에게 역술적으로 자문을 해달라는 것이었다.

그 날 이후 나는 이 장로를 수시로 만나 왔는데 그때마다 '경인년은
서해바다에 북한의 무력공격이 있을 것.'임을 경고하였다.

드디어 대통령취임 3년째인 경인년(庚寅年)이 되었다.

음력 설날이 되자 '한국역리협회'와 '역술인협회' B 모 회장은 '국운
대예언 겸 신년교례회 기자회견'을 자청하면서 "경인년은 60년 만에
돌아온 백호의 해로서 이명박 대통령의 사주도 좋고 나라에는 경사스
런 일들이 많을 것"임을 기자들 앞에 선언하였다.

나는 회원도 아니고 그 단체를 알지 못하지만 내 예언과는 정반대
예언을 하였으니 나를 아는 사람들은 과연 누구의 말이 맞을 것인지
'어디 두고 보자!'라고 생각하며 기다렸다.

그 후 한 달이 지난 3월 26일 밤 북한의 김정일은 기어코 백령도 근
해를 초계 중인 천안함에 어뢰공격을 가하여 군함이 두 동강이 나고
46용사가 장렬히 사망, 실종케 하는 '천안함 폭침사건'을 자행하고 말
았다.

정부나 군 당국의 공식적인 사건전모 발표가 있기 전 온갖 여론이
들끓고 있을 때 도대체 누가 일으킨 사건인지 많은 사람들이 내게 물
어왔으며 이 장로도 내게 전화로 물어왔다.

"이 회장. 북한소행 맞지요?"

"저가 여러 번 예고 했잖습니까."

"이 회장 말이 정말 맞았네요……."

그해 11월 23일이 되자 김정일은 또다시 연평도를 포격하여 민간인 2명과 국군 2명을 사망하게 하였고 10여 명이 부상하는 폭거를 자행하고 말았다.

나는 김정일이 죽을 때가 되자 마지막 망령에 의한 폭거로 보아 그의 남은 수명을 알아보았다.

그의 중풍까지 이미 예언해 왔던 터라 북한에서 그의 생일을 기념하는 1942년 양력 2월 16일 축시생으로 예측하고 사주 명리학으로 풀어 보니 2013년 5월에 사망할 것이 예상되어 이를 기자들에게 말하자 '김정일 수명 2년 6개월밖에 남지 않아'라는 제목으로 인터넷신문의 특종기사가 되어 세계로 퍼져나갔다.

그 당시 김정일 사망을 거론하는 사람은 아무도 없었고, 내가 김정일의 수명이 2년 6개월밖에 남지 않았다고 강변하고 있었을 때 그는 내가 예언한 날보다 1년 6개월을 앞당긴 2011년 11월 17일에 사망하고 말았다.

'통합운명학전산프로그램'으로 그의 수명을 역산해보니 그는 축시생(丑時生)이 아닌 인시생(寅時生)으로 판명된 것이다.

6·25동란을 일으켜 수많은 동족을 죽음으로 몰아간 김일성의 뒤를 이어 북한 주민을 기아로 몰아넣은 것도 모자라 또다시 무고한 인명을 살상한 김정일이 나이 70도 채우지 못하고 사망한 것은 노한 하늘이 그의 수명을 빼앗은 것으로 생각한다.

그 뒤를 이은 20대 철부지 김정은 역시 핵무기 운운하고 장성택을 처형하는 등 온갖 발악을 하지만 남북통일을 맞을 후천갑자(後天甲子) 말운에 있게 될 대변혁과정에서 단명할 그의 운명에 대해서는 인터넷 등 언론을 통하여 수차 언급한 바 있어 생략하기로 한다.

대통령 탄핵 발의와 여당 의석수 예언

내가 인천지방경찰청 청문감사담당관으로 부임하여 한 달쯤 지났을 2003년 8월 어느 날이다.

주요행사가 있는 등 특별한 경우를 제외하고는 점심때가 되면 지방경찰청장을 비롯한 차장과 각 과장들이 10층에 있는 구내식당에 함께 모여 점심식사를 하면서 업무협조와 YTN 정오 TV 뉴스를 시청하는 것이 상례로 되어 있었다.

때마침 정오 TV에서는 참여정부 출범에 따른 노무현 대통령 경제정책의 주요 내용 발표와 함께 국민들이 불안해하는 모습이 보도되었다.

"이 형! 참여정부가 국정을 어떻게 운영해 갈 것 같아?"

언제나 호형호제하면서 나와 친하게 지내온 이 과장이 새로 출범하는 참여정부의 앞날을 내게 넌지시 물었다.

그는 자녀의 혼사문제에 대해 가끔 내게 물어오기도 하고 충남에서 모 경찰서장을 할 때는 시간을 내어 풍수학강의도 받은 바 있다면서 내게 자랑하는 등 역술애호가이기도 했다.

"내년인 갑신년(甲申年)에는 대단히 불행하게도 대통령 신변에 불길한 일이 닥칠 것입니다."

나는 갑신년(甲申年)에 닥칠 대통령의 운세에 대해 미리 뽑아본 주역 괘가 생각이 나서 그렇게 말했다.

"뭐요? 그럼 대통령이 유고라도 당한다는 말인가요?"

옆에서 점심식사를 같이 하며 내 말을 듣고 있던 김 차장이 놀라면서 내게 되묻자 여러 총경급 과장들도 일제히 나를 쳐다보면서 의아해하는 표정을 지었다.

"유고를 당한다는 것이 아니라 대통령 명예에 치명상을 입을 일이 생길 것으로 생각되는데 아마도 탄핵이 발의되거나 행정수도이전 등 대통령공약사항에 대해 정국에 큰 혼란이 올 것으로 예상됩니다."

"그럴 리가 있나? 그런 기우는 없을 것이야."

어느 과장이 비웃으면서 내 말을 무시하려 하였다.

"아니야, 이 과장이 보통으로 하는 말은 아닐 것이야."

장 과장과 이 과장이 나를 거들고 나섰다.

나는 기회 있을 때마다 정국의 안정과 함께 대통령을 걱정하는 뜻에서 이 말을 언급하였으나 다른 사람들은 전혀 믿으려 하지 않았다.

해가 바뀌어 2004년 1월이 되자 대통령의 '공무원 선거중립의무 위반과 대선자금 및 측근비리 그리고 실정에 따른 경제파탄'을 이유로 새천년민주당 B 대표가 대통령 탄핵을 거론하고 나섰고, 같은 해 3월 5일이 되자 '대통령선거중립의무위반'과 측근비리 등에 사과하고 재발방지를 약속하지 않을 경우 새천년민주당은 탄핵소추를 발의하겠다는 특별기자회견을 하였을 때였다.

"이 형! 어떻게 될 것 같아?"

이 과장이 내게 묻자 장 과장 등 함께 식사하던 여러 과장들도 저번에 내가 이야기 한 바 있던 탄핵안에 대한 방송이 나오는 것을 지켜보고는 남다른 관심으로 되묻는 것이었다.

"틀림없이 국회에서 가결될 것이지만 대통령이 하야하는 사태는 없을 것입니다."

나는 이 부분을 힘주어 말했다.

"그럼, 다행이겠구만. 큰 혼란은 없어야지……."

주위에서 안도하는 말들이 오갔다.

야당이 요구하는 대국민 사과를 대통령이 끝내 거부하자 3월 9일경에는 한나라당과 새천년민주당이 공동으로 탄핵소추안을 국회에 제출하였고, 여당인 열린우리당은 국회본회의장을 점거, 농성을 하여 국회가 정쟁의 소용돌이에 휘말리기 시작하였다.

3월 11일이 되자 헌정사상 처음으로 대통령 탄핵소추안이 국회에 상정되었고, 3월 12일 새벽에는 한나라당의원들이 국회본회의장에 진입하여 여야의원들이 대치한 가운데 P 국회의장이 경호권을 발동하자 야당의원들은 여당의원들을 차례로 끌어내어 곧바로 탄핵소추안을 상정시켰다. 무기명투표에 들어가 투표에 참석한 195명의 야당의원 중 193명이 찬성하여 기습적으로 가결시킨 뒤 헌법재판소에 탄핵소추의결서를 접수시키고 말았다.

이는 대한민국 헌정사상 최초로 야당에 의한 탄핵소추안 가결이라는 충격적인 일이었다. 후에 야당에 대한 전 국민의 질타가 쏟아졌고, 전국 각지에서는 탄핵에 반대하는 촛불시위가 잇따랐으며 각종 시민단체들은 탄핵소추안 가결을 '야3당의 쿠데타' 또는 '3·12쿠데타'로 규정하고 탄핵안 철회운동에 돌입하였다. 민주사회를 위한 변호사 모임과 대한변호사협회 등 변호사 단체들도 탄핵철회 촉구 결의문을 채택

하는 등 전국이 탄핵사태로 들끓었다.

"이 사람 정말 무서운 사람일세!"

평소 입이 무겁고 점잖기로 소문난 김 차장이 점심식사를 하다말고 뒤늦게 식당에 도착한 나를 보고 상기된 표정을 지으며 큰소리로 말했다. 김 차장은 지난해 내가 한 말을 여태 잊지 않고 기억하고 있다가 TV에서 흘러나오는 정국상황을 지켜보고 한 말이다.

"이 형! 당신 정말 도사네 도사!"

장 과장과 이 과장도 상기된 얼굴로 나를 쳐다보면서 김 차장의 말에 동조하자 원탁에서 함께 식사하던 과장들 모두가 놀라는 표정이었다.

그 무렵 김 차장은 정년퇴임을 하였고 박 차장이 새로 부임해 왔다.

"그럼 이번 17대 총선에서 여당이 의석을 얼마나 차지할 것 같소?"

새로 부임한 박 차장은 이번 17대 총선 결과를 내게 물었다.

나는 총선 투표를 열흘쯤 앞두고 정성껏 괘를 풀어 예상 숫자를 밀봉하여 과장들의 도장을 찍은 다음 개표하는 날 여러 간부들 앞에서 공개하기로 하였다.

2005년 4월 15일.

드디어 제17대 국회의원을 뽑는 총선이 시작되었다. 나는 개표진행 상황을 밤늦게까지 지켜보다가 퇴근하였다.

그 이튿날 아침에 출근하여 TV를 켜니 제17대 총선결과는 여당의 석 수가 152석으로, 여대야소가 되었다는 톱뉴스가 연속적으로 방송되고 있었다.

청장실 회의에 들어가기 전 차장실에서 소 참모회의를 먼저 하려고 과장들이 모였을 때 나는 약속한대로 8개 과장과 차장 앞에서 개표 10일 전 밀봉해 두었던 봉투를 개봉하였다.

"약속대로 10일 전에 밀봉해 두었던 봉투를 개봉하겠습니다. 여당이 몇 석이나 차지하게 된다고 적혀 있는지 한번 보십시오."

나는 밀봉해 두었던 봉투를 그 자리에서 개봉하면서 주역괘와 함께 미리 뽑은 여당의수를 확인시켰다.

"보십시오. 여당의석이 150석이 된다고 적혀 있지요? 그 중심괘는 주역64개 중 '수화기제괘(水火旣濟卦)'가 나왔는데 수화기제란 물이 번지는 불을 잡는다는 뜻이고 물과 수는 서로 상극이지만 적절히 이용하게 될 좋은 징조입니다. 그리고 수는 감괘(坎卦)로서 북쪽을 상징이니 북한을 지원하게 될 의원들이 득세하게 된다는 뜻입니다."

주위에서는 모두가 놀라는 분위기였다.

"우리만 알 게 아니라 그것을 청장님께 한번 보입시다."

어느 과장이 나서서 말하자 옆 있던 참모들도 같은 말로 거들었다.

나는 봉투를 노트 속에 끼워 동료들과 같이 아침 회의 때 청장실에 들어갔다. 청장실 분위기는 온통 선거결과로 들떠 있었고, 투표 경비에 애쓴 직원들에 대한 청장의 격려가 함께 있었다. 회의가 끝나고 나서 여담을 주고받을 때였다.

"청장님 감사관이 뽑은 주역괘 내용 한번 보십시오."

갑자기 박 차장이 나의 얼굴을 쳐다보면서 조금 전 차장실에서 내가 보여준 주역괘 결과를 청장께 보고하라는 것이었다.

"청장님 이것은 제가 개표 10일 전에 여당의석수를 주역괘로 풀어서 밀봉해둔 것인데 150석으로 되어 있는데 실제는 152석이므로 두 사람은 아마도 부정으로 당선되었거나 의원직을 잃을 사람인 것 같습니다."

내가 웃으며 말하자 청장은 놀란 표정을 짓더니 갑자기 표정이 굳어졌다.

"천기를 함부로 누설하면 되나?"

청장의 큰소리에 분위기가 불안해짐을 느낀 나는 청장이 보는 앞에서 그 봉투를 얼른 찢어버렸다.

회의가 끝나고 청장실은 나올 때였다.

"당신 큰일 나겠어! 이 사실이 밖으로 흘러나가면 당신께 어떤 일이 닥칠지도 몰라."

평소 나와 친하게 지내던 이 과장이 내게 귀띔해 주었다.

그 후 "대통령을 탄핵할 만한 중대 사안이 아니다."라는 헌법재판소의 결정이 내려져 사람들을 또 한 번 놀라게 하였다.

대통령 탄핵이 기각되고 얼마 되지 않아 이번에는 행정수도 이전에 관한 특별법이 헌법위반이라는 헌법재판소의 결정문이 발표되어 대통령의 정치적 입지에 다시 한 번 치명상을 입히고 말았다.

나는 5공 시절 어느 교육장에서 수사간부들을 상대로 수사실무에 대해 특강을 한 적이 있었다.

강의시간이 점심식사 후 오후 첫 시간이라 교육생들의 식곤증을 해소하고자 약 5분간의 여담을 하였다.

"음양오행을 아느냐?"

나는 강의와 상관없는 엉뚱한 말을 꺼냈다. 그러자 갑자기 젊은 중견간부가 일어났다.

"우주시대에 고리타분한 음양오행 이론이 무슨 의미가 있습니까?"

그가 나의 말문을 막고자 하기에 나는 웃으면서 그에게 되물었다.

"그럼 당신의 출생 연월일시나 한번 알아봅시다."

그는 어디 한번 맞춰보라는 식으로 자신의 출생 연월일시를 정확히 불러주었다. 나는 흑판에다 그의 명식(命式)을 써가며 이렇게 말했다.

"당신은 12세 때부터 계모 밑에서 자라나 어렵게 고등학교를 나와 28세 때 경찰이 되었고 3년 전에는 재혼까지 하였군?"

내가 단호한 어조로 그에게 말하자 그는 갑자기 얼굴을 붉히면서 끝내 대답하지 못하였고 그를 잘 알고 있는 동료들의 놀라운 표정과 함께 장내가 온통 웃음으로 변하고 말았다.

그러자 또 한 사람이 일어나 내게 질문하고 나섰다.

"현직 대통령은 어떠한 운명을 타고났으며, 다음 대선주자로 나설 여당 노태우 대표는 과연 대통령에 당선될 것입니까?"

나는 그 당시 서슬이 시퍼렇던 5공 때인지라 내가 하는 말을 절대로 외부에 유포하지 않겠다는 단서를 붙이고 나서 다음과 같이 풀이한 기억이 난다.

"현 대통령은 일간(日干)이 계수(癸水)로서 월지에 양인살이 있는 강력한 편관격인데 희신(喜神)이 금(金), 수(水) 대운으로 흘러 대권까지 장악하였으나, 57세부터는 대운이 충극(冲剋)을 받아 '날아가는 새가 추락하는 격'이 되고, 노태우 당 대표 역시 일간(日干)이 경금(庚金)인 건록격이어서 태강한 일간을 억누르는 화(火)가 용신이므로 갑(甲)대운에 대권을 장악하겠으나 62세부터 대운 인(寅)과 금의 뿌리 신(申)이 충극(冲剋)을 받게 되어 뿌리가 뽑히니 역시 같은 운명에 처할 것입니다."

그 당시 교육생들은 내가 무슨 말을 하는지 잘 몰랐겠지만 몇 년이 지난 후 군 출신인 그들은 대통령인 영광의 자리에서 물러나 낭떠러지로 굴러떨어져 구속까지 되는 기구한 운명의 길을 어김없이 걸어가고 있음을 나는 오래전부터 알고 있었다.

오! 2002 월드컵 그날의 함성이여!

2002년 6월 18일.

월드컵 16강 진출을 놓고 온 나라가 들떠 있던 날 아침 해가 밝았다. 아침 TV 방송과 함께 각 신문을 통하여 조용한 이곳 농촌 군위군에서도 서울에서 치르는 월드컵 경기의 승패에 주민들의 관심이 집중되고 있었다. 월드컵 본선경기 첫째 날 점심 무렵, 마침 한 달에 한 번씩 모이기로 예정되어 있는 기관장 모임에 참석하기 위해 나는 미리 예정된 외딴 어느 한정식집으로 찾아가게 되었다. 그 장소에는 교육장, 농협 군지부장, 산림조합장, 군의회의장들이 먼저 와서 기다리고 있었는데 서로 인사를 나누고 식사를 하면서 기관 간의 협조사항에 대해 간단한 대화가 오고 갔다.

"이탈리아 선수들은 워낙 강팀이라서 우리 선수가 오늘 8강에 들기는 아마도 어려울 것 같지요?"

이 고장 출신이며 60대 중반인 산림조합장 M 씨가 좌중을 돌아보며 월드컵 경기에 대한 말을 꺼냈다.

"이탈리아 선수는 너무 유명한 세계적 선수들인데 우리 선수가 이

기기는 힘들겠지요?"

농협 군지부장 K 씨도 산림조합장 M 씨의 말을 거들었다. 그는 40대 중반이나 이 지역 실정에 밝고 농촌을 위해 무척 힘쓰는 누구에게나 친화적인 인물이었다.

"이런 문제는 우리 이 서장에게 물어봐야지 우리가 뭐 알겠소?"

내가 이 고장으로 부임하기 전, 나에 대해 미리 신상파악을 하고 있던 박 군수가 좌우를 돌아보며 오늘의 월드컵 승리 유무를 내게 물었으나 부임 후 처음 갖는 기관장 모임인데다 모두들 나의 말을 주시하는 것을 보니 새로 부임한 경찰서장에 대한 호기심과 '저 사람이 그걸 어떻게 알겠어?' 하는 의구심도 함께 작용하였을 것이란 생각이 들었다.

"오늘은 날씨도 청명하고 장소가 대전이며 20시 30분에 열리는 경기이니만큼 경기 결과는 우리나라가 2:1로 승리할 것입니다."

내가 입을 열자 모두는 '그런 근거 없는 소리가 어디 있지?' 하며 내심 덕담 정도로 생각하고 웃는 표정이었다. 나는 『황극책수』로 미리 뽑아둔 주역괘의 결과가 생각이 나서 분명하게, 그리고 단호하게 대답하였다.

"그렇게 되면 얼마나 좋겠능교, 국민을 하나로 단합할 수 있는 큰 힘으로 작용할 테니까요."

군 의회 의장인 C 씨의 사투리에 좌중은 나를 쳐다보며 또 한 번 비웃는 듯한 표정을 지었다. 식사 중에 들려오는 TV 방송에서는 선수들의 신상과 대전월드컵 운동장의 전경, 그리고 국민의 관심사항 등을 수시로 방영하고 있었다. 점심이 끝나자 모두들 각자의 직장으로 돌아갔다. 저녁때가 되어 과장들과의 석회가 있었고 회의가 끝나갈 무렵 지루한 분위기를 뒤집으려는 듯 눈치 빠른 정보과장이 내 말에 끼어든다.

"서장님 우리나라가 월드컵 8강에 들것 같습니까?"

P 정보과장이 나의 얼굴을 쳐다보며 진지하게 묻자 다른 과장들도 같은 뜻으로 궁금해하는 표정이었다.

"이 사람아! 월드컵 개최국의 체면이 있지 8강이 뭔가? 적어도 4강에는 들어가야지."

내가 4강에 들 것이라고 자신 있게 말하자 과장들은 의아해하면서 그간의 전력으로 봐서 우리나라가 8강에 들어가는 것만으로도 대성공이라는 말들을 주고받았다.

2002년 6월 18일, 오늘 밤 20시 30분이 되면 우리나라 국민이라면 어느 누구 할 것 없이 모두가 월드컵 경기를 방송하는 TV 앞에 다가앉아 월드컵 축구 경기를 시청하고 있으리라. 내가 월드컵 16강전에서 2:1로 승리할 것이라고 확신한 근거는 경기장소가 대전이고 상대가 이탈리아이며 16강전이 치러지는 이날의 천기(天機)를 다음과 같이 풀이하였기 때문이다.

년	월	일	시
임壬	병丙	정丁	경庚
오午	오午	사巳	술戌

이날의 천기를 살펴보면 온통 불(火)이 쇠(金)를 녹이는 형국이라 붉은색뿐이다. 『황극책수(皇極策數)』에 의해 지수사괘(地水師卦)의 3효를 얻어 이 괘의 연사(年事)와 국사(國事)에 관한 내용을 보니 '일수(一水)가

득기(得氣)하니 실자(實者)가 실력(實力)을 나타내는데 연세(年歲)는 오르지 못했지만 서민들은 즐거워하기만 하네.'라는 글귀가 있어 나는 1골 차로 우리의 승리를 예측할 수 있었던 것이다. 드디어 약속된 시각이 되자 시작 휘슬이 울리고 온 동네가 떠나가듯 여러 차례의 박수 소리와 함께 탄식 소리가 연발하더니 전·후반 45분의 결과는 정확하게 2:1로 우리가 승리하여 8강에 진출한 것이다. TV 채널마다 국민들의 열광하는 분위기를 전했고 광화문과 서울시청은 온통 붉은색 티셔츠와 깃발이 물결쳐 불이 타는 듯하였고 그 열기는 밤이 깊어도 식어갈 줄 몰랐다.

2002년 6월 22일이다. 오늘 15시 30분에는 광주에서 스페인과 8강전을 치르는 날이었다. 아침 조회가 시작되자 이번에는 오늘 있게 될 우리 팀의 8강전 진출이 화제가 되었다.

"서장님 지난번에 16강전에서 2:1로 우리나라가 승리한다더니 그대로 맞추셨는데 오늘은 어떻겠습니까? 유지들이 서장님께서 신통술로 우리의 승리를 정확하게 맞추었다고 소문이 자자합니다."

이 고장 출신 청문감사관 B 씨의 말이다. 그것도 그럴 것이 16강전이 있던 날 관서장 모임에서 우리 선수가 2:1로 승리할 것이라는 말을 미리 하였으니, 우연치고는 너무 정확하였을 것이다.

"오늘의 천기를 보니 쌍방으로 골이 터지지 않아 상당히 힘들겠는데 아마도 승부차기까지 가다가 끝내는 우리가 이길 공산이 클 것 같아."

나는 확실한 대답보다 천기를 언급하며 추정적인 말을 하였다. 조회가 끝나자 농협 군지부장 K 씨가 농촌 저축문제로 상의할 일이 있다면서 내게 방문하였다.

"어서 오시오. 이른 아침부터 지부장께서 어인 일로?"

나는 웃으며 그의 방문 이유를 물었다.

"서에 볼일이 좀 있어 왔습니다."

"앉으시오. 차 한잔 하시게."

"서장님 월드컵 4강에 우리나라가 들어가겠습니까?"

그는 월드컵 8강전이 몹시 궁금했던 모양이다. 사실 세계적인 관심사인데 우리 국민 어느 누가 궁금하지 않은 사람이 있겠는가!

"힘은 무척 들겠지만 승리의 여신이 우리에게 미소를 던질 것입니다."

"그럼 4강에 들어간다는 말씀이시네요."

"아마 틀림없이 그렇게 될 것입니다."

"몇 골쯤 예상하십니까?"

"승부차기까지 가지 않을까요?"

화기애애한 가운데 월드컵 8강 이야기로 차 한잔을 나눈 그는 경리계에 볼일이 있다면서 서장실에서 일어섰다. 광주에서 스페인과 벌이게 될 8강전 당일의 천기는 이렇다.

년	월	일	시
임壬	병丙	신辛	병丙
오午	오午	유酉	신申

하늘과 땅에는 불(火)과 쇠(金)로 가득하다. 그러나 일천간(日天干)이 쇠(金)에 해당되는 신(辛)이기에 4개의 화(火), 세 개의 금(金), 그리고 수(水)가 하나로써 서로 싸우니 상당히 어려운 경기임이 분명하다.

나는 다시 『황극책수(皇極策數)』를 펼쳤다. 괘를 뽑는 방법이 여러 가지로 소개되고 있지만 가장 쉬운 방법에 의해 주역괘를 뽑으니 지화명이괘(地火明夷卦) 4효과 나왔다.

이 괘의 연사(年事)와 국사(國事)편에는 '뇌화(雷火)가 상박(相搏)하여 남방에서 병변(兵變)이 일어나는데, 북장(北將)이 남출(南出)하여 평정할 것이다.'라고 되어 있었다. 남쪽에서 병사들이 싸우는 병변(兵變)으로 표현하였지만 북쪽의 장수(선수)가 내려가서 평정한다는 것이니, 스페인과의 월드컵 8강전이 전개되는 이곳 역시 남쪽인 전남 광주로서 북쪽에 사는 한 선수가 나가서 평정하는 것은 틀림없이 승리의 기쁨이 우리에게 있을 것임을 나는 확신하였다. 경기장에는 8강전 응원을 위해 붉은 티셔츠를 입은 붉은 악마들이 열광하고 있었고, 서울시청 광장과 광화문 네거리를 꽉 메운 시민들도 붉은 악마와 같은 옷차림을 통해 온통 붉은 물결로 넘실거렸다.

"대~한민국!"

"짝짝짝 짝짝!"

"대~한민국!"

"짝짝짝 짝짝!"

누가 시작하는지 몰라도 선창에 맞추어 북과 박수로 화답하는 응원소리는 그야말로 장관이었다. 숨죽인 전·후반 45분이 끝나도록 승부는 좀처럼 나지 않았다. 끝내는 승부차기로 들어갔고 승부차기 결과 이운재 골키퍼의 선방으로 우리가 이겼다.

"와~!"

"이겼다!"

"대~한민국!"

"짝짝짝 짝짝!"

"이제는 4강전이 남았다!"

온 나라가 그야말로 승리의 환호로 밤이 지새는 줄 모르고 들떠 있었다.

2002년 6월 25일이다. 오늘밤 8시 30분에는 서울월드컵경기장에서 최강팀 독일과 4강전을 벌이는 날이었다. 무척 기다려지고 긴장되는 아침이다. 나는 정신을 집중하여 당일의 천기를 다음과 같이 확인하였다.

년	월	일	시
임壬	병丙	갑甲	갑甲
오午	오午	자子	술戌

목화토금수 오행 중 화(火)가 셋이고 목(木)과 수(水)가 각각 둘, 토(土)가 하나이다, 목은 화를 상생하고 있다지만 병화(丙火)는 별 효과가 없고 도리어 수(水)가 불을 끄고 있는 형상이며 토가 화를 설기하고 있는데, 지지인 자(子)와 오(午)가 상충(相沖)하니 패할 것이 분명하고 종전 예에 의하여 주역괘를 다시 뽑으니 이번에는 수화기제괘(水火旣濟卦) 5효가 나왔다. 이 괘의 '연사(年事)와 국사(國事)'에는 '옥견(玉犬)이 남쪽으로 내려가는데 해는 저물어가네, 새들이 날개만 투덕거리며 날지 못하는 것은 남병(南兵)이 재차 쳐들어오기 때문이다.'라는 글귀가 적혀 있었다. 저녁때가 되자 군수, 군의회의장, 축구협회장, 경찰서장, 농협지부장, 교육장들이 오늘 밤에 전개될 월드컵축구 4강전을

지켜보기 위해 군민과 함께 읍내 G 초등학교 운동장에 나와 일찍부터 모였다. 붉은색 티셔츠 지원과 함께 마이크 안내 방송을 하였기에 많은 군민들이 모였고 이곳 읍내 초등학교 운동장에도 대형 TV가 설치되었다.

"서장님, 오늘은 어떻게 될까요?"

지금까지 승패를 적중하고 있다는 소식을 들어온 교육장 K 씨가 내게 묻는다.

"너무나 잘 싸우고 국민적 열기가 충천하고 있으나, 오늘의 운은 우리에게 불리하게 전개되고 있으니 잠자코 결과를 지켜보기로 하십시다."

나는 국민적 열기와 함께 잔뜩 기대하고 있는 사람들에게 미리 실망을 안겨주지 않으려 했다. TV에서는 전국적인 열기와 서울시청 광장과 광화문 네거리를 빼곡히 매운 응원 인파를 수시 방영하였고, 그 내용들은 전파를 타고 전 세계로 방영되었다. 정말 대단한 열기였으며 축구를 모르는 이곳 시골 어른들도 축구 열기를 따라 경기를 시청하려고 읍내초등학교 운동장을 가득 메웠다. 드디어 경기가 시작되자 때로는 숨을 죽이다가도 때로는 열광하는 환호의 소리가 전국에 메아리쳤다. 누군가 대한민국을 선창하면 이어서 '짝짝짝 짝짝'이라는 박수로 화답하는 응원이었다.

"대~한민국!"

"짝짝짝 짝짝!"

숨을 죽이는 가운데 전·후반 45분 경기 중 연속으로 수차례 골문을 두드렸으나 그때마다 거미손의 별명을 가진 독일 골키퍼에게 번번이 차단되었다. 그러던 중 갑자기 우리가 한 골을 실점하고 말았다. 그리고 끝내 이를 만회하지 못하고 전·후반 경기가 모두 끝났다. 그러나 이 얼마나 장한 우리의 선수들인가! 강적 독일을 맞아 한 골밖에 실점하지 않았고 경기내용에 있어서는 대등한 경기였다. 이제 남은 경기는 6월 29일에 있을 터키와의 3, 4위전뿐이다. 나는 오늘의 경기에 대해 우리 선수들이 경기에는 독일을 이겼으나 골 운이 없었기 때문에 패한 것이라고 강변하고 싶다.

2002년 6월 29일 아침 해가 밝았다. 오늘 밤 8시에는 대구월드컵경기장에서 터키와 3, 4위를 다투는 날이다. 나는 조용히 잠자리에서 일어나 다음과 같이 이날의 천기를 살펴보았다.

년	월	일	시
임壬	병丙	무戊	임壬
오午	오午	진辰	술戌

세 개의 화(火)와 세 개의 토(土) 그리고 두 개의 수(水)가 서로 상극하는 가운데 지지에 있는 진과 술이 상충(相沖)하고 있다. 한눈에 골운이 불길함을 알 수 있으나, 신중을 기하기 위해 전번과 같이 주역괘를 뽑아 결과를 미리 예단하고자 정신을 집중한 끝에 산천대축괘(山川大畜卦)의 초효를 얻었다. 이 괘의 '연사와 국사' 편에는 '군신이 미합(未合)하여 서목(西木)이 비를 맞으며 울고 있지만 상하가 상생(相生)하니 다른 대사(大事)는 없을 것이다.'라고 되어 있었다. 군신이 미합하다는 것은 팀원 간에 호흡이 맞지 않는다는 뜻이며, 서목이 비를 맞으며 울고 있다는 것은 선수들이 비를 맞으며 안타까워한다는 뜻이고 상하

가 상생한다는 것은 온 국민들이 서로 돕는다는 뜻이니 비록 4위에 머물지라도 다른 큰일은 없다는 말이 된다. 밤 8시가 되자 우리나라가 3위에 들 것인가를 놓고 여러 말이 오갔다. 대구경기장에는 구름이 잔뜩 끼어 찌푸린 날씨인데도 월드컵 경기장의 열기는 붉은색으로 온통 물들었고, 전국적으로 달아오른 월드컵 열기는 대단하였다. 나는 정보과장과 같이 군위초등학교 운동장 혼잡 경비에 나가 함께 시청하고 있는 산림조합장 M 씨와 박 군수를 만났다.

"오늘은 아마도 터키에게 이기겠지요?"

처음에는 16강에도 들기 어렵다고 하던 사람들이 3, 4위전을 놓고 결전하는 우리 선수들의 활약과 국민적인 열기를 확인하더니 이제는 터키 정도는 이기고도 남을 것이라는 것이다.

"비가 오면 더욱 불리할 것 같은데, 오늘은 아마도 승산이 없을 것 같습니다."

나는 비가 올 것 같은 느낌에 따라 대구경기장 하늘이 잔뜩 찌푸린 것을 TV를 통해 지켜보고 그렇게 말하였다. 드디어 경기가 시작되었다.

'군신의 미합(未合)'이란 문구가 내 머릿속에서 떠나기도 전에 터키 선수의 발 빠른 몸놀림에 노장인 홍명보 선수가 골대 앞에서 그만 선수를 놓치고 말았다. 갑자기 허를 찔리자 순식간에 우리 편 골대의 그물이 출렁거렸다. 그 시각은 시작의 휘슬을 분지 불과 1분도 채 되지 않는 짧은 시점이었다.

순식간에 당한 일이었다. 응원하던 사람들조차 "어! 어!" 하다가 그만 탄식의 소리가 터져 나오고 말았다. 오랫동안 싸워서 선수들의 지친 면도 있었지만 분명 선수들끼리의 호흡이 맞지 않았던 것이다. 이어서 양쪽에서 연속 골이 터졌고 응원하는 소리와 탄식하는 소리도 연속적으로 터져 나왔다. 목이 쉬도록 외치는 환호 소리와 함께 북소리와 태극기의 물결이 전국을 휩쓸었다. 그러나 어이하랴, 후반전부터는 예상한대로 비가 내렸고 경기의 결과는 2:3으로 패배하여 그만 4위에 머물고 말았다. 무척 아쉬운 경기였다. 비록 월드컵의 우승은 아니었어도 이 얼마나 장엄한 쾌거인가! 아시아권에서 역대 어느 나라도 월드컵 본선에서 4위를 차지한 나라는 없었다. 오늘의 이 경기를 통하여 대한민국 국민임을 자랑스럽게 생각하지 않는 국민 또한 얼마나 있겠는가!

수많은 세월이 흘러도 한국인이면 누구나 그날의 이 감동을 영원히 잊을 수는 없을 것이다.

대통령 가족묘지는 제왕지지인가?

제15대 대통령 선거를 1년 정도 남겨놓은 1997년 1월 20일쯤 나는 『천운(天運)』 상권에서 역대 대통령들의 사주를 요약하여 발표하려 하자 당시 출판사 측에서는 언론에 보도된 13명의 유력 대통령 후보자 중에서 과연 누가 당선될 것인지를 언급해야만 책이 잘 팔리게 된다는 강력한 주문이 있었다. 하지만 선거법 위반을 우려한 나는 김대중 대통령이 당선될 것을 예언하고 앞으로 전개될 5년간의 국운과 함께 '대권 주자의 명운학'이라는 항목에서 다음과 같이 언급한 바 있다.

"우주 만물은 음양의 배합과 함께 강약의 조절이 조화 있게 짜여 있다. 그것이 진리인 탓에 국가의 흥망성쇠도 그러하였고 역대 대권 주자 역시 그러하였으니 이 어찌 하늘의 조화가 아니겠는가? 한 사람의 강력한 지도자가 등장하게 되면 그다음은 필연적으로 부드러운 지도자가 등장하였으니 말이다.

김영삼 대통령의 뒤를 이을 대권주자는 아마도 부드럽고 융화가 넘치는 인물이 될 것이며, 필히 개방화 물결에 밀려오는 경제적 어려움을 극복하고 남북통일의 기반을 다지면서 국민대화합을 이끌어 갈 부드럽고 화기에 찬 외유내강형의 힘 있는 지도자일 것이다. 좀 더 구체적으로 언급하면 얼굴은 두령격이며 하관이 잘 발달된 포용력 있는 인물로서 명리학으로 보아 정축년(丁丑年)에 용신운(用神運)과 무인년(戊寅年)에 관성운이 크게 작용하는 사람이다.

- 천운 상권 283쪽 -

그 당시는 누가 대통령에 출마할 것인지조차 알 수 없는 상황이었고 더구나 당선 유력자가 누구인지는 더욱 알 수 없는 상황이었다. 게다가 'IMF 상황'이 올 것이라고는 어느 누구도 의심한 바 없었던 때였다. 나의 예언대로 국가경제위기인 IMF라는 사태가 왔고 김대중 대통령이 당선되어 분단 이후 처음으로 북한을 방문하여 김정일과의 정상회담을 이끌어 내고 6·15선언을 함으로써 노벨평화상을 받는 등 남북통일의 기반을 다지는 일을 해냈을 뿐만 아니라 북한을 지원하는 등 큰 정치적 변화를 보인 것이다. 그의 관상 또한 두령격(관상학에서 얼굴 모양이 크고 지도자 격이 되는 모습)이고 보면 내 예언이 정확하게 적중한 것이다.

그리고 "제15대 대권의 행방은?" 이라는 소항목에서 1998년에서부터 2002년까지 전개될 국운을 또 다음과 같이 언급한 바 있다.

- 1998년은 무인(戊寅)의 해로써 무토(戊土)와 인목(寅木)이 재(財)와 관(官)을 주도하게 되는데 관은 관성이므로 새 대통령이 취임하여 국력의 재결집과 어려운 경제안정에 힘쓸 것이다.
- 1999년은 기묘(己卯)의 해로써 기토(己土)와 묘목(卯木)이 재(財)와 인

178·

(印)을 주도하므로 경제안정과 국력의 신장에 가일층 박차를 가하는 해가 될 것이다.

- 2000년은 경진(庚辰)의 해로써 금풍(金風)인 경금(庚金)이 크게 불고 진토(辰土)는 습재이니 무(武)와 재(財)로 인하여 지구 상에는 놀랄만한 일들이 전개될 것이고 국내에서도 큰 변화인 통일조성의 기반을 다지기 위한 진통과 함께 군권이 힘을 얻게 될 것이다.

- 2001년은 신사(辛巳)의 해로써 신금(辛金)과 사화(巳火)가 금풍(金風)과 관성(官星)을 지배하니 국력의 소모화 함께 남북 간에 큰 정치적 변화가 예상된다.

- 2002년은 월드컵 성공적인 개최 등 국운융성의 계기가 있을 것이다.

— 천운 상권 제273쪽 —

내가 군권이 힘을 받는다고 한 것은 연평해전 등으로 남북 간 군사적 충돌을 말한 것이었고 국력의 소모는 북한에 대한 경제적 지원과 국론분열을 말한 것이었다. 지구 상에 놀랄 만한 일이 전개된다는 것은 9·11테러 등이며 2002년의 월드컵 성공적인 개최 등 김대중 대통령의 당선과 함께 5년간 전개될 우리나라의 국운을 종합적이고 우회적으로 언급하였다. 하지만 많은 사람들은 아직도 김대중 전 대통령이 대통령 선거를 1년쯤 앞둔 1997년에 부친과 모친의 묘를 전남 신안군 하의면에서 경기도 용인시 이동면 묘봉리 산156번지 상단에 이장(합장)하면서 묘지 중단에는 전처, 하단에 여동생 등 가족묘소를 조성하였기 때문에 이 묘소가 발복하여 대통령에 당선될 수 있었다고 믿는 사람들이 많고, 그 터를 잡아준 소위 육관도사라는 노인조차 그 터는 제왕이나 대통령이 날 수 있는 제왕지지(帝王之地)라고 언급했다는 것이다.

　과연 그 터가 제왕지지로서 묘를 쓰고 나서 1년 이내 대통령에 당선될 만큼 발복(發福)할 수 있는 대지(大地)인지 현장에서 차례로 검증해 보기로 하자.

　제일 먼저 시조산(始祖山)이 되는 시궁산(時宮山: 513m)은 중후한 토성형(土星形)으로 성봉이 되어 서쪽과 남쪽으로 길게 이어져 맥을 드리우다가 묘봉(卯峰:242.3m)에 이르러 다시 중후한 토성으로 치솟은 가운데 용맥이 갑묘방(甲卯方)으로 달려가고 있는 중간 지점에 작은 능선하나가 사람의 가슴처럼 생긴 중심 부위로 조그마한 산봉우리(153.4m) 하나가 임감방(壬坎方)으로 빠져나왔으니 왼쪽에 있는 작은 능선과 함께 마치 여인의 유방처럼 생긴 유혈(乳穴)이다. 주봉은 공허하게 꺼져 있는 가운데 청룡에 해당하는 좌측 능선이 우측 백호까지 길게 둘러쳐져 마치 사람이 왼손으로 오른쪽 가슴을 껴안은 듯하다. 그러나 중심이 되는 혈장의 좌우측 폭이 너무 좁은 것이 이 터의 큰 흠인데 유혈인 경우는 선익이 더욱 중요하다. 풍수학에서 선익(蟬翼)이란 매미의 양 날개처럼 풍선같이 뭉쳐진 산천의 정기를 좌우에서 받쳐 안고 있어야 혈중 생기의 유실을 막을 수 있고 자손의 의(義)와 재운(財運)도 주관할 수 있다고 하였다. 특기할 것은 간인방(艮寅方)에서 갑묘방(甲卯方)으로 흘러온 용맥이 다시 임감입수(壬坎入首)하여 정남향인 자좌오향(子坐午向)으로 작혈하였다는 점이다. 이 경우 이기법상 좌선룡(左旋龍)과 우선룡(右旋龍)이 혼합한 음양박잡이 되어 대흉하며, '60화갑자비결'에도 "갑묘룡(甲卯龍)에 임감입수(壬坎入首)는 병인(病人)이 끊어지지 않는다."라고 하였다.

명당 내 좌측에서 시작되는 작은 물줄기인 득수(得水)는 중심 혈장 앞을 지나 남서쪽인 곤신방향(坤申方向)에서 감추었으므로 이를 '목국계룡(木局癸龍)'이라 하는데, 입수처가 목국계룡인 경우 24길흉방위로 내룡을 분류해 보면 갑묘(甲卯)방위가 곧 생룡(生龍)에 해당되는 셈이다.

그러나 이 터는 목국계룡에 임좌병향(壬坐丙向)으로 그 중심을 정하였으므로 물을 감추는 파구(破口)가 곤신(坤申) 방위로 나 있어 '파재 또는 단명한다.'라고 하는 흉방위가 된다.

물형론(物形論)에 의하여 다시 전체 형국을 살펴보아도 각종 귀사(貴砂)가 조안(朝案)하고 있거나 문무백관이 나열해 있는 상제봉조형(上帝奉朝形)이라면 군주(君主)가 재상(宰相)들에 둘러싸여 진언과 보호를 받으면서 국가를 다스리는 모습일 것이나 이 산은 그렇지가 않다. 더구나 좌우측에서 흐르는 청룡수와 백호수가 약하고 급하여 조화가 잘되지 않고 있다.

이러한 사실을 알지 못하는 일반사람들은 대통령의 가족 묘소이므로 당연히 제왕지지인 대길지에 터를 정하였다고 생각할 것이다. 묘봉리는 무덤과 멀리 떨어져 있는 마을로 조산(祖山)에 해당된다. 산봉우리가 정동쪽인 묘방(卯方)에 있고 묘(卯)는 곧 토끼이기에 이 마을 사람들이 '옥토끼가 달을 바라보고 있다.'고 하는 데서 유래된 이름이다.

원래 제왕지지(帝王之地)는 군신안(群臣案)이나 옥새사(玉璽砂)가 있어야 하는데 군신안 등 특별한 길사(吉砂)가 없는 이 터는 질색명당(窒塞明堂)으로서 남서쪽인 미방(未方)에 탐두사(探頭砂)가 보이는 것 등을 모두 종합하면 질병과 관재구설 등 형옥의 화가 우려되는 곳이라 생각된다.

대통령 인척의 가족묘지 이장

내가 강진군민자치 강좌에서 풍수 강의를 하게 되자 관서장모임 등에 참석하였을 때면 내게 늘 풍수지리에 관한 질문과 이야기로 꽃을 피웠다. 그들은 아마도 내게 그렇게 질문하는 것이 편했을지도 모른다. 그렇지만 나는 경찰서장이라는 본분을 한 번도 망각한 적이 없었고 사적인 청탁 등 수많은 유혹(?)이 있을 때도 단호하게 뿌리쳐 왔다.

그러던 어느 날 전남도의회 의장인 차 씨가 또다시 나를 찾아와 나와 꼭 만날 사람이 있으니 다음 일요일에는 인근에 있는 명승지도 구경할 겸 자신과 같이 어디를 가자는 제의를 해왔다.

때마침 쉬는 일요일이 되어 인근 읍내도 구경할 겸 이웃에 접해 있는 완도군에 함께 놀러 가게 되었다.

차 의장의 승용차로 한 시간쯤 달려 어느 한적한 마을 입구에 들어서니 미리 나와서 나를 기다리는 두 사람이 있었다.

"이 서장님이죠? 말씀 많이 들었습니다."

처음 만나는 사람이 불문곡직하고 내게 불쑥 손을 내밀었다.

"예? 그렇습니다만……."

나는 얼떨결에 그의 손을 잡았으나 영문을 몰라 함께 간 차 의장의 얼굴을 쳐다보았다.

"완도군수입니다. 저와 같은 일가이고 김대중 대통령의 맏처남이 지요."

"아, 그렇습니까?"

나는 완도군수라는 말에 안도했으나 이 사람이 김대중 대통령의 맏처남이라는 말에 뭔가 석연찮은 느낌이 들었다. 왠지 말하기가 꺼려지고 그에 대한 첫 느낌 또한 좋지 않아 두 사람이 내게 말을 걸어도 거의 대답하지 않았다. 마침 점심때가 되어 어느 일식집에 들어서니 싱싱한 생선회가 한상 차려져 나왔고, 식사 중 두 사람 간에는 이런저런 실생활에 관한 말들이 오갔으나 나는 침묵으로 일관하고 있었다.

"서장님 식사하시고 저의 집 구경도 좀 하실 겸 저의 집에 한번 가시지요?"

"군수님 댁을요?"

나는 그의 호의에 감사하기도 하고 또 어떻게 살고 있는지 궁금하기도 하여 일단 대답을 하게 되었다.

차 의장과 나는 앞서가는 그의 코란도 승용차를 따라 약 3분 거리에 있는 그의 집 앞에서 차를 멈추자 뒤따라가던 나와 차 의장은 타고 갔던 차에서 함께 내렸다. 완도군수의 집은 숲이 우거진 큰 산 밑에 허름한 양옥으로 지어져 있었는데 그 주위에는 붉은 황토를 실어 나르는 등 복토 작업이 한창 진행 중이었다. 잠시 후 차 군수가 나를 안내하는 곳은 10여 기의 가족묘지가 나란히 안치되어 있는 가족 묘역이었다.

두 사람은 며칠 전부터 나를 이곳으로 오게 하여 이 묘역을 내게 보일 생각으로 나를 데려올 계획을 미리 했다는 생각이 들어 불쾌한 나머지 아무 말도 하지 않자 차 의장은 미안한 듯 자꾸만 내게 말을 걸어왔다.

"이 묘소는 차 군수의 부친 산소지라, 그러니까 김대중 대통령의 장인이란 말이지."

묘지 감정이나 해달라는 뜻으로 이것저것 궁금한 것을 물어왔지만 나는 아무런 대꾸도 하지 않았다.

"이 서장님, 이 묘소 어때요? 그다지 좋은 자리가 아니죠?"

차 군수가 여러 기의 무덤 중에서 가장 큰 무덤 하나를 가리키며 내게 무슨 말이라도 직접 들어봐야겠다는 일종의 유도신문을 하는 것이다.

"예, 좋지 않소. 무덤 속에 물이 드나드는 흉지요." 아무 말도 하지 않던 내가 불쑥 한마디를 내던지자 차 의장의 표정이 갑자기 어두웠고 차 군수는 고개를 가로저었다.

"그럴 리가 없지요. 이 묘소는 이장한 지 얼마 되지 않았으니까……."

'좋은 길지를 골라잡아 새로 이장한 묘지인데 어찌하여 흉지라고 하는가.'라는 표정이었으나 시간이 지나면서 그들의 얼굴은 점점 더 어두워졌다.

"이 묘역에 있는 일곱 기의 무덤 모두가 흉지에 있어 체백의 상태가 좋지 않으니 내 말을 못 믿겠으면 나중에 다른 사람을 시켜서 한번 파보면 알 것이요."

나는 무덤에 물이 드나들고 있는 음습한 흉지인데다 뭐 하나 쓸 만한 곳 없는 곳에 인공으로 치장만 잘한 묘역임을 간파한 것이다. 그 묘역을 빠져나와 한참 동안 주위 산세를 돌아보니 진혈이 바로 그 묘역 약 100m 위쪽 오른편에 비어 있었으나 그들에게 말하지 않고 그냥 시간을 보내다 저녁때가 되어서 돌아왔다.

그 일이 있고 나서 일주일쯤 되었을 때, 최 수사과장이 서장실에 들어와 업무보고를 하고 나더니 업무 외 여담을 입에 담는 것이었다.

"서장님, 어제 완도에 다녀오셨습니까?"

"그걸 자네가 어찌 아는가?"

"저가 왜 모릅니까? 김대중 대통령 장남인 김 의원과 나하고는 형님 동생 하는 사이이고 김 대통령도 본처인 처갓집에 많은 관심을 가지고 있으니 좀 도와줍시다."

"도와주다니 내가 어떻게 도와준다는 말인가?"

"길지 하나 잡아 주시지요. 전번에 가서 김 의원 외조부 산소 자리가 흉지라고 하여 김 의원도 아마 기분이 상해 있을 것이요."

"그럼 흉지를 길지라 해야 기분이 좋은가?"

"그게 아니라 한번 도와주시오. 그렇게 하면 서장님도 그쪽 도움을 받을 수 있을 것 아니요."

최 수사과장의 말은 진지했다. 그들은 내가 더 이상 아무 말이 없자 아마도 수사과장을 통하여 청탁을 한 것이 틀림없다는 생각이 들었다. 그 후에도 도의회 의장 차 씨와 완도군수 차 씨가 내게 여러 번 전화를 걸어왔으나 나는 그들의 전화가 걸려올 때마다 단호하게 거절했다. 그러자 어느 날 청와대 모 비서관이라는 사람이 내게 직접 전화를 걸어왔다.

"이 서장님에 대한 말씀 잘 듣고 있습니다. 큰 무리가 아니시면 완도군수 한번 도와주시지요. 윗전에서도 무척 관심이 많으십니다.”

윗전이면 누구인가 바로 대통령이 아닌가? 풍수를 안다는 것 그 자체만으로도 어떤 억측을 뒤집어씌워서 민심 운운하며 나의 직속상관인 경찰청장에게 무슨 말인들 못 하겠는가! 나는 종전 천 의원의 일이 생각이 나서 더 이상 버틸 것이 아니라 그들도 한번 도와주기로 결심했다. 묘지를 이장하는 것은 산사람보다 망자의 혼백을 위로하는 일이기에 양심을 속이거나 절대로 소홀히 대할 수 없는 일임을 그들이 알기나 할까?

“군수님 내일은 마침 비번이고 길일이라 차 의장과 같이 건너갈 테니 미리 만반의 준비를 하시오.”

“예. 감사합니다.”

내가 차 군수에게 승낙의 전화를 하자 차 군수는 기다렸다는 듯이 무척 기뻐하였다.

이튿날 차 군수의 가족묘역에는 요란한 중기소리와 함께 이장작업이 진행되고 있었다. 나는 처음 보아둔 위치에 차 군수의 부친 묘소를 먼저 이장하고 나서 그 좌우에는 형제 내외와 함께 차 군수 내외의 가족묘까지 미리 정해주었다. 대지(大地)는 아니라 할지라도 주위로 둘러앉은 산천의 모습은 봉황포란형(鳳凰抱卵形)으로서 마치 천상의 길상스런 새가 커다란 알을 품고 둘러앉은 듯했고 들어오고 나가는 물길은 길방위에서 들어와 흉방위로 빠져나가야 한다는 풍수법칙에 모두 합당했다.

이장한지 얼마 되지 않았다던 부친의 큰 무덤을 팠을 때는 내가 말한 대로 무덤 속에는 물이 드나들었던 흔적이 역력하였으며, 주위에 함께 조성되어 있던 형제 내외와 다른 친척의 무덤들도 음습한 상태였음을 그들이 눈으로 직접 확인하였을 것이다.

나중에 안 일이지만 차 군수가 이장을 서두른 것은 선거법 위반으로 기소되자 신변에 위기를 느낀 나머지 당장 가족묘지를 이장해서 풍수적 효험을 바랐을 거라는 생각이 들었다.

그 후 모든 일들이 무리 없이 해결되었지만 나는 그들로부터 어떠한 특혜를 받거나 금전적인 보상을 받은 일이 없지만 내가 익힌 풍수적 양심으로 최고 권력자의 인척을 도와주었다는 그 자체만으로 만족할 뿐이다.

5부

풍수와 주역 3

명당을 결정하다

광교신도시 풍수 이야기

(이 글은 경기도시공사가 '이야기로 듣는 광교신도시' 책자에서 '이곳이 명당이구나'라는 제목으로 필자와 인터뷰한 내용이다.)

풍수란 무엇인가

명당, 집터 등의 용어를 모르는 사람은 없을 것이다. 장관이나 대통령, 재벌총수가 집을 사거나 큰일을 치르기 전에는 풍수와 운세를 꼭 따져 본다는 이야기도 많이 들려온다. 묏자리를 정할 때나 이사할 때, 침대 위치를 정하거나 자녀의 책상 위치를 정할 때도 어느 방향인지를 따지는 사람들이 많다. 그만큼 풍수는 우리 생활 속에 깊이 뿌리내리고 있는 것이다. 풍수에 관한 이야기를 들어보면 부자가 되는 풍수 명당은 따로 있고, 국내 대기업의 사옥들은 대부분 명당에 있다고 한다.

조선 태조 이성계는 대신들의 만류에도 불구하고 풍수학자들의 의견을 따라 한양 천도를 결정했다. 청와대 뒷산인 북악산에 정기가 있다고 보고, 좌청룡 우백호 형태로 궁궐을 지었다. 그 자리는 지금도 우리나라 최고의 명당이라 불리며, 현재 대통령 관저인 청와대가 자리하고 있다. 이토록 많은 사람들이 중시하는 풍수는 도대체 무엇이며, 그 자리를 차지한 사람들이나 후손을 운수대통하게 하는 명당이란 정말로 있는 것일까?

신도시가 풍수지리적으로 좋은 입지에 있다는 것은 상당히 유리한 장점이다. 그래서 광교신도시가 정말로 풍수지리적으로 좋은 입지인지를 확인하고자, 풍수에 조예가 깊은 전문가를 물색하기 시작했다. 풍수를 확인해보고 좋다면 보도 자료와 홍보 자료로 사용하려는 것이었다. 만일 광교신도시가 명당에 위치하고 있다면, 명품신도시가 갖추어야 할 최고의 조건 하나를 더 갖춘 셈이 될 것이다. 그야말로 화룡점정(畵龍點睛)이라고나 할까?

그래서 풍수에 관해서라면 누구도 따라올 수 없을 만큼 식견이 높은 사람을 여기저기에서 수소문했다. 그러던 중에 많은 사람들이 한 사람을 지목했다. 풍수에 관한 책을 20여 권이나 저술하고 군포경찰서장이라는 특이한 이력을 갖고 있는 이정암 한국도선풍수 명리학회 회장이 바로 그분이다.

이에 경기도시공사의 광교사업 본부장과 몇몇 사람들은 그분을 직접 찾아가 광교로 모셔왔다. 광교의 풍수를 묻고 싶었던 것이다. 이정암 회장과 광교신도시 지역을 함께 다니면서 물어본 결과, 예상했던 대답, 아니 예상을 훨씬 능가하는 대답을 들을 수 있었다. 광교는 이정암 회장도 수년 전부터 유심히 본 땅으로, 천하의 명당 중 명당이라는 것이었다. 도선국사의 도선비결에 전국 명당 670개를 선정해 두었는데, 그중 하나가 바로 광교라고 했다.

이정암 회장은 풍수란 사람들이 자연에 순응하면서 살아가는 땅에 대한 지혜라고 한다. 만물의 영장이라고 하는 인간도 결국은 자연의 일부다. 우리는 누구나 나고 자라 병들고 사망하는 생병사(生老病死)의 과정을 거치고 나면 자연으로 돌아간다. 땅에 묻히든 태워 한 줌의 재가 되어 뿌려지든, 자연의 일부가 되어 초목이나 물고기가 먹고 자랄 영양분이 되는 과정을 무한 반복하는 것이 바로 사람들의 삶이다. 우리도 모르게 자연에 순응하는 것이다.

따라서 풍수란 자연을 있는 그대로 활용해야 가치 있는 것이지, 자연을 역행하면 오히려 화를 당하게 된다.

광교를 말하려면 먼저 이의동을 말해야 하는 것처럼, 광교의 풍수를 말하려면 먼저 이의동의 풍수를 살펴보지 않을 수 없다. 이의동이 광교신도시의 가장 많은 부분을 차지하기 때문이다. 이의동은 한남 정맥의 본줄기인 응봉과 형제봉, 광교산과 백운산이 통과하는 지역으로, 충신열사, 고관대작, 현인군자, 효자가 나오는 혈이 있다는 정룡에 해당한다. 이의동에 이런 풍수적 지형조건을 갖추었기 때문에, 조선시대부터 권문세가와 사대부의 묘역이 이의동에 많이 자리하게 된 것이다. 광교신도시가 들어설 땅에 심온 선생 묘를 비롯, 혜령군 묘소, 안동 김씨 묘역, 상주 황씨 묘역 등이 있었던 것은 결코 우연이 아니다.

이의동은 한남 정맥에서 뻗어 나온 지맥과 산골짜기에 자그마한 분지들이 자리 잡고 있어, 풍수적으로 명당이 될 자연적인 조건을 두루 갖추고 있다. 이의동의 풍수에 가장 큰 영향을 주는 것은 신대저수지와 원천저수지이다. 풍수에서는 마을에서 여러 물줄기가 모이는 호수가 보이면 길하다고 한다. 이의동은 신대저수지와 원천저수지가 각 자연 마을에서 흘러나오는 물을 모으고 있어 매우 좋은 풍수적 입지에 있다.

풍수적 기능을 따져볼 때 두 개의 저수지는 사람의 콩팥에 해당한다. 몸의 혈액을 정화해주는 중요한 기능을 하지만 콩팥이 기능을 잃는다면 신장병에 걸리고 마는 것처럼, 신대 저수지와 원천저수지가 자정능력을 잃는다면 오히려 해가 된다. 따라서 이의동은 생명근원이 되는 두 호수의 수질관리에 각별히 신경을 써야 하며, 이는 광교신도시도 마찬가지다.

광교신도시의 풍수

광교신도시처럼 일개 도시가 들어설 때면 풍수를 보더라도 도시 전체를 보고 판단해야 한다. 전체로 봐서 주봉이 어떻게 내려 왔으며, 청룡·백호·주작과 현무의 사신사가 어떻게 자리하고 있는지를 봐야 하는 것이다. 사신사는 앞쪽은 주작이고 뒤쪽은 현무라고 하며, 왼쪽에 있으면 청룡이고 오른 쪽에 있으면 백호라고 하는데, 청룡이 백호보다 높아야 한다. 백호가 청룡보다 더 높으면 터가 좋지 않다고 본다.

형국이라는 것은 쉽게 판단하기 위해 땅이나 산의 모양을 짐승이나 사람, 어떤 물체의 형태로 파악을 하는 것이다. 그것을 물형론이라고 하는데 서울의 풍수원리를 따져 보면 옛 사람들이 도시의 형국을 얼마나 중시했는지 알 수 있다. 서울은 남쪽과 북쪽에서 도심을 가로지르는 한강을 중심으로 서로 마주한다. 서울은 한강을 중심으로 형국이 제대로 맞아야 큰 도시가 되고 음양의 도가 맞는다. 그런데 서울의 풍수를 따져 보니 동쪽이 너무 약했다. 백호가 너무 높고 청룡이 너무 낮아서 풍수가들이 산맥을 하나 더 만들어 놓은 것이 바로 흥인지문이다. 흥인문을 흥인지문으로 지(之)자를 넣은 것으로, 갈지(之)자는 산을 상징한다.

남쪽도 관악산이 화산인데 너무 드세서 불이 나기 쉬워 화마를 막기 위해 해태를 세웠다. 풍수적으로 보면 남산 역시 너무 높다. 남산을 책상으로 해서 제왕이 배례하고 양쪽에 신하들이 있는 형국이 되어야 왕의 기운이 압도할 수 있는데, 남산이 누르니까 왕의 기운이 맥을 못 춘다. 동쪽은 장손을 주관하고 서쪽은 지손을 주관하는데, 청룡보다 백호가 높으니 왕손이 종손에서 나오지 않는다. 이조 스물여덟분의 왕 중에서 두 명의 왕을 제외하고는 전부 백호인 지손에서 나왔다. 풍수로 보면 백호가 드세면 시끄러운 일이 많이 생기는 것이다.

풍수를 볼 때 기본적인 대상으로 삼는 것은 용혈사수(龍穴砂水)의 네 가지 요소다. 용(龍)은 핵심 지점으로 이어지는 중심 산맥을 말하고, 혈(血)은 산천의 기운이 응집된 핵심 장소나 중심 지점을 말하고, 사(砂)는 혈을 둘러싸고 있는 사방의 산이나 언덕을 말하고, 수(水)는 강이나 하천 또는 호수를 말한다. 사람들이 말하는 명당(明堂)이란 혈(穴)처를 중심으로 용과 사와 수가 사방에서 조화를 이루며 모여들어 길격(吉格)을 형성하는 것이다.

명당은 좌청룡(左靑龍) 우백호(右白虎)의 형상이라고 한다. 광교신도시는 광교산에서 뻗어 나온 형제봉이 마치 두 팔을 벌려 껴안고 있는 모습으로, 전형적인 좌청룡 우백호의 모습이다. 광교터널에서 경기대 뒷산과 봉녕사 능원을 지나 원천저수지 하구까지 길게 뻗은 것이 우백호에 해당하고, 버들치고개에서 응봉과 상현동으로 길게 이어져 내려오는 맥이 좌청룡에 해당한다.

광교신도시의 용(龍)은 광교산으로서 한남정맥 중간 지점에 위치한 중후한 토성형 산이다. 청계산 백운산, 형제봉으로 이어진 중후한 산 등성이가 거의 수평을 이루고 있기 때문이다. 토성형(土星形)은 오행의 중심으로 풍요와 부를 상징한다. 사(砂)를 살펴보면 현무가 되는 형제봉을 중심으로 청룡, 백호가 마치 사람이 두 팔을 벌려 신도시를 품에 감싸 안은 듯하다. 청룡은 현무 왼쪽에서 버들치 고개와 매봉으로 이어지는 능선이고 백호는 현무 오른쪽에서 경기대 뒷산과 아주대 뒷산으로 길게 이어진 능선을 말한다. 수(水)를 살펴보면 두 능선 앞에 놓인 원천저수지와 신대저수지는 흐르는 기(氣)를 멈추게 하는 주작수이다.

이처럼 광교신도시는 청룡, 백호, 주작, 현무의 4신을 조화롭게 갖춘 대명당이다. 게다가 북쪽과 서북쪽, 서쪽이 높고 동남쪽이 낮아서 겨울에도 춥지 않고 햇볕이 많이 든다. 흙 또한 윤기가 나는 주황색 마사토로 토심이 깊다. 광교신도시 공사를 하고 있을 때 여기 흙이 우리나라 3대 좋은 흙에 속한다면서 찾아와서 흙을 퍼간 사람이 있을 정도다.

게다가 광교는 도선국사가 1,100년에 꼽은 전국 대명당 670여 곳에 속한다. 도선국사가 썼다는 『전국 대명당 용혈도첩』에는 광교에 대해 '2대부터 자손이 크게 일어나고 3대째는 장수와 영의정을 배출할 수 있는 땅'이라고 기록되어 있다. 이렇게 좋은 입지에 들어서게 되는 광교신도시는 도시의 배치 또한 절묘하게 풍수와 맞아떨어진다. 도시를 북서쪽에서 남서쪽으로 배치해서 땅의 순리에 따랐을 뿐 아니라, 경기도청과 친환경 주거단지, 비즈니스 파크, 법원 부지 등이 모두 용도에 걸 맞는 이상적인 입지에 예정되어 있다.

풍수에서는 도로의 소통을 위해 산천의 주요 혈맥을 손상하는 일을 금기시하고 있다. 광교신도시는 영동고속도로와 용인-서울간고속도로, 신분당선 연장선뿐만 아니라 도심 중심과 외곽으로 도로망이 거미줄처럼 연결되어 있음에도 불구하고, 에코브리지, 지하도로, 녹교 등을 설치해서 혈맥의 손상을 최소화했다.

풍수학에서 산은 음(陰)이라 동(動)함을 좋아하고, 물은 양(陽)이라 수(水)로서 멈춤을 좋아한다고 한다. 산맥이 뻗어 내릴 때 그 기운을 멈추게 하는 것은 물이다. 광교신도시는 주산에서 남쪽을 바라볼 때 도심을 가로지르는 큰 강이 없고, 신대저수지와 원천저수지가 있어 신도시 주민들의 생명수 역할을 한다. 만일 신대저수지와 원천저수지의 수량이 부족해지거나 오염될 경우 해가 될 수도 있는데, 물이 부족할 경우 팔당호의 광역상수도 원수를 공급받을 수 있고 두 호수의 수질 유지를 위해 여러 장치가 되어있다고 하니 걱정하지 않아도 될 것 같다. 최고의 길지에 풍수를 해칠만한 것 없도록 두루두루 신경을 쓰고 있는 만큼, 광교신도시는 최고의 터에 들어서는 최고의 명품신도시가 될 것이다.

광교의 풍수가 입주자들에게 미치는 영향

부자들이 많이 사는 지역은 반드시 풍수가 좋다. 땅에는 반드시 땅 나름대로의 좋은 기운이 있기 때문이다. 장사를 하더라도 꼭 망하는 장소에 가서 하면 망하기 마련이다. 그러니까 이사를 하더라도 "전 주인이 망해서 이사 갔다."는 집은 인기가 없다. "전에 이 집에서 살던

세입자들은 전부 돈을 많이 벌어서 집을 사서 나갔어요."라고 말하면, 절로 그 집으로 이사하고 싶어지는 그런 심리다. 그리고 그것은 심리에만 영향을 미치는 것이 아니라, 실제로 그 집에 사는 사람의 매래가 될 수 있다. 누구나 부자가 되어 나간 집이라면, 그 땅은 풍수지리학상 그곳에 사는 사람들로 하여금 재물이 모이게 하는 기운을 가진 곳, 재물이 발복할 터일 가능성이 높기 때문이다.

이러한 것은 모두 좋은 기운과 나쁜 기운이 존재하기 때문에 일어나는 일이며, 풍수란 사람이 자연과 어우러져 살아가면서 어디에 좋은 기운이 있는지를 알고 끌어내서 최대한 이용하는 것이다.

예를 들어 한남동에 부자가 많고 5대 재벌 총수들이 사는 것은 거기가 한강물이 들어오는 방향이 좋기 때문이다. 풍수에서 물은 재물을 말하는 것이기 때문에, 좋은 방향에서 들어오고 흉방으로 나가야 모든 것이 순조롭다. 그런데 광교신도시는 길한 방위로 물이 들어오고 흉방으로 물이 나가는 좋은 위치다. 특히 일반 주택지가 들어오는 곳의 풍수가 좋고 방위가 잘 맞아서 들어와 사는 사람이 부자가 될 것이다.

그래서 최근 건설업계에서는 아파트 입지를 선정할 때도 풍수지리를 따진다. 기본적인 배산임수 차원을 넘어 전문가를 불러 보다 고차원의 풍수지리적 여건을 갖춘 곳에 지은 아파트가 사람들에게 인기가 좋기 때문이다. 쌍용건설의 경우 이론의 여지가 없는 명당이 확실한 경희궁 터 앞에 주상복합 건물을 지어 이름까지 '경희궁의 아침'이라고 지음으로써 공전의 히트를 기록했다. 부자마케팅을 펼치는 건설업체일수록 집이 아니라 명당을 판다고 할 정도로 풍수에 신경을 쓴다. 많은 대기업 오너들이 집터나 묫자리, 사옥 터 등의 위치를 선택할 때 풍수지리에 신경을 쓰고 전문가에게 자문을 구한다.

　광교신도시의 아파트 역시 풍수전문가로부터 발복할 명당이 확실하다는 답변을 받은 곳이 많다. 친환경 주거단지의 경우, 옛 지명은 쇠죽골로 형제봉 중심 혈맥이 이어온 왕성한 내룡(來龍)의 중심 위치에 있다. 주위의 산들이 첩첩이 둘러싸인 친환경 주거단지 터는 식물로 치면 꽃의 암술머리와도 같은 곳이다. 골짜기에서 빠져나오는 하천이 모두 동남향으로 빠져나가 파구(破口)가 되므로, 건물을 신축할 때는 서북쪽에서 동남쪽으로 정하는 것이 좋다. 방위를 잘 맞춰 짓는다면 안락하고 대길할 뿐만 아니라 돈을 많이 벌고 건강하게 장수할 것이다. 출입문은 서향, 북서향 ,동북향, 남서향으로 내는 것이 좋은 입지를 더욱 좋게 만드는 지름길이다.

　광교신도시는 당대에 부를 이룰 발복지가 틀림없다. 풍수에서 물을 재물로 본다. 흘러오는 물은 길게 보이고 나가는 물은 짧게 보여야 좋고, 쌓여 있는 물만큼 창고에 재물이 쌓인다고 한다. 그런데 광교신도시 안에는 신대저수지와 원천저수지가 있고, 저수지에서 남쪽으로 내려간 물은 곧 꼬리를 감추듯 사라지고 만다. 나날이 써도 모자람이 없을 만큼 재물이 풍족한 땅이니, 풍수학적으로 보면 광교신도시에 들어와 사는 사람들 모두 부자가 된다는 이야기다. 이 말은 광교신도시가 많은 사람들이 들어와서 살고 싶어 하고, 앞으로도 이사 가려고 하는 사람은 없고 이사 오고자 하는 사람들은 많아 인기가 하늘을 찌르는 신도시가 될 것이라는 예언과도 같다.

（이하생략）

서울과 신행정수도의 풍수

백두대간(白頭大幹)에서 한북정맥(漢北正脈)의 정기를 이어받은 삼각산(三角山) 연봉이 남쪽으로 머리를 들어 한강을 향해 힘차게 달려오는 가운데, 한남정맥(漢南正脈) 또한 칠장산에서 북서쪽을 향하여 힘차게 마주 달려와 양기(陽氣)로 응축된 한강을 만나 음기(陰氣)를 응축하고, 태백산 황지에서 치솟는 용천수(湧泉水)는 정선과 춘천을 거쳐 북한강이 되어 끊임없이 흘러오다가, 경상북도와 충청도에서 시작되는 남한강물과 양수리에서 서로 만나 서울을 품에 안고 용산과 압구정동 앞으로 S자를 그리며 산태극수태극(山太極水太極)이 되어 음양교회(陰陽交會)의 정(情)을 나누는 이 곳!

1천만 인구가 함께 살아가는 천하의 대명당 대한민국 심장부 수도 서울이다.

지구상 어디에도 이처럼 음양의 정이 넘치는 어머니의 품처럼 따뜻한 명당형국(明堂形局)은 없을 것이다.

때를 맞추어 새롭게 단장된 청개천은 서울의 명당수로서 생기를

서울의 명당국세

몰고 와 심장부로 흐르니 서울은 분명 무한한 가능성을 지닌 복된 곳이다.

서울의 지명에 대하여 '신령스럽다'는 뜻의 '서'자와 '벌판' 즉 '큰 도시'라는 뜻의 '울'자를 합하여 오늘의 '서울'로 부르게 되었다는 설이 있다.

그러나 개국 초 도성을 쌓을 때 눈이 녹은 따뜻한 지점을 찾아 도성의 경계지점으로 삼았다하여 '눈설(雪)자'와 울타리라는 뜻의 '울자' 즉 '설울'이 변하여 오늘날의 '서울'이 되었다는 설화도 있다.

사람에게는 누구나 각자의 개성과 능력이 있듯이 대도시를 품에 안은 명당국세 또한 각기 그 특성과 역량이 있기 마련이다.

얼마 전 최 교수가 '풍수로 본 청와대 비극과 천도 불가론'이라는 글을 모 잡지에 게재하자 당시 실세 정치인을 포함하여 그와 뜻을 달리하는 사람들로부터 곤혹을 치렀다는 이야기를 전해들은 바 있다.

그가 '환경심리학'이라는 용어를 구사하면서 정치현실에 매우 민감한 세종시 문제를 '천도불가론'이라는 이름으로 꼬집었으니 말이다.

우리의 서울은 1천만 인구가 살아 숨 쉬는 상징적인 도시요, 정치, 경제, 교육, 문화의 중심지이자 초대형 도시이다. 그러나 순기능만 있는 것이 아니라 공해와 복잡한 교통 환경 등 대도시가 갖는 역기능 또한 큰 것이 사실이다.

비만한 체구에 다이어트라 했던가?

참여정부는 국토균형 발전이라는 이름으로 여러 시책을 펼쳤지만 저항 또한 만만치 않았다. 아무쪼록 후손에게 물려줄 이 강토의 만년대계를 위하여 후에라도 또 이런 일이 생긴다면 지혜롭게 추진되기를 기대하면서 조선왕조실록을 통한 서울의 풍수 이야기를 살펴보기로 하자. 태조 이성계가 500년 도읍지인 송악에서 한양으로 천도하고자 했을 때 '지기쇠왕설'이라는 도참설을 내세웠지만 그 이면에는 고려왕조의 구세력들이 수백 년간 터 잡아 살아온 데 대한 염증을 느끼고 새로운 왕조에 걸맞는 새 도읍을 정함으로써 새로운 기풍으로 민심을 일신하고자 하는 정치적 계산이 바닥에 깔려 있었던 것이다.

정당문학 권중화가 그려서 바친 계룡산 도읍지를 무학대사와 같이 손수 확인하고 나서 계룡산 신도안에 새 도읍을 정하고자 토목공사를 일으켰지만 1년 만에 중단하고 말았는데 계룡산 도읍을 중단시킨 배경에는 하륜의 상소가 크게 작용하였던 것이다.

이태조가 대장군 심효생(沈孝生)을 보내어 계룡산에 가서 새 도읍의 역사(役事)를 그만두게 하였는데 이 무렵 경기 좌·우도 관찰사 하륜(河崙)이 왕에게 고하기를 "도읍은 마땅히 나라의 중앙에 있어야 될 것이온데, 계룡산은 지대가 남쪽에 치우쳐서 동면·서면·북면과는 서로 멀리 떨어져 있습니다. 또 신(臣)이 일찍이 신의 아버지를 장사하면서 풍수(風水) 관계의 여러 서적을 대강 열람했사온데, 계룡산의 땅은, 산은 건방(乾方)에서 오고 물은 손방(巽方)에서 흘러간다 하오니, 이것은 송(宋)나라 호순신(胡舜臣)이 이른바, '물이 장생(長生)을 파(破)하여 쇠패(衰敗)가 곧 닥치는 땅'이므로 도읍을 건설하는 데는 적당치 못합니다." 하니 임금이 명하여 글을 바치게 하고, 판문하사부 권중화, 판삼사사정도전, 판중추원사 남재 등으로 하여금 하륜과 더불어 참고케 하고 또 고려왕조의 여러 산릉(山陵)의 길흉을 다시 조사하여 아뢰게 하였는데 이에 봉상사(奉常寺)의 제산릉형지안(諸山陵形止案)의 산수(山水)가 오고간 것으로써 상고해보니 길흉(吉凶)에 모두 맞았으므로 이에 효생(孝生)에게 명하여 새 도읍의 역사를 그만두게 하니 중앙과 지방에서 크게 기뻐하였다.

호씨(胡氏)의 글이 이로부터 비로소 반행(頒行)하게 되었다. 임금이 명하여 고려왕조의 서운관(書雲觀)에 저장된 비록문서(秘錄文書)를 모두 하륜에게 주어 고열(考閱)하게 하고는 천도할 땅을 다시 보아서 아뢰게 하였다.

　　　　　　　　　　　　　　　　　　　　　－ 태조실록 제1집 52면 －

태조가 병이 나서 한양 궁궐을 짓다말고 다시 송악으로 되돌아갔으나 태종이 집권하자 다시 한양으로 천도하게 되었다. 한양에 천도한 태종은 한양과 무악 중에서 어느 곳을 도읍으로 정할 만한 것인지를 풍수에 밝은 신하들과 여러 차례 논의하게 되었다.

어가(御駕)가 무악(毋岳)에 이르니 임금이 중봉(中峰)에 올라 사람을 시켜 백기(白旗)를 한수(漢水)가에 세우게 하고, 사방을 바라보고 말하기를 "여기가 도읍(都邑)하기에 합당한 땅이다. 진산부원군이 말한 곳이 백기의 북쪽이라면 가히 도읍이 들어앉을 만하다." 하고 산을 내려오다가 대신·대간·형조와 지리를 아는 자인 윤신달, 민중리, 유한우, 이양달, 이양 등을 모아 명당을 찾았다.(중략)

임금이 윤신달 등에게 이르기를 "거리낄 것 없이 각기 자기 말을 다하도록 하라. 이 땅과 한양이 어느 것이 좋은가?" 하니 윤신달(尹莘達)이 대답하기를 "지리로 논한다면 한양(漢陽)의 전후에 석산(石山)이 험한데도 명당(明堂)에 물이 끊어지니 도읍 할 수 없습니다. 이 땅은 참서(讖書)로 고찰한다면 왕씨(王氏)의 500년 뒤에 이씨(李氏)가 나온다는 곳입니다. 이 말은 허망하지 않았으니 그 책은 심히 믿을 만합니다. 이씨가 나오면 삼각산(三角山) 남쪽에 도읍을 만들고 반드시 북대로(北大路)를 막을 것이라는데 지금 무악(毋岳)은 북쪽으로 대로(大路)가 있으니 그 참서와 바로 합치합니다." 하고 또 말하기를 "눈앞에 세 강(江)이 끌어당기기를 만월(滿月)과 같이 한다는데 이 땅에 세 강이 눈앞에 있으니 또한 참서와 합치합니다. 이 명당은 송도의 수창궁(壽昌宮)과 같습니다." 하였다.

– 태종실록 제1집 309면 –

공론에 따라 경복궁을 정궁으로 정하고 신축하였으나 모두가 풍수법에 맞는 것만은 아니었다.

더구나 경복궁 명당에 물이 없어 논란이 있자 세종은 영의정 황희, 좌의정 맹사성, 우의정 권진 등을 불러 경회루에 연못을 파서 물을 끌어 들이고 성곽 등에 여러 가지 풍수 비보를 하게 하였다.

우리 조종께서 지리로서 수도를 여기다 정하셨으니 그 자손으로서 쓰지 않을 수 없다. 정인지는 유학자인데 역시 지리를 쓰지 않는 것은 매우 근거 없는 일이라고 말하였고 나도 생각하기를 지리의 말을 쓰지 않으려면 몰라도 만일 부득이하여 쓰게 된다면 마땅히 지리학설을 따라야 할 것인데 지리하는 자의 말에 "지금 경복궁 명당처에 못을 파고 도랑을 내어서 영제교 (永濟橋)의 흐르는 물을 끌고자 하는데 어떻게 생각하는가?" 하니 모두 아뢰기를 "좋습니다." 하였다. 경복궁의 오른팔은 대체로 모두 산세가 낮고 미약하여 널리 헤벌어지게 트이어 품에 안은 판국이 없으므로 남대문 밖에다 못을 파고 물 안에다가 지천사(支天寺)를 둔 것은 그 때문이었다. 나는 남대문이 이렇게 낮고 평평한 것은 필시 당초에 땅을 파서 평평하게 한 것이었으리라고 생각된다. 이제 높이 쌓아 올려서 그 산맥과 연하게 하고 그 위에다 문을 설치하는 것이 어떻겠는가, 또 청파역(靑坡驛)에서부터 남산까지 잇닿은 산맥의 여러 산봉우리들과 흥천사(興天寺) 북쪽 봉우리 등처에 소나무를 심어 가꿔서 무성하게 우거지도록 하는 것이 어떻겠는가?" 하니 모두가 "좋습니다." 하였다. "왼쪽 팔 되는 가각고(架閣庫) 서편산맥이 냇물의 개갬으로 인하여 무너지고 떨어진 곳이 매우 많으므로 이양달이 여러 번 청하였거니와 내가 성을 쌓고 냇물을 돌리고자 하는데 어떻겠는가?" 하니 모두가 "좋습니다." 하였다.

- 세종실록 제3집 494면 -

앞서 최 전 교수가 말한 대로 현재 청와대가 들어서 있는 곳은 진혈 (眞穴)이 아니라고 본다.

경복궁을 한 송이 꽃에 비유한다면 청와대 터는 꽃을 받치고 있는 꽃대로서 이를 다시 사람에 비유한다면 사람의 머리를 받치고 있는 목에 해당하는 곳이다. 그리고 조선왕조실록을 보면 사람의 목에 해당되는 그 터를 보전하기 위해 무척 애쓴 흔적이 보인다.

어떤 이는 '천하제일복지'라는 푯말이 나왔다는 말은 그 터의 주인을 위해 온갖 미사여구를 구사하나 정남향인 청와대는 명당수인 청계천이 오른쪽에서 왼쪽으로 흘러감으로써 풍수의 대원칙인 좌선(左旋)과 우선(右旋)이 뒤바뀌어 있을 뿐만 아니라 일제가 조선정궁의 지기를 누르기 위해 일부러 혈맥에 눌러 지은 것이 분명하다.

그러나 양택풍수(陽宅風水)에 의해 건물에서 생기(生氣)를 불어 넣는 방법은 본관건물을 3층으로 지어야 배산(背山)인 목성(木星)이 남향대문과 함께 탐랑성(貪狼星)으로서 3합이 되어 대길하게 될 것으로 믿는 바이다.

정부가 신행정수도 이전계획 발표가 처음 있었을 때 충청도 어디에 신행정수도가 들어설 것인가를 놓고 세간에 논란이 시작되자 많은 사람들이 내게 풍수지리학적으로 대상지형을 물었다.

"인구 천만을 품을 명당은 서울 말고는 아무데도 없다. 그러나 대전시만한 큰 신도시가 건설될 길지라면 부여 주변인 '연기군'이 될 것이며, '장기면'도 포함될 것이다."

"그럼 그곳에 가서 땅 좀 사야겠다."

그들은 그곳이 발전된다면 땅이나 좀 사야겠다는 농담까지 하였다.

조선왕조실록에도 이태조가 도읍지 선정을 놓고 신하들 간에 의견이 많았고 다시 송악인 부소(扶蘇) 명당을 제일의 길지로 다시 상소한 사람이 있었듯 도읍지 선정은 예나 지금이나 말도 많고 어려운 것이다.

2005년 3월 24일,

정부는 드디어 신행정도시 예정지를 다음과 같이 확정 발표하였다.

정중심 복합도시가 들어설 예정지역은 2210만평(73㎢)과 주변지역 6,780만평(224㎢) 등 총 3개 시·군 9개면 74개 리이다.

정부가 발표한 행정중심 복합도시가 들어설 예정지역은 부안임씨(扶安林氏) 집성촌으로 고려 말 명신 임난수(林蘭秀)의 후손들이 살고 있는 곳도 있다.

금강이 이 지역을 포근히 감싸 안은 대길지로서 명당이 분명하지만 신도시가 완성될 때까지는 정치, 경제, 사회, 문화와 민심 등 여러 면에서 어려운 문제점이 많을 것이며, 특히 용수부족을 해결하자면 필수적으로 대두하게 될 땜 건설을 적절한 곳에 선정하여 금강에는 항상 푸른 물이 흘러넘치게 건설되어야 할 것이라고 생각한다.

의왕시와 오봉산의 전설

다음은 필자가 의왕시 풍수형국에 대해 '의왕시민을 위한 의왕소식지'에 투고한 내용이다.

백운의 맑은 정기 가슴에 싣고
청룡의 높은 기상 온누리 떨쳐
오봉의 슬기로운 한 몸에 받고
지지대 모락에는 선조의 숨결

의왕시가의 한 구절처럼 의왕시는 주위를 감싸고 있는 산들이 많다. 풍수오행에 따라 주역8괘로써 주위 산들을 하나하나 관찰해보면 북쪽 감방(坎方)에는 불꽃이 타는 듯한 화형의 관악산(冠岳山:629.9m), 북동 간방(艮方)에는 청룡이 비상하는 듯한 금성체의 청계산(清溪山:618m)이 있으며, 동쪽 진방(震方)에는 백운산(白雲山:567m)이 광교산까지 이어지는 토성형(土星形)의 모습으로 우뚝 서 있다.

북서쪽 건방(乾方)에는 태을봉(太乙峰:489m), 관모봉(冠帽峰:426.2m), 문

필봉(文筆峰) 등이 있고 서쪽 태방(兌方)에는 수리산(修理山:475m) 슬기봉은 목성형(木星形)이 되어 수려함을 뽐내고 있다. 남쪽 이방(離方)에는 물결이 넘실대듯 수성형(水星形)의 작은 산들이 있어 목(木), 화(火), 토(土), 금(金), 수(水) 오행상생(相生)의 배열을 모두 갖춘 길지가 된다.

풍수학에서는 음(陰)인 산과 양(陽)인 물로써 음양배합관계(陰陽配合關係)를 특히 중요시하므로 의왕, 군포, 안양시를 포함한 풍수국세(風水局勢 : 사방으로 모여든 산천의 형세)에 의한 하천의 흐름으로 길과 흉을 살펴보기로 한다.

안양천의 출발지점인 고천동에서 시청 앞으로 흐르는 동남쪽 손방(巽方)의 개천과 청계산에서 흘러나오는 동북쪽 간방(艮方)의 개천, 그리고 도장골인 남서쪽 곤방(坤方)에서 흘러나오는 3개의 큰 개천이 있다. 이 개천은 안양 비교산에서 합수가 되어 북서쪽 건방(乾方)으로 빠져나가니 이곳이 곧 파구(破口)가 된다.

풍수이기법(風水理氣法:음양오행이론으로산천의 길흉을 판단하는 풍수술법)으로 보면 12포태법(十二胞胎法 : 풍수학상 사람이 태어나 한평생 살다가 땅에 묻히기까지의 순화과정으로 길흉을 분석하는 12가지 방법)상 화국을룡(火局乙龍)이 되는 셈인데 화국을룡(火局乙龍) 중 4대길방(四大吉方)인 장생(長生)은 남쪽인 병오방(丙午方), 제왕(帝王)은 북동쪽 간인방(艮寅方), 관대(冠帶)는 동남쪽 을진방(乙辰方), 임관(臨官)은 동쪽인 갑묘방(甲卯方)이 된다. 따라서 동쪽에 있는 백운산(白雲山)은 임관방, 북동쪽에 있는 청계산(淸溪山)은 제왕방, 동남쪽에 있는 오봉산(五鳳山)은 관대방이니, 의왕시를 둘러싸고 있는 산들은 모두가 길격에 속하는 산들로서 이러한 풍수형국에 사는 사람들은 무한한 발전과 부귀를 누리게 되고 훌륭한 인재가 많이 배출한다고 풍수서에 명시되어 있다. 다만 북서쪽 건방(乾方:하늘)을 향하여 치닫는 모락산(慕洛山)은 비룡상천형(飛龍上天形)으로서 큰 강이나 바다 또는 운무(雲霧)와 같은 길사(吉砂)를 갖추지 못할 경우 특히 진년(辰年 : 주역괘에서 진은 용과 우뢰를 상징)과 같은 해(임진년은 임진왜란, 경진년은 6·25)에는 살기를 내뿜어 불길(실지 임진왜란과 6·25때 수많은 사람이 목숨을 잃었다는 기록이 있음)하므로 모락산을 사시사철 푸른 나무가 무성하도록 비보(裨補)해야 좋을 듯싶다.

천하 길지인 오봉산은 원래 산봉우리가 다섯 개여서 오봉산(五峯山)이라고 하였는데 언제부터인가 봉우리 '봉(峯)'자가 봉황 '봉(鳳)'자로 바뀌어 근자에는 지도에까지 표기되어 있는 산이다. 이 산은 현재 의왕시청이 자리하고 있는 시청 뒷산으로 왕곡동에서 시청 쪽으로 가면 봉우리 다섯 개가 나란히 바라보인다. 오봉산의 풍수형국은 내룡의 용맥이 돌아서 조산(祖山:백운산)을 바라보는 회룡고조형(回龍顧祖形)

의 모습이며, 5개 서의 산봉우리는 목화토금수(木火土金水)오행을 모두 갖춘 것으로 대귀격이다. 물형론(物形論 명당의 모습을 동식물에 비유하는 풍수술법중의 하나)에 의하면 금닭이 알을 품고 있는 금계포란형(金鷄抱卵形)으로서 왕곡동 청풍 김씨의 문중과 의왕시의 촌로들이면 누구나 알고 있는 오봉산의 전설을 소개하면 다음과 같다.

옛날 중국 어떤 지술사(地術師)가 역적이라는 죄명을 쓰고 조선 땅으로 피신하여 겨우 목숨을 부지하면서 이곳 의왕까지 오게 되었는데 우연한 계기로 청풍 김씨 한 분이 기진맥진한 그를 따하게 여기고 집으로 데리고 와 음식을 주고 옷도 새로 마련하여 주어 며칠 쉬다가게 되었는데 그 무렵 청풍 김씨 댁 할머니가 중환에서 매우 위독한 상태로 사경을 헤매는 것을 보고는 "노부인의 병환은 아무래도 회춘하시기가 어려운 고비까지 이른 것 같습니다. 타국에 와 생명부지인 댁을 만나 이제 몸도 다시 회복하였기에 고마움을 표시하기 위하여 중국에서 약간 배운 기술로 저 노부인을 모실 산소라도 하나 추천할까 합니다."라고 하니 청풍 김씨는 이 지관의 말이 너무 고마워 그의 뒤를 따라 오봉산에 이르렀을 때 그는 뒤편 어느 집 한 채를 가리키며 저 집터가 길지(吉地)라고 일러주었으나, 광중이 될 자리는 그 집 장독대가 있는 지점이었다.

그러나 사람이 살고 있는 집에 들어가 산소 자리를 양보해 달라고 하기가 어려워 그냥 돌아오게 되는데, 이상하게도 그날 밤에 원인 모를 불이나 그 집이 몽땅 타 내렸고 청풍 김씨 댁 노부인이 그 시간에 운명하였다.

화재와 관련하여 다소 오해가 있었으나 산소 자리에 대한 이야기가 양가 사이에서 오고간 끝에 결국은 원만한 합의로 그 타버린 집터에 청풍 김씨의 묘를 쓰게 되었는데 장사를 치르기 전날, 그는 "이제 노부인을 모실 자리도 확정되었으니 저로써도 그간의 은혜에 보답할 수 있게 되었습니다. 다만 한 가지 꼭 당부 드리고 싶은 말은 땅을 파서 광중을 만들 때 얼마큼 파 내려가면 평평한 돌에 부딪칠 것이니, 그 이상 더 파지 마십시오, 이 말은 꼭 지켜야 합니다. 저는 이제 떠나야 할 때가 된 것 같습니다."라고 하직인사를 하고는 훌쩍 중국으로 돌아가 버렸다.

드디어 장례식이 되자, 광중을 파는 사람들의 웅성거리는 소리가 오고 갔다.

"더 파야지, 너무 얕지 않아?"

"아냐, 그만 파라고 했어. 여기 봐. 돌이 놓였지 않아?"

"이렇게 아니라 상주에게 직접보이고 결정하세."

결국은 상주인 청풍 김씨에게 가서 이 사실을 이야기하자 청풍 김씨는 중국 지관이 말한 대로 큰 돌이 가로놓여 있음을 확인하였으나 광중의 깊이가 너무 얕아 보였다. 그래서 작업을 중단시키고 급히 가족회의를 열기 위하여 산소 가까운 곳에 대기중인 상여 앞으로 갔다. 광중에 남아 있던 막내가 슬며시 광중으로 들어가는데 구들장처럼 생긴 돌이 기우뚱거리자 무심코 그 돌을 번쩍 들어 올리면서 돌 밑을 내려다보다가 '윽!' 하는 소리를 지르면서 다시 돌을 놓아 버렸는데 그 순간 무엇인가 '뚝' 하고 부러지는 것 같은 느낌이 있었다.

그 돌 밑에는 옥동자 모양의 돌 다섯 개가 앉아 있었고 그 보다 조금 더 큰 돌 하나는 서 있어 그 모습이 흡사 옥동자 다섯에게 무엇인가 일러주고 있는 듯한 느낌이 들었던 것이다. 그 널따란 돌은 제자리에 이가 맞은 듯 꼼짝도 하지 않았고 막내도 무서워 아무에게도 이야기하지 않고 있던 차에 긴급가족회의의 결과도 중국지술사의 말을 따르기로 하여 그 돌 위에 그냥 하관을 하여 묘를 만들게 되었다.

한편 중국으로 돌아간 지술사가 자기 아버지에게 이 일을 말하자,

"너는 너의 목숨을 아껴주고 구해준 청풍 김씨댁 은혜는 못 갚을지언정 역적의 집안으로 인도하였으니 그럴 수가 있느냐, 어서 되돌아가서 그 산소를 옮기도록 하여라."면서 꾸중을 하였다.

"그게 무슨 말씀입니까? 조선 땅에서 가장 좋은 길지로 은혜를 갚았다고 생각 되는데요."라고 하면서 그 연유를 묻자,

"너는 아직 모르는 것이 있다. 그 자리는 5정승을 거느리고 역적모의를 하는 또 하나의 옥동자가 있으니 그가 바로 그 집안을 역적의 집안으로 만들 후손이니라."

그 지술사는 새삼 자기 아버지의 지혜에 탄복하고 그 길로 다시 조선으로 건너와 청풍 김씨 댁을 찾았고, 뜻하지 않게 다시 만난 청풍 김씨 댁에서는 이만저만 반가운 것이 아니었으나, 지술사는 집안에 들어서자마자 자기가 잡아준 산소를 다른 곳으로 옮기자고 제의하면서 서둘렀다.

청풍 김씨의 막내도 이제 숨겨서는 안 되겠다고 판단을 하고 집안 식구와 중국지관 앞에서 장례식 날 광중에서 겪은 일들을 차근차근 이야기하였다.

자초지종을 듣고 난 지술사는 그제야 한숨을 쉬면서 "그럼 되었소, 그 부러진 것이 바로 다섯 개의 옥동자 앞에 서있던 옥동자의 목이 틀림없소, 그렇다면 이제 역적은 사라지고 그 대신 6정승이 나올 것입니다."라고 하면서 마음을 놓는 듯하였다.

그 후 청풍 김씨 집안에는 조선조에서 영의정 김재로, 김상로, 김처인과 우의정 김구, 좌의정 김약로, 김종수 등 6정승이 계속 쏟아져 나왔는데 그것은 오봉산의 봉우리가 그 산 이름처럼 다섯 봉우리지만 가만히 바라보면 한쪽 끝에 또 하나의 작은 봉우리가 있음을 발견하게 되어 모두 여섯

개 봉우리, 즉 6정승을 암시하는 것이라고 말하고 있다. 문헌에 의하면 이 묘는 조선 숙종 때 이조판서를 지낸 김인백의 부인 안동 권씨를 그의 셋째 아들 김극형이 정성을 들여 모신 묘소로 되어 있다.

필자는 도선국사의 작품으로 추정되는 명당 용혈도(龍穴圖:산천의 혈 맥을 그린 그림)를 소장하고 있다. 그 용혈도에 오봉산이 그려져 비전된 것으로 보아 위의 이야기는 중국풍수를 지나치게 미화한데서 꾸며낸 설화라고 생각된다. 옥룡자 도선국사(道詵國師)께서는 통일신라말기 사람으로서 "오봉산이 주산인 이곳은 속발하여 백자천손(百子千孫)하 고 3대 출상(三代出相)에 2왕비(二王妃)와 승상(丞相)이 연출(連出)할 만 대영화지지(萬代榮華之地)"로 표기하고 있다. 그렇다면 과연 이곳이 그 토록 유명한 길지인지, 구성법(九星法: 북두칠성 등 별자리로 길흉을 판단하 는 풍수술법 중 하나)으로 혈좌와 득파수법(得破水法:들어오는 물을 득이라 하고, 나가는 물을 파라고 하여 물로써 길흉화복을 분석하는 풍수비법 중의 하나) 을 관찰해보기로 한다.

이곳의 혈좌(穴坐)는 서쪽 태방(兌方)에 속하고 그 앞으로 흐르는 3갈 래의 개천 중 오메기 골짜기에서 나오는 물은 북동쪽 간방득(艮方得) 으로서 소년등과하고 대대로 융성하는 거문수(巨門水)가 되고, 동쪽 진 방득(震方得)인 왕곡동 골짜기에서 나오는 물은 무곡수(武曲水)로서 부 귀 쌍전하고 대대로 장상이 연출하는 귀한 물이며, 동남쪽 손방득(巽 方得)으로 골사그네 골짜기에서 나오는 물은 탐랑수(貪狼水)로서 역시 부귀하고 자손 창성하는 대길격수가 된다. 그리고 3개의 물길이 명당 앞에서 합수가 되어 현재 쌍용양행이 있는 북동쪽으로 빠져나가는 건 방파(乾方破)가 되니 파군수(破軍水)역시 부귀왕성하는 대길격이므로 풍수술사들은 이를 두고 대지(大地)라고 부르는 것이다.

　조상의 얼이 숨 쉬는 아름다운 의왕시를 더욱 아름답게 가꾸고 모자람을 보완해 나간다면 하늘을 승천하는 청룡의 기상처럼 무한히 발전하여 더욱 살기 좋은 고장이 될 것으로 믿어 의심치 않는다.

정치인은 따뜻한 가슴이 없는가

"이 서장 이곳 지역구 출신 국회의원인 천 위원장과 인연을 맺어두면 여러 방면에서 좋을 것이요."

전남 도의회 의장인 차 씨의 말이다. 50대 초반인 그는 이 지역 토박이로서 장차 이 지역에서 자치단체장이 되겠다는 꿈을 가진 사람이었다.

"천 위원장과 어떻게 인연을 맺는다는 말이요?"

나는 인사원칙에도 없이 이무영 경찰청장이 지어낸 엉뚱한 향피제라는 인사방침에 따라 낯설고 물선 지역 강진경찰서장으로 부임한지 한 달도 채 안된 시점에서 이곳 유지이자 현직 전남도의회 의장인 차 씨를 만나 서장실에서 차 한잔을 나누면서 주고받은 말이었다.

"차차 만나게 될 것인 게……."

그는 국회의원이 지역구에 내려오면 나와 만날 수 있을 것이라고 귀띔해 주었다. 그는 풍수학을 신봉한 나머지 앞서 밝힌 대로 서울에서 한창 주가를 올리고 있던 속칭 육관도사라는 사람에게 많은 출장비를 주고 모셔다 부모 산소를 이장한 사람이라고 이 지역에 소문이나 있었다.

사람들은 그가 육관도사 말대로 부모 산소를 이장하자 곧 도의회 의장직에 올랐다는 소문이 나 있어 경찰서에서 약 10분 거리에 있는 그곳을 파출소 순시 나가는 길에 한번 확인하기로 마음먹었다.

어느 날 나는 순시하는 길에 길가에 있는 그 묘소 찾았으나 풍수의 핵심 요소인 내룡과 국세 그리고 득파수(得破水) 어느 것 하나 이기법에 맞는 것이 없어 이분 또한 엉터리 도사에게 속았구나 하는 생각을 하게 되었다.

얼마 후 그를 다시 만났을 때 나는 그에게 『요해 도선비기』 한 권을 선물하면서 육관도사에게 고가로 조성한 묘소이지만 내가 보기에는 국세와 방위로 보아 문제가 있다고 하였더니 며칠이 지난 일요일 오전 경 나를 찾아와 부모 산소에 같이 가보자고 졸랐다.

나는 주말에 특별한 일이 없어 그와 함께 그곳에 들러 그 묘소를 돌아보면서 방위상 잘못된 점을 지적하자 내 말을 유심히 듣던 그는 지금 당장 묘소를 파서 좌향을 돌려놓으면 어떻겠느냐고 제안하기에 그를 겨우 말려 그 묘소를 발굴하지 않고 그대로 두게 하였다.

그 후 한 달이 지났을 무렵이다. 마침 쉬는 일요일 아침이었는데 갑자기 그가 헐래 벌떡 상기되어 내게 찾아왔다.

"간밤에 형님이 돌아가셨는데 장사를 지낼 터는 이미 잡아 두었으니 잠시 그곳에 좀 가셔서 좌향만이라도 가려주시오."

어제 오전까지 멀쩡했던 친형이 갑자기 돌아가게 되자 차 의장도 당황해 하는 표정이 역력했다. 나는 이 지역 유지인 그와 친하게 지내야 함은 물론 조문도 가야 할 입장이라 적선하는 셈치고 그를 따라 근거리에 있는 그의 형님의 밭으로 함께 가게 되었다.

“터는 어느 곳에 정해 두셨나요?”

“예, 전에 육관도사께서 내려 왔을 때 미리 길지로 잡아 놓은 데가 있어요.”

“미리 터를 잡아두셨다면 그대로 쓰면 되지 않소?”

“막대기만 꽂아둔 곳이라 좌향을 새로 잡아야제.”

그의 말을 들은 나는 무척 당황스러웠다. 왜냐하면 터를 정할 때는 산천의 국세에 따라 길흉 방위를 정밀하게 분석하고 최종적으로 혈좌(穴坐)를 정하여 그곳에다 시신을 안장하게 될 가장 핵심이 되는 지점인데 옛 도사들의 흉내를 내면서 어느 특정지점에 막대기를 꽂아 놓고 몇 년, 몇 월, 몇 일, 몇 시부터 발복한다는 취지로 허무맹랑하고 근거도 없는 말로써 모르는 사람을 유혹하기도 하고, 때로는 땅속에서 뜨끈뜨끈한 훈기가 올라오니 이곳에 시신을 모시면 곧 발복하게 된다는 말로써 어느 누구에게나 통상 속여 왔던 수법인지라 풍수이론을 모르는 속인들을 물론이고 전문가까지도 거의 그의 말에 속지 않을 수 없었던 것이다.

승용차를 타고 약 10분쯤 지나 차에서 내리자 차 의장은 길 옆 경사진 밭둑을 손가락으로 가리켰다.

“여기요 여기!”

“여기라니 어느 지점을 말하는 것이요?”

“육관도사가 이 밭이 그렇게 좋다고 해서…….”

나는 기가 막혔다. 풍수의 핵심요소인 용(龍), 혈(穴), 사(砂), 수(水) 어느 것 하나 풍수 형국에 맞는 것이 없었고, 도로가 직충(直沖: 도로가 곧바로 묘지를 향하고 있는 모습)하고 있어 정밀하게 살펴볼 필요조차 없었다.

"이곳은 사패지지(死敗之地: 사람이 죽거나 패망하게 되는 땅)라서 더 볼 것이 없습니다."

"아니? 좌향만이라도 정해주면 되지 않소?"

'육관도사가 다른 것 모두 좋다고 하였으니 당신 말을 내가 들을 필요는 없고 다만 방위만 알려준다면 그대로 형님을 이곳에 모시겠다.'는 생각뿐인 것 같았다.

"여보시오. 차 의장! 좌향을 정하는 것은 이 땅이 풍수국세에 맞았을 때 마지막으로 결정하는 것이요. 풍수국세가 전혀 맞지 않는데 좌향은 무슨 좌향을 정한다는 말이요?"

내가 한사코 거절하자 그도 하는 수 없다는 표정이었으나 당장 장지로 선택할 곳이 없게 되자 그의 얼굴에는 몹시 당황해 하는 표정이었다.

"선산은 없습니까?"

나는 윗대 조상들을 모신 선산이나 부모 산소가 있는 곳을 물었다.

"그럼 선산으로 갑시다."

그는 윗대 조상 묘소가 있는 그의 선영으로 나를 안내하였다. 그의 조상이 잠든 선영으로 와서 산 주의를 돌아보니 그다지 길지는 아니었지만 흘러 내려오는 산머리와 좌우로 돌아서 흐르는 개울물들이 그런대로 풍수국세에 합당한 곳이 있어 그곳에다 방위를 설정하고 나서 장례 일시를 좋은 날에 맞게 알려주었다. 그리고 3일이 지났을 무렵 차 의장은 내가 일러 준대로 형님의 체백을 수습하여 장사를 잘 모셨다는 인사도 할 겸 다시 내 사무실로 찾아왔단다.

"완도에 계시는 천 위원장 모친이 금년에 100세인데 상당히 위급하니 이 차제에 천 위원장님과 인연도 맺을 겸 터나 한번 봐주소."

나는 엉뚱한 그의 제의가 무척 껄끄럽게 들렸을 뿐 아니라 경찰서 장의 신분으로 관내를 이탈하여 인근 완도까지 간다는 것이 무척 부담스러웠다.

"저는 관내를 떠날 수 없으니 휴가 때 한번 봅시다."

나는 휴가 때가 아니면 그곳에 갈 수 없다고 하였다.

"여기서 완도까지 한 시간이면 될 텐데……."

나는 거리와 시간으로도 어렵다는 생각에 단호히 거절하였다. 그후 당직자라는 사람들의 똑같은 권고도 있었으나 나는 그때마다 거절하였다. 그해 여름휴가가 시작되자 차 의장이 나를 또 찾아왔다.

"이번 휴가 때 시간 좀 내주시오."

"내일부터 휴가지만 그곳에 가는 것은 다시 한 번 생각해 봅시다."

그러나 나는 더 이상 거절할 수가 없다는 생각이 들었다. 천 위원장이 누구인가? 김대중 정부에서 두 차례의 장관직을 역임하고 국회 국방위원장이 된 실세 중의 실세가 아닌가? 나는 새도 떨어뜨린다는 천 의원의 부모에 관한 일인데 내가 끝까지 거절하였을 경우 관서장이 주민과 비협조적이라고 엉뚱하게 꼬집거나 다른 허물을 트집 잡아 가뜩이나 미운털이 박혀 7개월간이나 의도적으로 내 뒤를 감찰 조사시킨 이○○ 경찰청장에게 고한다면 경찰서장이 아무리 지역주민을 위해 열심히 일한들 과연 내 말을 믿겠는가?

며칠을 더 버티던 나는 차 의장의 성화에 못 이겨 휴일을 기해 동행길에 나서고 말았다.

완도읍에서 뱃길로 40여 분이 지나자 천 의원의 모친이 계시는 ○○섬에 닿았다. 그분의 동생은 소규모로 전복 양식업을 하고 있었고 조그마한 오두막에는 100세의 모친이 생사를 오가는 기로에 놓여 있어 사람을 알아보지도 못하는 상태였다. 나는 차 의장과 곧바로 그의 동생이 가리키는 뒷산에 올랐다. 뒷산 길로 가는 길옆에는 천 의원 부친 산소가 있었다. 잠시 주위를 관찰한 나는 이곳은 수맥이 지나는 곳으로서 흉지가 분명하다는 결론을 얻었다.

"이 묘소는 흉지로서 수렴(水廉: 무덤에 물이 들어 있는 상태)이 있고 절손지지(絕孫之地: 자손이 끊어지는 땅)입니다. 모친의 신후지지(묘터를 높여서 부르는 옛말)가 정해지게 되면 이 묘도 이장하도록 하십시오."

내가 무덤 속에 물이 드나든다는 말을 하자 차 의장과 천 의원의 동생은 고개를 가로저으며 의아해 하는 표정이었다.

"천 위원장님은 딸 둘밖에 없으니 절손이라는 말도 틀린 말은 아니구만요."

차 의장이 내게 귀띔하는 말이다. 육지처럼 넓은 곳에서 길지를 찾는다면 그런대로 쉬울지 모르나 한정된 섬마을에서 길지를 구한다는 것은 무척 어렵다. 한동안 숲 속을 오가면서 뒷산을 밭으로 개간하다가 묵혀 둔 한 지점을 찾아서 산세를 살폈다. 큰 산이 바다를 맞아 섬과 섬으로써 국세를 이루고 있는 가운데 마치 신령스런 거북이 바다로 들어가는 영구입해형(靈龜入海形)인 길지가 눈에 들어왔다. 나는 그곳에 앉아서 세심히 지형을 확인한 후 모친이 돌아가시게 되면 이곳에 모시되 그 옆에는 새로 이장하게 될 부친의 묘소도 나란히 쌍봉으로 조성할 것을 일러주고는 오후쯤 되어 집으로 돌아왔다.

그 후 일주일가량 지났을 무렵 서울에서 천 위원장이 내려와 주민과 당직자들이 모인 곳에서 국정보고회를 갖는다는 소식을 정보과장을 통하여 보고 받았다. 오전 11시쯤 되었을 때 천 위원장이 나를 찾는다는 연락을 받고 어느 식당으로 그를 찾아 갔을 때 그는 주위에서 함께 따르던 사람들을 물리고 자동차 문을 열고 의자에 기댄 채 나를 기다리고 있었다.

나는 내심 일주일 전 휴가 기간을 통하여 그의 고향에 찾아가 어렵게 모친의 신후지지를 잡아준데 대해 감사한 나머지 차 한잔이라도 권하면서 고맙다는 말이라도 할 줄로만 알고 있었다.

"며칠 전 우리 동네 다녀갔다고 하던데 동네 풍수에게 그 터를 보여 보니 거북의 머리라서 힘이 없다고 하면서 거북은 원래 등에다 묘를 써야 세파를 헤치고 나가는 힘이 있다고 하니 한 번 더 섬에 건너가서 살펴 봐 주시오."

처음 만난 경찰서장에게 명령을 하는 듯한 그의 표정과 말투가 불쾌하기 그지없었다.

"그럼 지방풍수를 데려다 터를 정하시면 될게 아닙니까?"

나는 퉁명스럽게 대답하였다.

"한 번 더 봐달라는 뜻이잖소?"

그는 누가 들을까봐 내게 조용한 말로 명령하는 것이었다.

"알겠습니다."

그 말을 들은 나는 더 이상 대꾸하지 않고 곧바로 사무실에 돌아왔다. 내가 기분이 좋지 않아 하는 것을 알고 있었는지 잠시 후 부위원장이라는 사람과 차 의장이 내게 찾아왔다.

"위원장님이 무슨 말씀을 하셨다면서요?"

"묘지 터를 한 번 더 봐달라는 말씀이었는데, 나보다 더 잘 아는 사람이 있으면 그 사람에게 부탁하실 일이지……."

나는 퉁명스럽게 말했다.

"오해하지 마시고 정성껏 한 번 더 봐주시지요."

부위원장이라는 사람은 이 고장 출신으로 친화력이 있고 경찰업무도 잘 도와준다고 정보과장에게 항상 들어왔던 터였다.

"그럼 다음 주 일요일에는 아예 중기와 함께 석관까지 준비하라하시오."

나는 내친김에 미리 가묘라도 조성해 둘 심산으로 준비할 장비들을 자세히 일러주었다. 나는 그의 측근을 통하여 그의 출생일시에 따른 사주명식(命式)을 풀어보았다. 그는 전형적인 무골(武骨)의 명(命)으로 지금 최고의 전성기를 맞고 있으나 앞으로 3년이 지나면 길운이 쇠운으로 흘러갈 것이다. 그때가 되면 자신의 운세는 생각하지도 않고 부모 산소 운운하며 내게 불평할지 모른다. 그러나 어찌할 것인가!

며칠 후 나는 완도에 다시 찾아가 지방풍수가 말했다는 소위 거북등에 해당하는 지점을 살펴보았으나 그 산은 거북등도 아니었으며 산이 거대한 수살(水殺)을 이기지 못하는 흉지 중의 흉지임을 확인하게 되었다. 풍수학에서는 섬이나 바닷가에서 혈을 맺을 때는 내룡(흘러내려오는 산맥)이나 작은 섬들로 구성된 바위들이 그 앞을 삼태기 모양으로 둘러쳐 감싸고 안으면서 거센 파도의 물살을 어느 정도 제어하여야 하나 그렇지 못한다면 흉살이 되어서 불리한데 그곳은 혈도 아니었고 약 30센치쯤 파게 되면 땅속에 거대한 암반이 널려 있는 흉지일 뿐이었다. 대지(大地)를 얻게 되는 것도 그 사람의 복이라 했으니 그 사람의 복이 거기에 머문다면 그것을 받아들여야 하는 것 아닌가? 나는 당초에 정하였던 곳에 광중을 파게하고 석관을 묻은 다음 모친이 돌아가신다 해도 내가 이곳에 다시 오지 않아도 될 만큼 오후 늦게까지 사전작업을 모두 마쳤다. 그러고 나서 일주일이 지나자 사경을 헤매던 100세의 천 위원장 노모께서 돌아가셨다. 나는 하관일시까지 알려주었고 장례식은 차질 없이 진행되었으며 부친의 묘소를 발굴했을 때 관속에는 물이 차 있었다는 말도 휴대폰을 통하여 확인하였다.

"완도의 ○○ 섬이 생기고 나서 이렇게 많은 조문객이 모이기는 처음이랍니다."

장례가 끝났을 무렵 정보과장과 나는 사무실에 앉아 당시 장례식에서 오갔던 여러 말들을 주고받으며 한동안 이야기를 나누었다.

"현장에 내가 있었더라면 언론에서 크게 꼬집었을 테지……."

"그럼요. 현직 경찰서장이 직장을 이탈해서 실세의원 부모의 묘 터를 잡아 주었다고 크게 보도 했을 겁니다."

나는 1년간의 임기를 무사히 마치고 그 고장을 떠났다. 그동안 몇 차례 천 위원장을 공식적으로 만난 적은 있지만 묘 터를 정해준데 대한 대가는 물론이고 수년이 지난 지금까지도 그로부터 고맙다는 감사의 전화 한 통 받은 적이 없다. 원래 정치인은 따뜻한 가슴이 없는 것일까? 잘되면 자기 공이요, 못되면 조상 탓이라 하는 세태라지만 나는 그래도 내 양심껏 마련해준 길지에 천 씨의 부모가 영면하기 만을 진심으로 바라고 있는 것이다.

내가 정해준 어느 풍수사의 유택

"과장님 이번 휴가 때는 저와 함께 전주에 좀 내려가시죠?"

오래 동안 고미술협회장을 지낸 바 있는 김 회장의 전화다. 그는 풍수를 신봉하는자로서 나와 인연이 닿은 것은 10여 년 전 내가 서울 관악경찰서 수사과장으로 근무할 때 청소년 선도위원장에 취임하면서 부터이다. 그는 선도위원장으로서 경찰서에서 선발한 불우청소년에게 많은 장학금을 기부하는 등 경찰업무에 무척 협조적이었다. 그때 나는 스승님으로부터 물려받은 풍수관련 서적중 500여 년 전에 필사한 도선국사의 '도선결'을 현대인이 알기 쉽게 해설한 『요해 도선비기』를 처음 출간하여 그에게 선물한 적이 있었고 그는 평소 존경해 온 모 사찰 주지스님께 그 책을 다시 선물로 드렸다고 했다. 그리고 나서 약 한 달 후에 그 스님을 다시 만났더니 그 책을 보신 주지스님께서 "도선국사의 정통 풍수 내용을 해설한 아주 귀한 책이며, 이 정도 수준이라면 풍수학에서 고수급에 해당 되시는 분이다." 라는 말을 들었다면서 추가로 약 100여 권을 사서 신년 초 평소 잘 아는 거래처 사람들에게 협회 달력과 함께 그 책을 끼워서 선물하기도 하였던 그런 인연이었다.

　그는 효성이 지극하기로 소문난 자로서 나를 만날 때 마다 90이 넘으신 어머님과 일찍 돌아가신 아버님 산소를 길지에 다 모시는 것을 늘 소원으로 여겨왔는데 이제 풍수의 대가를 만났으니 묘 터에 대한 걱정 안해도 될 것 같다면서 내가 시간이 날 때면 나와 같이 그의 고향인 남원에 여러 번 다녀오기도 하였다.

　"이번 휴가 때는 전주로 가신다구요?"

　나는 퉁명스럽게 대답하였다. 사실 나는 휴가 때 가족과 함께 여행하는 일이 거의 없어 가족보기 항상 미안하여 이번 휴가 때는 가족과 함께 먼 곳에라도 다녀올까 하는 생각 중에 그의 전화가 온 것이다.

　"내가 이 과장님께 확인시킬 장소를 미리 정해두었으니 하루만 시간 좀 내주시면 당일자로 모시겠습니다."

　"그럼 그렇게 하시죠."

　나는 당일로 전주에 갔다 온다는 말에 남은 휴가를 가족과 함께 보낼 수 있으리라는 생각으로 쉽게 대답하고 말았다.

　이튿날 새벽 나는 그의 승용차로 출발하여 전주에 닿으니 시간은 오전 11시쯤 되었는데 도착지에는 70대 중반의 한 노인이 먼저 나와 김 회장을 기다리고 있었다. 기다리던 그 노인과 함께 승차하고는 그 노인이 안내하는 곳으로 갔는데 그 곳은 전주 야외에 있는 어느 야산 도로 옆이었다. 함께 간 그 노인은 차에 내리자마자 김 회장에게 산세를 설명하기 바빴다.

　"이 땅은 풍수형국으로 금계포란형 명당인데 자손이 크게 번창하여 귀히 되는 곳으로 구하기 매우 어려운 길지입니다."

　노인은 풍수이론을 깊이 알지 못하는 김 회장에게 금계포란형 운운하며 설득하더니 가족묘지터로 고가에 매입하라는 것이다.

　"아, 예 그렇군요."

　김 회장은 나를 쳐다보며 그에게 어떤 땅인지를 질문해보라는 눈치였다.

　"어르신 죄송하지만 몇 가지 물어보겠습니다."

　내가 노인 앞을 가로막고 나서자 노인은 언짢은 표정을 지었다.

　"댁은 뉘신데……."

　"예, 저도 땅을 좀 볼 줄 아는 사람입니다. 금닭이 알을 품은 형국이라 하셨는데 어찌하여 금닭이며 알은 어느 것을 두고 하시는 말씀이신지?"

　내가 구체적으로 묻자 노인은 그만 입을 다물고 대답을 하지 않았다. 산세를 살펴보니 풍수의 핵심요체인 용(龍), 혈(穴), 사(砂), 수(水)가 풍수학에 전혀 합당하지 않았고 그저 야산 한 모퉁이에 버려져 있는 쓸모없는 땅에 불과했다. 나는 김 회장을 한쪽으로 불러 길지가 아니라고 일러주었다.

　"여기는 일단 접어두고 다른 곳으로 한번 가봅시다. 제가 차로 모실 테니 어른께서는 뒷좌석에 함께 타시죠."

　김 회장이 승용차 앞좌석에 타자 나와 그 노인은 뒷좌석에 함께 승차 하게 되었다.

　"참, 인사하시죠. 이쪽은 저와 친한 이 사장이고 이 어른은 전주에서 오행풍수로 유명한 ○○노인이지요."

　김 회장은 그 어른에게 나를 이 사장이라고 소개하였다.

　"어르신 너무 무뢰한 것 같아 죄송합니다."

“젊은 사람 풍수에 대해 뭐 좀 아시오?”

그 노인은 내게 풍수에 대해 뭐 좀 아느냐고 물었다.

“예, 잘은 모르나 한 30여 년 동안 공부는 좀 했습니다.”

“30년 했으면 공부 많이 했구만.”

내가 30여 년 간 풍수공부를 했다고 대답하자 노인은 더 이상 내게 묻지 않았다.

“그 땅이 얼마에 나왔습니까?”

김 회장은 금계포란형이라던 아까 그 땅이 얼마에 나온 매물인지 물었다.

“평수가 한 800평쯤 되는데 묘 터로 쓰면 좋다니까 2억은 받아야 한다는 구만.”

“예? 2억 원씩이나요?”

“터만 좋다면 2억은 그리 큰돈이 아니지.”

노인은 그 땅이 아직도 길지라고 생각하는 모양이었다. 점심때가 되어 어느 식당에 들러 간단한 식사를 한 후 다시 출발하였는데 이번에 도착한 곳은 전북 임실에 있는 어느 야산이었다. 이곳도 그 노인은 길지라고 하여 김 회장에게 미리 소개 했던 곳이다.

“이 산은 ‘장사축와형’이라는 길지인데 국세가 완만하고 오행상 나무랄데 없으니 자손창성하고 부귀쌍전하는 땅이라네.”

노인은 김 회장을 데리고 앞서가면서 또 다시 장황한 설명을 하기 시작한다. 나는 아무리 보아도 장사축와형이 아니었음을 확인하였고, 좌우선 용맥, 혈장, 주위를 감싸는 각종 산들과 흐르는 물길 등에 의한 12포태법, 9성법, 구천변화식 등 풍수에 있어 길흉을 분석하는 제반 법칙을 총동원해서 아무리 길지라고 믿으려 해도 길지가 아닌 것이 분명했다. 장사축와형이란, 긴 뱀이 개구리를 좇아 막 삼키려고 하는 절체절명의 모습으로서 산맥이 길면서 구불구불하게 생겼고 그 앞에는 작은 산이나 암석 등이 개구리의 모습을 하고 있는 사(砂)가 있어야 하는 것이 특징이다.

앞에 가던 김회장이 뒤에 따라오던 나를 돌아보며 묻는다.

"이 사장, 이 산 좋아 보여요?"

"……."

나는 고개를 가로저었다.

"어르신 이 산이 어찌하여 장사축와형의 산이라 하는지요?"

"이 마을 이름이 장사골이지요."

"마을은 한참 아래에 있고 이 지점과는 무관한데요?"

"국세가 이렇게 합당하니 어찌 길지가 아니겠소?"

"그럼 무슨 국세인데요?"

"금국(金局) 아니요."

"금국이라면 파구(破口)가 계축(癸丑), 간인(艮寅), 갑묘(甲卯)방위에 있어야 하는데 파구가 경유(庚酉) 방위로 되어 있으니 목국계룡(木局癸龍)이 아닙니까?"

나는 오행풍수의 도사라고 하는 그 노인에게 12포태법에 대한 구체적인 이론을 적시하며 되묻자 노인은 그만 입을 다물고 말았다.

"회장님, 이곳은 북에서 남으로 산이 내밀고 있어 관대룡(官帶龍)에 해당되어 귀하다고 할지 모르나 계감룡(癸坎龍)에 계축입수(癸丑入首)하거나 좌(坐)로 정하게 되면 '누누이 고충이요, 백장백망(百葬百亡)이라' 하여 패망할 땅이니 아예 생각을 버리시오."

나는 두 사람에게 자세히 내 이론을 설명하자 그 노인은 그만 풀이

죽어 말을 꺼내지 못했다. 우리 일행은 다시 마지막 남원으로 향했다.

"젊은 사람이 풍수에 일찍 눈을 뜨셨나 봅니다."

차 안에서 그 노인이 내게 말을 건넸다.

"별 말씀을요. 아직 공부를 더해야 합니다."

"내가 만나본 풍수들 중 가장 많이 아는 것 같소."

이번에는 그가 칭찬 섞인 말을 하였다.

"내가 아는 스님도 이 사장 수준이면 고수급이라 합디다."

김 회장도 말을 거들었다. 남원에 도착하여 어느 야산을 돌아보았으나 그 역시 길지는 아니었다. 하루 종일 허탕을 치고 전주로 향할 무렵 남원을 지나 큰 산 아래 저수지가 있는 곳에서 잠시 쉬어가자고 하였다. 나는 그 산 밑이 범상치 않은 것 같아 차에서 내려 가까이 가보니 내룡(來龍)과 함께 혈장의 위치가 국세에 합당하였다.

"길지란 이런 곳입니다."

"예? 여기가 길지라구요?"

김 회장은 눈을 번쩍이며 내 뒤를 따라왔다. 노인이 저만치 좇아 왔을 무렵 나는 노인에게 이런 곳이 길지임을 자세히 설명하였다. 좌우선 내룡의 방위와 물길이 모여서 구곡수를 이루며 들어오고 나아가는 방위, 그리고 혈장의 위치 등을 일일이 알려주자 그 노인은 고개를 끄덕였다.

"이 땅 임자가 누군지 아십니까?"

김 회장이 노인에게 물었다.

"이 땅은 우리 문중의 땅이라네, 팔지는 않을 걸세."

그 노인은 갑자기 자기 문중의 땅이라고 주장하면서 팔지 않을 것이라 하였다. 그날은 그 터를 찾은 다음 그 노인을 댁에다 모셔다 드리고 김 회장과 나는 고속버스를 이용해 서울로 돌아왔다.

　그 후 2년이 지났을 무렵 나는 김 회장과 같이 다시 그곳을 지나갈 일이 생겨서 잠시 그곳에 갔을 때 새로 단장한 무덤이 있어 누구의 묘소인지 물어 보았더니 2년 전 나와 같이 이곳에 함께 왔던 오행풍수의 대가라는 그 노인 부모의 묘지였다. 그 노인은 돌아가시기 전 그 땅을 고가로 매입하여 이곳에다 가족묘역을 조성하고 그 주변 좌우에 세 아들의 묘 터까지 미리 지정해두었으나 정작 자신은 다른 곳에 묻혔다는 것이어서 나는 더 이상 개의치 않고 보던 일을 끝내고 돌아왔다.

　그 후 7년쯤 지났을 무렵 김회장은 그 노인이 묻혀 있는 묘소에 한번 가보자고 했다. 약속한 날 나는 그 노인의 둘째 아들과 같이 전주에 내려가서 지세를 자세히 살펴보니 산은 정남향인 자좌오향(子坐午向)이었으나 골짜기를 감싸고 흘러나가는 물, 즉 풍수 용어상의 파구는 오른쪽에서 왼쪽으로 돌아나가는 우선형국(右旋形局)인데 이 묘소의 방위는 좌선(左旋)에 맞추어 있었으니 좌우선(左右旋)이 혼잡된 상태였다.

　"좌선과 우선이 풍수법칙에 위반되고 무덤 속에 건수(乾水)가 드나들어 시신이 검게 타 있을 것이니 조부모님을 이장한 그 장소로 옮기시지요?"

　나는 둘째 아들에게 신중히 한마디를 하였다.

　"그러시다면 형제들과 상의해서 이장을 해야지요."

　얼마 후 둘째 아들은 여러 형제들과 상의해서 이장을 하겠다는 연락을 내게 해 왔고 내가 정해준 이장일이 되자 나는 아들 3형제와 같이 남원으로 내려갔다. 사실 그 무덤을 발굴했을 때 내가 미리 말한 그대로 시신이 새까맣게 변해 있었을 뿐만 아니라 지표면을 흐르는

건수가 무덤 속으로 드나드는 현실을 자식들의 눈을 통해 확인한 후
앞서 말한 대로 그의 부모가 잠자고 있는 그 밑자리에 그의 내외가 함
께 묻히게 되었다.

군포시는 봉황포란형 길지

(이 글은 필자가 군포경찰서장 시절 '군포시민을 위한 큰 시민 소식지'에 투고했던 내용이다.)

군포시는 청동기시대인 B.C 10세기부터 이 땅의 조상들이 촌락을 이루며 살아왔다는 것을 부곡리와 산저리에 있는 고인돌 군을 통하여 확실히 알 수가 있다. 문헌에 의하면 고구려 장수왕 63년인 475년에는 산본동, 당동, 금정동, 부곡동, 당정동 지역이 율목군(栗木郡)에 편입되었고 대야미동, 도마교동, 둔대동, 속달동 지역은 한산군(漢山郡)에 편입되었으며, 신라 진흥왕 때에는 수리산 중턱에 수리사(修理寺)가 창건되었다.

그 후 고려시대와 조선시대를 거치면서 과천군과 시흥군에 편입되었다가 1988년 12월 16일 '군포 시 승격안'이 국회를 통과하자 이듬해인 1989년 1월 1일을 기하여 군포시로 승격된 후 오늘에 이르기까지 급속도로 성장과 발전을 거듭하여 현재 군포시는 인구 28만을 자랑하는 아름다운 전원도시로 발돋움하고 있다.

특히, 통신시설을 모두 지하로 매설하였을 뿐만 아니라 아파트 단지는 지표면을 훼손하지 않고 자연 그대로 이용한 친환경적인 도시의 특징을 잘 살리고 있어 시가지 뒤로 펼쳐진 수리산의 수려한 경관과 잘 어울리는 도시이다. 병풍처럼 펼쳐진 수리산맥 한가운데는 슬기봉, 태을봉(太乙峰), 관모봉(冠帽峰) 등이 특출하여 그 빼어난 기상(氣像)은 보는 이로 하여금 감탄을 자아내게 한다.

군포시가(軍浦市歌) 중에는 '한 방울 이슬에도 수리산의 맑은 정기(精氣) 돌부리 하나에도 역사의 깊은 숨결'이라는 구절이 있다.

예부터 '인걸(人傑)은 지령(地靈)'이라 하여 걸출한 인물은 영검 있는 땅에서 태어난다고 하였다. 해발 489.2m인 태을봉(太乙峰)은 426.2m인 관모봉(冠帽峰)과 함께 시가지 북서쪽 건방(乾方)에 우뚝 솟아 있고 431.6m인 슬기봉은 수리산과 함께 시가지 서쪽 태방(兌方)에 한 쌍으로 높이 솟아 있어 신령(神靈)스럽기 그지없다.

후천방위로 북서쪽인 건방(乾方)은 주역괘에서 하늘을 상징하는 아버지(父)의 자리인데 이 방위가 허(虛)하거나 부실하게 되면 계절적으로 겨울철에 북서풍이 몰아쳐 기온에도 큰 변화를 주기 때문에 풍수학에서는 이를 '살풍(殺風)'이라 하여 금기시 한다.

군포시 북서쪽은 높은 산으로 잘 감싸고 있어 겨울철 기온 또한 따뜻하다. '태을봉(太乙峰)'의 태을(太乙)이라는 말의 유래는 중국 고대사상에서 '만물의 출원과 근원을 이르는 말'이라 하였으며, '사기(史記)'의 '봉선서(封禪書)' 또는 '천관서(天官書)'라는 글에 의하면 '태을은 천신(天神)의 가장 거룩한 것의 이름' 또는 '자미궁(紫微宮)'이라 하였을 뿐만 아니라 '북극성(北極星)'을 태을이라 이름 하였다는 기록을 보더라도 건방(乾方)에 정 위치해 있는 태을봉은 길상스런 봉우리임이 분명하다. 산봉우리의 끝 모양이 붓끝처럼 뾰족하게 생겼기에 풍수학에서는 이를 문필봉(文筆峰)이라고도 부른다.

'관모봉(冠帽峰)'은 산모양이 고위 관리가 쓰는 모자처럼 생겼다 하여 붙여진 이름인데 안양 시가지에서 바라보면 마치 관모처럼 보인다. 그러나 군포시민들은 관모가 아닌 '천을봉(天乙峰)'으로 불러야 옳을 것 같다. 왜냐하면 천을(天乙)이란 태을(太乙)과 함께 한 쌍의 자웅을 이루는 길상의 별인데 실지 태을봉 옆에 나란히 솟아 있고 풍수학에서도 천을봉과 태을봉이 한 쌍이 되어 나란히 솟아 있는 모습을 무척 귀하게 여긴다. '슬기봉'은 탐랑목성(貪狼木星)에 속하는 존귀한 별의 이름이다. 탐랑(貪狼)이란 학문(學文)과 문예(文藝)를 주관하는 오행상의 목(木)으로서 산천의 모습이 마치 곡식을 찧을 때 사용하는 절구처럼 끝이 둥글게 생겼다. 진안 마이산이나 청와대 뒷산인 북악산의 모습이 목성형이라면 아마도 이해하기 쉬울 것이다.

이러한 산봉우리들이 풍수방위학(風水方位學)상 3길(三吉)에 해당하는 해(亥), 경(庚), 진(震) 방위와 6수(六秀)에 해당하는 간(艮), 병(丙), 손(巽), 신(辛), 태(兌), 정(丁) 방위에 있으면 '귀(貴)하기가 그지없다.'고 하는데, 태을봉은 건해(乾亥: 북서쪽)의 해방위(亥方位)에 있고, 슬기봉은 경유(庚酉)의 경방(庚方)에 있으며, 정동쪽인 진방(震方)에는 백운산(白雲山)이 조응(照應)하고 있어 3길(三吉)을 모두 갖추었으며, 간방(艮方: 북동쪽)에는 모락산, 손방(巽方: 동남쪽)에는 오봉산, 태방(兌方: 서쪽)에는 수리산이 잘 감싸고 있어 물형론(物形論: 산 전체의 모습을 동식물의 모습에 비유하는 풍수술법 중의 하나)에 비유하면 군포시청이 있는 레포츠공원과 능내공원 등은 봉황의 알에 해당되어 마치 천상의 길상스런 새가 알을 품고 있는 모습과도 같다 하여 봉황포란형(鳳凰抱卵形)이라 부른다. 풍수학에서는 물을 수신(水神)이라 하여 양(陽)으로 보고 산을 음(陰)으

태을봉과 관모봉이
배산인
군포시가지 전경

로 보기에 물길의 흐르는 방위가 매우 중요하다.

명당국세(明堂局勢: 가장 핵심이 되는 지점을 산천이 각 방위 감싸고 있는 형국)를 중심으로 물이 들어오는 득수(得水)와 빠져 나가는 파수(破水)로 구분하게 되는데 득수는 반드시 길 방위(吉方位)에서 들어와야 하고 흉 방위로 빠져 나가야 길하다는 것이 길흉화복(吉凶禍福)을 판단하는 핵심요체다. 이 고장의 경우 안양천의 발원이 되는 두 갈래의 물줄기가 모여 시내를 가로질러 안양 방면으로 역류하고 있으니 왕곡동 골짜기인 동남 손방(巽方)에서 고천동을 거쳐 들어오는 물길과 폐기물처리장 골짜기에서 둔전공원을 거쳐 시내로 들어오는 서쪽 태방(兌方)의 물길이 득수(得水)가 되어 시내로 가로질러 안양 호계대교가 있는 감계방위(坎癸方位)로 빠져나가고 있음을 알 수 있다.

풍수이기법(風水理氣法: 음양오행이론으로 풍수의 길흉을 판단하는 방법)상의 12포태법(十二胞胎法: 사람이 태어나서 한평생을 살다가 땅에 묻히기까지의 순환과정을 12가지 길흉으로 분류하는 풍수비술의 하나)으로 보면 명당판이 금국정룡(金局丁龍: 물길이 계축·간인·갑묘 방위로 빠져나갈 경우 오행상 금(金)의 국세로 보고 각 방위에서 들어오는 산머리의 길흉을 구체적으로 판단하는 풍수술법 중의 하나)에 해당된다. 전문가가 아니면 금국정룡이 무엇인지 알기 어려우므로 일반인의 이해를 돕기 위하여 금국정룡의 풍수국세에 대한 일화 한 가지를 소개하고자 한다.

이태조가 한양에 도읍을 정할 무렵 무학대사가 풍수국세를 살피다가 한양 내 명당수(지금의 청계천)가 동쪽인 갑묘방위(甲卯方位)로 빠져나가 한강과 합류하는 것을 보고 한양의 명당국세가 금국(金局)이니 궁궐을 지을 때 배산(背山)을 인왕산으로 하고 북악산을 좌청룡, 남산을 우백호로 삼아 동향판으로 궁궐을 정해야 한다고 주장하였다. 그러자 당시 실력자인 정도전 등은 조선의 국시로 유교를 숭상하고 불교를 배척하는 숭유배불정책(崇儒排佛政策)을 표방하고 있던 터라 불교 지도자의 의도를 꺾고자 "중국 어디를 보아도 제왕은 모두 남향에 위치하고 있을 뿐 동향이란 당치 않다."라는 취지로 반대하여 결국은 현 경복궁 터로 궁궐을 정하게 되었다. 무학대사가 탄식하면서 "그렇게 되면 왕통을 방계(傍系)에서 잇게 될 것이며 150년 이내 나라에 큰 혼란이 있게 되고 수운(水運)에 해당되는 자년(子年)과 진년(辰年)에는 큰 병화가 닥칠 것."을 경고하였다고 한다. 과연 무학대사의 말대로 태종 때는 왕자의 난이 있었고 이조 28명의 왕 중 대부분 방계에서 왕위를 계승하였을 뿐만 아니라 병자호란과 임진왜란과 같은 큰 난리를 겪게 되었다는 풍수학자들이 주장한다.

풍수이기법상 금국(金局)의 내용을 보면 경유방(庚酉方)은 장생(長生), 손사방(巽巳方)은 제왕(帝旺), 정미방(丁未方)은 관대(冠帶), 병오방(丙午方)은 임관(任官)에 해당되는 길 방위이니 배산(背山)을 정할 때는 이 방위를 선택해야 길하다는 이론인데 인왕산은 경유방(庚酉方)에 있는 장생(長生)으로서 장구한 발전을 기약할 수 있는 방위이지만 경복궁이 서 있는 곳은 절방(絕方)이어서 흉하다고 하는 것이다. 방계혈족에서 왕위를 계승하게 된 것은 장손을 주관하는 좌청룡(左靑龍)인 낙산이 극히 허약한데 비하여 방계쪽을 주관하는 우백호(右白虎)가 인왕산으로서 청룡에 비하여 3배 이상 드높아 좌우 균형이 맞지 않기 때문에 산 하나를 더 만드는 풍수비보를 하고자 동대문 현판을 흥인지문(興仁之門)으로 하여 갈지(之)자를 함께 썼다고 풀이한다.

서울의 지명과 관련하여 또 하나의 재미나는 일화가 있다. 개국 초 서울의 성곽을 어디까지 축성할 것인가를 놓고 중신들 간에 갑론을박을 하고 있었다. 무학대사는 인왕산 암벽에 큰 불상이 있어 이를 도성 안에 포함시키기 위하여 인왕산을 포함한 외곽까지 넓혀서 축성할 것을 주장하며 논쟁을 벌였으나 정도전 등의 반대로 쉽게 결론이 나지 않았다. 그러던 중 한성에는 밤새 눈이 내려 장안에 온통 하얗게 쌓였는데 아침 해가 뜨자 양지바른 곳은 눈이 모두 녹게 되었다. 왕은 신하들에게 명하기를 "지금 장안에는 눈이 모두 녹았는데 외곽에는 아직도 흰 눈이 가득하니 성곽을 쌓을 때 눈이 쌓인 곳을 울타리로 정하라"고 명하니 모두가 그에 따랐다. 그 후 눈 '설(雪)'자와 울타리라는 뜻의 '울'자로 하여 '설울'이라 불렸는데 세월이 지나는 동안 발음이 '서울'로 변하여 오늘날의 서울이 되었다고 전해진다.

이 고장의 풍수형국에 대해 도선비기(道詵秘記)에 의한 특수비법으로 길흉 판단을 해보기로 하자. 후천방위(後天方位: 현재 우리가 사용하고 있는 8괘상의 정방위)를 선천방위수(先天方位數)로 바꾸어 입좌득파(入坐得破: 핵심처인 혈좌를 중심으로 산과 물이 모여드는 4대 요소)해당 방위수

를 합한 다음 8로 나누어서 남은 수를 중궁도(中宮圖: 낙서에 의한 후천 8
방위의 중심이 되는 위치)에 대입하여 다른 방위수가 변화하는 이치에 따
라 산천의 길흉판단을 정하는 것이 도선국사의 풍수비술(特殊風水秘術)
이다. 배산이 되는 내룡은 방겁(妨劫)과 호아(護我)라는 길성인데 반해
파구(破口)는 천강(天罡)이라는 대흉성에 해당되나 흉성으로 파구가 되
었으니 도리어 대길하고, 득수(得水)는 호아(護我)와 복종(僕從)으로서
역시 길격이 된다. 이러한 풍수형국에 사는 사람들은 학문(學文)을 숭
상하고 정의감(正義感)이 강하며 부귀(富貴)를 누리고 남을 도울 줄 아
는 순량한 마을을 갖는다. 그러나 일단 유사시에는 단결심이 남다르
게 강한 편이다. 실지 이 고장은 다른 지방에 비해서 평온하고 안정적
이며 무한한 발전 가능성이 있는 도시에 속하므로 시민들은 자긍심을
가져야 할 것이다.

광교산의 중후한 기상 감도는
'복지(福地)'

(이 글은 '광교신도시개발계획'에 참여하여 풍수적으로 해설한 글이다.)

광교신도시 사업이 경기도, 수원시, 용인시, 그리고 경기도시공사 주관으로 수원시 이의동과 용인시 상현동 일원에서 면적 1128만 2000

㎡(340만평) 규모로 추진되고 있다. 이곳은 예로부터 대명당(大明堂) 터로 알려져 왔으나 여태까지 개발되지 않고 남아 있다는 것이 신기할 정도였다. 이제 이 터에 신도시가 들어선다고 하니 이것이 이 땅의 운명이라는 생각이 들었다.

이제 이 터가 빛을 발할 때가 왔다. 1,150만 경기도민의 행복 추구와 천년의 비전을 제시할 경기도청사가 이곳에 건설되어 그 위용을 갖춤으로써 명실상부한 경기도청 소재지로서 자리매김하게 될 것이다. 풍수학으로 보았을 때 이곳에는 어떤 비밀이 숨겨져 있으며 왜 길지(吉地)라고 하는지, 풍수의 목표인 자연과 인간의 조화는 잘되는 것인지, 지형과 국세 위주로 길흉을 살펴보기로 한다.

1. 신도시의 지형(地形)과 국세(局勢)

신도시(新都市)가 건설되려면 먼저 그 지형에 알맞아야 하고, 해당 국세 또한 합당해야만 한다. 지형(地形)이란 외형적인 개념으로서 그 도시를 둘러싸고 있는 산맥과 물길의 순과 역, 그리고 자연환경 조건들이 판단의 대상이 된다.

이곳의 국세는 내면적인 개념으로 그 도시가 담기게 될 용기(用器)로 보아 그 크기와 역량(力量), 강하거나 약함 등을 판단의 대상으로 삼는다. 인간은 자연환경 요인과 교통, 교육, 문화 등을 포함한 생활환경 요인들이 서로 결합해서 최상의 만족감을 줄 때 비로소 살기 좋은 터전이라고 생각한다.

1) 광교산의 형세(形勢)

광교산은 중후한 토성형(土星形) 산이다. 토성형은 오행의 중심으로서 풍요와 부(富)를 상징한다. 광교산이 토성인 것은 청계산과 백운산 그리고 형제봉으로 이어진 중후한 산등성이가 거의 수평을 이루고 있기 때문이다.

예로부터 광교산 아래 대길지가 있다 하여 권문세가들이 묘 터인 음택지로 탐내던 곳으로서 지금도 이름난 고총들이 산재해 있음을 볼 수 있다. 아울러 수원 화성과 광교신도시는 역사적으로 동일생활권이며 유사점이 많은데, 먼저 모태산 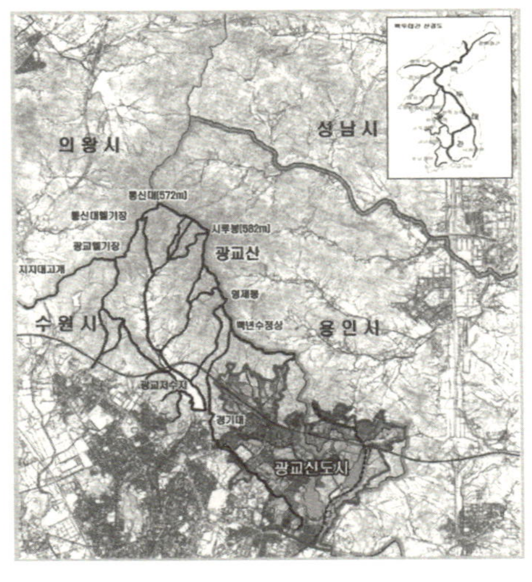(母胎山)이 같다는 점에서 광교신도시 역시 수원의 진산(鎭山)에서 그 기운이 나온다고 볼 수 있다.

광교(光敎)라는 지명은 광교산이 그 시발점이다. 이 산의 원래 이름은 광악산(光岳山)이었으나 서기 928년 고려 태조 왕건이 후백제의 견훤을 정벌하고 돌아오는 길에 이 산 정상에서 이상한 광채가 하늘로 솟아오르는 것을 보고 큰 깨달음을 얻어 '빛의 가르침'을 뜻하는 광교산(光敎山)으로 명명했다고 전해진다. 이는 고려 창업의 새 빛이 이 광교산에서 비롯됐다는 의미이기도 하다.

2) 신도시의 풍수형국(風水形局)

광교산에서 출맥한 형제봉(448m)이 힘 있게 내려오다 그 기세를 멈추면서 두 팔을 벌려 신도시를 껴안은 듯한 모습을 취한다.

우측산맥인 우백호(右白虎)는 광교터널에서 경기대학교 뒷산과 봉녕사 능원을 지나 원천저수지 하구까지 뻗어 있고, 좌측산맥인 좌청룡(左靑龍)은 버들치 고개에서 응봉(鷹峰)과 상현동으로 길게 이어진 능선이 그것이다. 그 사이로 크고 작은 산맥들이 내청룡과 내백호를 형성한 가운데 원천저수지와 신대저수지가 내맥의 기운을 멈추게 하는 주작(朱雀)이 된다.

예로부터 광교산 형제봉 아래 옥녀가 거문고를 타는 옥녀탄금형(玉女彈琴形)의 대길지가 있으니 가로 지른 횡금안(橫琴案)이

옥녀탄금형인 명당용혈도

마치 거문고와 같다고 하였다. 여기서 옥녀란 산봉우리가 둥근 목성 형체의 귀한 산을 말한다. 옥녀탄금형의 소응(昭應)은 풍요와 평온 그리고 풍악과 멋을 상징하며, 백자천손(百子千孫)할 만대영화지지(萬代榮華之地)라고 하였다. 이곳에 건설될 신도시 또한 만대에 걸쳐 태평성가를 부를 귀한 땅임에 틀림없을 것이다.

3) 풍수이기법(風水理氣法)에 의한 분석

풍수이기법에 의거 신도시의 국세를 좀 더 구체적으로 살펴보기로 하자.

방위를 측정하는 그 중심은 내룡입수처(來龍入首處)이고, 먼저 파구처(破口處)를 살핀다. 여기서 '내룡입수처'란 주산맥이 머리를 내밀고 있는 중심지로 심온 선생 묘소에서 우측 지점이고 '파구처'란 골짜기

로 흐르는 물이 최종적으로 빠져나가는 곳을 말한다. 명당수가 빠져
나가는 신도시의 파구처는 비즈니스센터가 건설될 원천저수지 상류
지점이고, 이 방위는 24방위중 동남쪽 손사방향(巽巳方向)이 된다. 파
구가 손사방위에 있으면 목, 화, 금, 수, 4대국(四大局)중 수국신룡(水局
辛龍)이 된다. 각 방위의 왕쇠를 분석할 때 사용하는 십이포태법(十二
胞胎法)으로 길흉을 보았을 때, 장생(長生), 왕(旺), 관대(冠帶), 임관(臨官)
에 해당되는 방위를 선택하면 대길하고 쇠(衰), 절(絶), 사(死), 묘(墓) 방
위에 해당되는 곳을 선택하면 흉하다고 보는데 이곳 신도시는 북쪽
임자방위(壬子方位)가 장생(長生)이고, 남서쪽 곤신방위(坤申方位)가 왕
(旺), 북서쪽 신술방위(辛戌方位)가 관대(冠帶), 서쪽인 경유방위(庚酉方
位)가 임관(臨官)으로 가장 길한 방위가 된다.

북쪽의 내룡인 광교산 형제봉이 장생(長生)이므로 수천 년 동안 장
구한 발전을 기약할 것이며, 도시 배치를 북서쪽 건방(乾方)에서 남동
쪽 손방(巽方)으로 배치한 것 또한 순리를 따르는 가장 이상적인 배치
라고 생각된다. 친환경 주거단지가 있는 북쪽은 장생방위이고, 경기
도청이 건설될 지점은 남서쪽은 왕방위이며, 북서쪽에서 동남향으로
배치된 시가지의 배치 또한 4대 길성인 관대와 임관방위로 둘 다 매우
합당하다. 이러한 조건을 두루 갖춘 광교신도시이기에 수천 년 동안
무궁한 발전을 기약할 수 있는 길상의 복지(福地)라고 하는 근거가 바
로 여기에 있는 것이다.

4) 신도시의 지세(地勢)와 토질(土質)

주택인 양택풍수에서는 북쪽과 북서쪽 또는 서쪽이 높은 땅을 으뜸
으로 친다. 북쪽과 북서쪽의 지대가 높으면 햇볕을 많이 받을 수 있고

흐르는 물이 동쪽이나 남쪽으로 빠져나가는 것을 상격으로 보기 때문이다.

주요 건물 앞에 호수나 저수지가 있는 것은 흐르는 기(氣)를 멈추게하는 것이기에 풍수학에서는 대단히 귀하게 여긴다. 건물 앞에 있는호수나 흐르는 물을 주작수(朱雀水)라 하는데 미국의 백악관이나 주요 건물 주변에 큰 호수가 있는 것도 길상으로 보는 것이다.

토질(土質)은 오행에 따른 색깔로써 길흉을 구분한다. 대체로 오색이 고루 섞여 있는 주황색이나 붉은색 토질을 최상으로 친다. 신도시의 토질 역시 적당한 수분 함유와 함께 윤기가 흐르는 황금빛 색깔이어서 길상(吉祥)인데다 토심(土深) 또한 깊어서 지하암반은 여간해서발견되지 않는 곳이다.

5) 신도시가 맞는 소응(昭應)

이곳 신도시는 북서쪽 건방(乾方)을 뒤로하고, 동남쪽 손방(巽方)을향(向)으로 정하고 있다. 주산(主山)과 경기도청간의 위치는 정북에서정남향 일직선상에 놓이게 되는데 이것을 주역(周易)에서 수화불상사(水火不相射)가 되고, 도심 배치에서 보면 건방(乾方)에서 곤방(坤方)이되어 천지정위(天地正位)인 길상이 된다.

건방(乾方)은 아버지의 지위로서 권위와 위엄 그리고 하늘을 상징하는 방위이고, 도시의 앞쪽인 손향(巽向)인 장녀(長女)의 지위이니 여성적인 순응을 상징하므로 '권위와 순응'이 함축된 의미를 담고 있다.

6) 호수와 도로망

풍수학에서 "산은 음(陰)으로서 동(動)함을 좋아하고 물은 양(陽)이라 멈춤을 좋아한다."고 하였다. 산맥이 뻗어 내릴 때 그 기운을 멈추게 하는 것은 물이다. 그러나 이곳은 서울의 한강처럼 주맥에서 내룡을 가로지르는 큰 강이 없다. 주산에서 남쪽으로 바라보았을 때 오른쪽 골짜기에는 광교저수지가 있고, 왼쪽에는 신대저수지와 원천저수지가 있어 신도시 주민들이 이용할 생명수(生命水)가 된다.

신대저수지와 원천저수지의 수량이 갈수기에 부족해질까 우려했으나, 필요할 경우 한강 상류 팔당호의 광역상수도 원수를 공급받을 수 있도록 계획하고 있다고 하니 걱정이 없어 보인다.

도로망은 양택풍수에서 물과 같이 해석하기도 한다. 도심의 도로망과 주택 배치는 일상생활과 밀접한 관련이 있고 모든 신도시 계획에서 도로망이 선행되지 않으면 안 된다. 광교신도시는 북수원에서 도심 상부로 가로지르는 기존 영동고속도로와 도심 북쪽에서 남동쪽을 가로지르는 용인~서울 간 고속도로를 주축으로 도심 위쪽에 인터체인지가 계획되어 있다. 신분당선 연장 지하철도 계획되어 있으며, 도심 중심과 외곽으로 크고 작은 도로망이 거미줄처럼 연결돼 사통팔달로 원활한 소통을 계획하고 있다. 다만 도로의 소통을 위해 산천의 주요 혈맥을 손상하는 일은 풍수에서 금기시하고 있으므로 이점을 고려해야 할 것이다. 광교신도시에서는 에코브리지, 지하도로, 보도교 등 녹교(Green bridge)를 설치해 혈맥의 손상을 최소화하였다 하니 참으로 다행이다.

2.주요지점의 풍수적 고찰(考察)

주요 공공기관인 경기도청사, 법원, 검찰청, 비즈니스파크, 나노팹센터, 파워센터, 친환경주거단지 등이 건설될 주요 지점을 건물 풍수학에 입각하여 차례로 살펴보기로 한다.

1) 경기도청사 주변

경기도청사가 건설될 지점은 이의동 184번지가 중심이 된 '청4'로, 옛 지명은 '작은 안골' 이다. 이곳의 자세는 광교산 우측 낙맥이 경기대와 봉녕사 뒷산을 거쳐 우만동 뒷산과 연천 등을 지나 원천저수지 끝 부분으로 이어져 있고, 엣 방죽골과 혜령골 뒷산으로 이어진 연맥(軟脈) 중심 지점에 건설된다.

매봉에서 남쪽으로 길게 뻗은 청룡의 끝자락은 백호와 마주하면서 원천저수지를 두 손으로 받쳐 들고 있는 듯한모습인데, 경기도청사 앞에서 원천저수지 사이를 광장으로 조성해 조화와 균형을 갖췄다. 풍수 이기법에서 발음이 가장 빠르고 기운이 가장 왕성한 왕룡(旺龍)에 경기도청사가 건설된다는 것은 매우 특기할 만한 일이며, 좌측 주위를 흐르고 있는 물길 또한 조화롭다. 청사건물의 배치는 북서쪽 건방에서 동남향인 손방으로 배치하는 것이 가장 길상이다. 건물의 방위가 손사향일 경우 앞에 보이는 원천저수지는 탐랑(貪狼)인 생기(生氣)와 무곡(武曲)인 연년(延年)이 함께한 대길격으로서 수천 년 동안 발복을 기약할 수 있는 길상이 된다.

그렇지만 정남향으로 건물을 배치하게 되면 원천저수지는 파군(破軍)인 절명(絕命)이 되어 사람이 죽거나 돌발사태가 발생하여 곤경에 빠지는 등 매우 흉하게 된다. 동남쪽인 손사향으로 건물이 배치하면 출입문은 동남향, 남향, 동향, 북향이 길하고 기타 방위는 흉하므로 이 점을 고려해야 한다.

2) 법원·검찰청 주변

법원·검찰청이 위치한 곳은 옛 지명이 '진고개들'로 '청6'으로 표시된 곳이다. 이곳은 북서쪽 버들치 고개에서 이어온 내맥의 끝 지점이다. 북쪽에 매봉이 매섭게 내려다보고 있는 형국의 산자락에 공교롭게도 범법자를 단죄하는 법원·검찰청이 이전된다는 것 또한 특기할 만하다. 우측에는 진고개 능선이 있고 신대저수지를 중심으로 펼쳐지는 명당으로서 청사의 방위를 동남향인 손사향으로 배치하면 최상의 길격이 되지만 정남향으로 정하면 절명(絕命)인 파군(破軍)이 되어 불길하다. 출입문의 길 방위는 동향, 동남향, 남향, 북향이 된다.

3) 비즈니스 파크 주변

비즈니스 파크는 정북쪽에 118.5m인 봉우리가 치솟아 있고, 원천저수지 상류에서 명당수가 하구로 들어오는 곳이다. 풍수에서는 물을 재물로 본다. 5대 재벌 총수들이 서울 한남동에 밀집해 살고 있는 것도 한강물이 흐르는 이곳이 재물이 모여드는 곳임을 풍수적으로 설명할 수가 있다.

건물의 위치는 남서쪽인 곤향(坤向)이니 출입문을 동쪽인 을향(乙向)으로 정해야 길하다. 이럴 경우 정남향에 있는 원천

저수지는 탐랑인 생기가 되고, 동방에 있는 신대저수지는 무곡인 연년(延年)이 되어 대길하다. 건술방에서 들어오는 하천수 역시 탐랑수와 거문수가 되어 크게 발복하게 될 것이다.

4) 나노팹센터 주변

이곳은 봉녕사가 있는 좌우능선이 모였다가 다시 좌우로 갈라져 나가는 중심지로 경기도청으로 이어지는 중심혈맥에 위치하고 있다. 건물의 배치를 경기 도청과 같이 정하고, 출입문은 동향, 동남향, 남향, 북향이 길하다. 그러나 이곳을 지하로 깊게 파서 도청으로 이어지는 혈맥을 손상하면 도청이 불길하게 되므로 주의를 요한다.

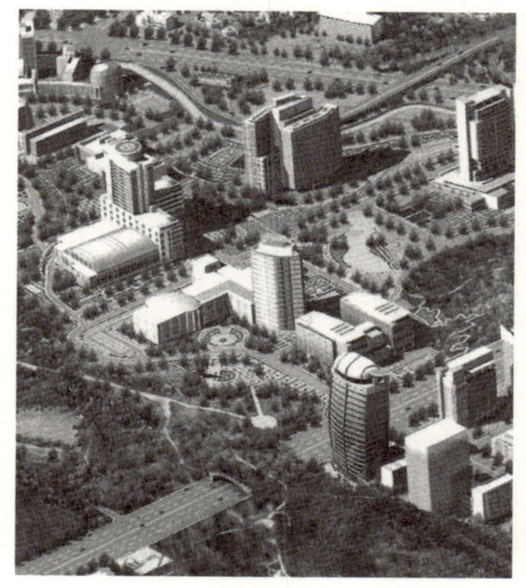

5) 에콘힐(파워센터) 주변

이곳은 경기도청 우측으로 이어진 백호 등의 끝부분에 위치하고 있

다. 연맥의 끝에서 과일이 열리듯 원천저수지와 적절한 조호를 이룬다면 상생의 기운으로 대길할 것이다. 건물의 배치는 정남향인 오향(午向)이나 북서향인 건향(乾向), 또는 동향인 갑향(甲向)이 이상적이다. 건물이 정남향일 경우 출입문은 남향, 북향, 동향, 동남향이 길하다.

6) 친환경 주거단지

옛 지명은 '쇠죽골'로서 형제봉 중심혈맥이 이어온 왕성한 내룡(來龍)의 중심 위치에 있다. 주위의 산들이 첩첩이 둘러싸인 이곳은 마치

식물인 꽃의 암술머리와도 같은 곳이다. 골짜기에서 빠져나오는 하천이 모두 동남향인 손사방으로 빠져나가 파구가 되므로 건물을 신축할 때는 서북쪽인 건술좌(乾戌坐)에서 동남쪽인 손사방(巽巳方)으로 정하면 안락하고도 대길하여 부귀장수할 것이다. 출입문은 서향, 북서향, 동북향, 남서향이 길하다.

3. 결론(結論)

　광교신도시는 풍수이기법상 최길지에 도심(都心)을 형성했다. 이
땅은 도청이 들어서기 위해 수천 년의 세월 동안 주인을 기다려온 것
같다. 이 땅의 풍수형국은 옥녀탄금형이다. 풍수의 형국 중에는 금계
포란형, 복호형, 와우형 등 많이 있지만 그중에서도 옥녀탄금형이 최
고라 할 만하다. 그 이유는 부귀, 영화, 권세 등 수많은 세속적인 소응
과 비교할 때 아름다운 여인이 비파를 연주하는 행복은 이미 그 차원
을 달리하며 부귀와 권세를 초월할 것이기 때문이다. 최고의 터에 광
교 명품 신도시를 만들겠다는 비전이 실현되기를 진심으로 기원한다.

청자 골 강진은 복 받을 터

나는 초임 경찰서장을 전남 강진에서 보냈다. 줄곧 서울에서 생활하던 나에게는 인사규정에도 없는 '향피(鄕避)'라는 이름으로 낯설고 물선 곳에서 근무한다는 부담도 있었고 실망감도 있었지만 의욕이 넘치는 초임 경찰서장에게는 낯설고 물설다는 것 자체가 문제 될 수는 없었다.

전라남도 서남부 땅 끝에 자리한 강진은 동쪽으로는 장흥, 서쪽으로는 해남, 북쪽으로는 영암, 그리고 남쪽으로는 바다를 끼고 완도와 이웃하고 있는 조용하고 아늑하며 인심이 좋은 고을이다. 광주공항을 빠져나와 승용차로 남쪽 땅 끝을 향하여 한 시간쯤 달렸을 때 하늘을 향하여 불꽃이 치솟는 듯한 장엄한 기상의 월출산(月出山)이 화기로 넘실거리고 있었다. 강진 고을은 월출산이 남쪽으로 포근히 감싸고 있는 소박한 고을이었고, 군민들 또한 새로 부임한 경찰서장을 반갑게 맞아 주었다.

경찰서와 군청을 품에 안고 있는 읍내 북산은 마치 황소가 누워서 풀을 뜯고 있는 와우형(臥牛形)이었고, 이곳 사람들은 예로부터 3대 판

강진 고려청자 도요지 분포도

서가 날 명당 터라 불렀다. 군청에서 발간한 강진군지(康津郡誌)에는 북산과 관련하여 다음과 같이 재미나는 일화가 기록되어 있었다.

지금부터 약 350여 년 전 강진현에 부임한 현감들은 이 지역 아전들이 텃세가 워낙 드세어서 미쳐 임기를 채우지 못하고 도망치듯 떠나는 일이 많았다고 한다. 그래서 강진현감으로 부임하기를 대부분 꺼려하였는데 조선 효종 때 신유(申劉)라는 현감이 이곳에서 3년간 현감으로 재임한 적이 있었는데 풍수지리에 능한 그는 부임하자마자 강진읍의 산세와 지세를 살펴보니 거대한 황소가 누워있는 와우형국인지라 이 때문에 아전들의 텃세가 세다는 것을 알고 황소의 기를 꺾어 놓기 위해 급소에 해당하는 곳을 찾아 연못을 파버리기로 했는데, 그 곳은 황소의 두 콧구멍에 해당되는 곳으로서 현재 어린이 공원과 군립도서관 자리가 있었다는 연지(蓮池)라는 연못이다. 뿐만 아니라 양 뿔 사이 급소에 해당하는 곳(현재 양무정 뒤에 있는 비둘기 바위)을 석자 세치쯤 깎아 내리고 강진읍의 건너편 금사봉이 우두봉에 맞서므로 상하 질서가 없다고 하여 또 석자 세치를 깎아 내렸으며, 코뚜레 들레에 해당하는 서성리 읍성의 한 부분을 잘라 고성사에서 흘러내리는 물을 연지로 끌어 들였다.

또한, 황소의 왼쪽 눈에 해당하는 동문안 샘을 바깥으로 내몰기 위해 약 200m 가량 안쪽으로 읍성을 다시 쌓았다.

그러자 신기하게도 그때부터 지방 아전들 때문에 현감이 골치 앓는 일이 사라졌다고 하며, 동문안 샘이 성 바깥으로 격리된 이후부터 아전들 중 왼쪽 눈을 못 보는 애꾸눈도 나왔다는 이야기다.

— 강진군지 —

이외에도 풍수설과 관련하여 재미나는 설화가 많았는데, 군동면 일대에 있는 천불산(千佛山)이 있어 불교가 성행하자 도암면의 만덕산(萬德山)은 천불산을 누루기 위해 만(萬)자를 사용했고, 장흥과 인접해 있는 억불산(億佛山)은 만덕산을 누르려고 억(億)자를 사용했으며, 이들 산을 총괄하기 위해서 병영면에는 조산(兆山)이라 이름하는 산이 있다는 것이다.

1900년도 초에는 북산 밑에서 두 천재 시인이 태어났는데 그가 바로 김영랑과 김현구 시인이다. 군청 옆에는 모란시인 김영랑의 생가가 복원되어 있었고, 경찰서 앞 공원에도 김영랑과 같은 시대에 활약하던 김현구(金玄鳩) 시인의 시비가 서 있었는데 이들 두 시인을 비교해 보면 김영랑(金永郎)은 1902년 강진읍 남성리에서 태어났고, 김현구는 1904년 같은 읍 서성리에서 태어났다. 김영랑의 집안은 500석 지주로서 부유했으나 휘문고교 및 동경유학을 중퇴하였고, 김현구의 집안은 몰락한 관료 집안으로 가난했으며 배재고교 및 동경유학을 중퇴하였다. 둘은 순수 서정시인으로 강진방언을 다수 사용하였으나 김영랑은 음악성이 뛰어나고 귀족적인 반면에 김현구는 감각성이 뛰어나고 서민적이었다.

김영랑은 「돌담」, 「모란」, 「샘물」, 「은행나무」, 「동백꽃」 등 주로 생가의 풍물이 많은 반면, 김현구는 「서문」, 「남포」, 「신학산」, 「낙화정」, 「찔레꽃」 등 주로 구체적 지명이 많았다. 둘은 6·25사변으로 사망했는데 김영랑은 6·25사변에 서울에서 포탄 파편을 맞아 사망하였고, 김현구는 46세 때 강진에서 좌익 프락치에 의해 사망하고 말았다.

나는 시간이 날 때면 경찰서 뒤에 있는 북산에 올라 강진 읍내를 내려다보기도 하고 강진의 문화유산을 답사하기도 하였다. 과연 듣던 대로 북산은 와우형(臥牛形)의 명산이 분명했고 그 모습은 마치 거대한 황소 한 마리가 드넓은 구강평야의 곡식을 뜯고 있는 모습이었다.

옛날에는 드센 아전들을 누르기 위해 풍수비보를 하였다지만 지금은 그 흔적을 찾을 수가 없었다.

때마침 영랑생가 앞에서 동쪽을 향해 길게 연결하는 영랑로 도로공사가 한창이었다. 그 모습은 황소에게 재갈을 맨 고삐와 같았다.

"그래 맞아! 소에게 재갈을 매어 끄는 고삐가 틀림없어."

그렇게 되면 아무리 힘센 황소라도 꼼짝 못하게 될 것이며 거대한 황소에게 재갈을 매고 고삐를 달았으니 반드시 좋은 일이 있을 것이다.

어느 날 관서장 모임을 마친 나는 윤 군수와 찻집에서 마주하게 되었다.

"군수님 지금 공사 중에 있는 영랑로는 언제쯤 완공되나요?"

윤 군수는 성품이 무척 부드러운 사람이었고 나이는 60대 중반쯤 되었으며 공적이든 사적이든 어려운 일이 있을 때마다 내게 가끔씩 들러 거리낌 없이 의견을 주고받는 사이였다.

"공사를 빨리 끝내야 할 터인데 경찰서 앞을 너무 지저분하게 해서 죄송합니다."

그는 경찰서 앞 도로 공사가 빨리 마무리되지 않아 미안하다는 뜻으로 받아들인 것 같았다.

"그런 뜻이 아니라 영랑로 완공일이 언제인지요?"

"아! 예, 올 추석 전에 모두 끝내게 되어 있습니다."

"그렇다면 영랑로가 완성되는 즉시 강진군민들에게 좋은 일이 반드시 생길 겁니다."

"좋은 일이요? 무슨 좋은 일이 있다는 말씀입니까?"

"기다려 보시면 압니다."

그는 내가 군민에게 좋은 일이 있을 것이라고 말하자 그것이 무엇이든 관심이 많았고, 또 그것이 영랑로가 완성 되는 일과 무슨 연관이 있는지도 궁금한 모양이다.

"군수님 저는 풍수지리 등 여러 분야의 역학을 공부해온지 오랩니다. 북산이 와우형이지요? 날뛰는 황소에 재갈과 고삐를 달았으니 이제 주인 마음대로 부릴 수 있게 된 것 아닙니까?"

"아! 북산 말씀이시군요, 옛날부터 북산에 대해서 여러 말들이 참 많지요. 그런데 서장님이 영랑로 완성과 관련해서 좋은 말씀하시니 듣기는 좋습니다만 과연 그럴까요?"

둘은 웃으며 차 한잔씩 나눈 후 자리를 떴다. 이튿날 정보계장이 내게 보고하기를 윤 군수가 아침 조회 시간에 군청 참모들이 모인 자리에서 경찰서장이 영랑로와 관련하여 좋은 일이 있을 것이라는 말을 했다고 하자 그 소문이 꼬리를 물고 군민들에게 퍼져 나갔다는 보고였다.

"지나보면 알 것이지만 나쁘다는 것보다 좋다는 것이 좋은 것 아닌가?"

군민들의 반응도 나쁘지는 않을 것이다.

그 후 영랑로가 완공된지 한 달이 지났지만 내가 예언했던 좋은 일은 전혀 나타나지 않았고 주위 사람들도 경찰서장이 괜히 군민들 듣기 좋게 말 한마디 한 것 가지고 별로 신경 쓸 것 없다는 반응이었다. 그러고 약 3개월이 되었을 무렵이었다. 윤 군수가 이른 아침 헐래 벌떡 내 사무실에 찾아왔다.

"서장님! 경사가 터졌어요. 경사가!"

"어떤 경사요?"

"아! 글쎄 강진 청자문화제 행사가 정부 3대 문화제 행사로 지정되었단 말입니다!"

"아! 그래요. 축하합니다."

"그것뿐만 아니요. 구강포에 모래가 많이 쌓여 제거해야겠다고 생각했지만 군 예산으로는 도저히 엄두도 낼 수 없었는데 정부에서 생각지도 않던 정부예산 수억 원을 지원해 준다는 연락을 받았으니 이것 또한 경사가 아니지라오?"

윤 군수는 흥분을 감추지 못하고 어린아이처럼 기뻐하였다. 강진 청자문화제가 정부 3대 문화행사로 지정되는 일은 군수의 노력으로 성사되는 일이 아니다. 숙원사업인 구강포 모래채취 사업도 크게 기대하지 않았던 일이다. 강진군청 직원들은 물론이고 군민들도 영랑로 완성과 관련하여 군민에게 행운이 돌아온 것이라고 모두가 믿고 있는 것이다. 고려청자 도요지는 강진을 빛내게 하는 가장 소중한 문화유산이다. 현재 국보급으로 지정된 고려청자 대부분이 강진산이라고 한다. 도요지의 성지인 대구면에는 금닭이 알을 품고 있는 듯한 금계포란형(金鷄抱卵形)의 길지로서 그 알봉이 있는 부근에서는 고려시대 전국 약 400여 개소이던 청자 도요지중 188개가 이곳에 밀집해 있었다는 조사 보고가 있었다.

고려청자를 재현하고 있는 모습

도요지가 성행하려면 질 좋은 고령토와 함께 땔감이 있어야 하고 생산된 제품을 해상 교통을 통하여 외국에 갖다 팔 수 있는 여건이 필요하다. 청해진을 확보한 장보고 대사가 인근 완도에 근거지를 정했으니 이곳이야말로 고려청자의 메카였던 것이다.

현재 청자박물관을 건립하여 고려청자를 재현함은 물론 고려 도공들의 신기를 이어갈 준비에 전력하고 있어 청자문화제 행사 때는 전국에서 몰려드는 약 50여만 명의 관광 인파가 이곳에서 인산인해를 이룬다.

강진에는 천년고찰이 많다. 국보급 보물을 간직한 무위사와 고려 무인정권에 승복하지 않기로 결의를 다진 백련결사의 본산지 백련사, 그리고 청자 도요지의 역사를 지닌 정수사를 비롯하여 크고 작은 사찰과 암자는 물론이고 그 당시 성행했던 불교 유적들이 곳곳에 남아 있어 영암 도갑사와 해남 대흥사를 비롯하여 고려시대 찬란했던 불교문화를 웅변해주는 곳이기도 하다.

강진은 다산 정약용 선생이 18년간 유배생활을 통하여 초당을 짓고 그를 따르던 18제자와 함께 500여 권의 경서를 완성한 곳이기도 하다. 그 유명한 『목민심서』도 이곳에서 완성된 것이며, 외가인 해남 윤 씨의 도움아래 인근 백련사 오솔길을 오가면서 혜장선사와 막역한 우정을 나누던 곳이기에 다산기념관을 지어 그를 기리고 있다.

병영면에서는 병영성 복원으로 정유재란 직후인 1599년(선조32년)에 축성된 후 500년 동안 이어온 군사요충지를 새롭게 볼 수 있게 되었다. 병영면은 하멜표류기에 나오는 곳으로써 네덜란드인 하멜이 이곳에 7년간 억류되었다가 일본으로 탈출해 귀국한 곳으로 사방이 산으로 겹겹이 에워싸인 분지에 병영성이 자리하고 있다. 동쪽에는 수인

산을 비롯한 별락산, 매봉산이, 북쪽에는 성지산과 옥녀봉, 깃대봉이, 서쪽에는 수암산, 월출산, 그리고 남쪽에는 화방산, 오봉산, 우두봉이 철옹성처럼 둘러싸고 있다. 조선후기 담헌 이하곤(李夏坤, 1677~1724)은 「강진잡시」에서 다음과 같은 시를 읊었다.

> 병영자리는 천혜의 요새지인데
> 탁 트인 들 가운데로 잔잔히 내 흐르고
> 사방엔 산기암 괴석 솟은 봉우리 바로 수인산이네
> 병영성 밖 기이한 장관은 요망대라네

옥룡자답산가(玉龍子畓山歌) 강진 편에 다음과 같은 글이 있어 그중 두 수를 소개하고자 한다.

> 강진으로 넘어서니 해변에 비룡(飛龍)이 있어
> 오색채운(五色彩雲)이 영롱하도다.
> 용지십리(龍池十里) 넓은 물이 완도와 이어졌구나
> 혈 앞에는 명천(名泉)이 있고 백호 밖에는 인가(人家)도 있도다.
> 이산의 형세를 자세히 보니 해좌(亥坐)에 손파(巽破)라 뇌풍상박(雷風相搏)이 되니 목복성(木卜姓)이 못 얻으면 산작인(山作人)의 땅이 되리라, 산을 쓴지 10년 만에 대발하고 삼국재상(三國宰相)이 나리라.

> 동쪽으로 내려가니 춤추는 저 선녀는 풍령고개인데
> 사인봉(舍人峰)아래 건해맥(乾亥脈)은 열 마디를 이었으니
> 혈좌는 곤좌(坤坐)로다. 이 산의 주인 살펴보니

금성(金姓)이 완연하니 2대 후에 발음하여 9경(九卿) 8상(八相)이 나리
로다.

만일 동자토성(童子土星) 나오거든 진혈인 줄 짐작하소.

나는 강진군민 자치 강좌에서 풍수지리에 대해 강의한 적이 있다.
윤 군수의 간곡한 요청이 있어 대답은 하였지만 군민들이 나를 어떻
게 받아들일까 하여 선뜻 내키지는 않았다. 일주일 전부터 풍수 강좌
에 대한 안내 현수막이 마을 입구에 내걸리고 시골장 보러온 사람들
을 통하여 인근에 있는 장흥군까지도 강진군에서 풍수 강의를 한다는
소문이 촌로들에게 전해졌다.

이 고을 사람들은 조상 산소를 가꾸고 돌보는 것을 돌아가신 조상
님들에게 베푸는 유일한 효도라고 생각하는 것 같다. 해마다 봄이면
조상의 묘소를 단장하고 망주석과 좌판 등을 묘소 앞에 세우는 풍습
이 다른 지방보다 유난히 많았고 풍수지리에 대한 믿음 또한 남달랐
다. 강사 이름을 내 필명으로 정했기에 서울에서 유명한 어느 풍수지
리학과 교수가 내려와서 특별강좌를 하는 줄 알았으리라.

이 고장은 수년 전부터 군민자치 강좌를 개설하여 서울이나 각 지
방에서 특정분야에 저명한 인사들을 초빙하여 농한기 시골 장날을 기
하여 강좌를 개설해 왔고 그 열기 또한 대단하였다.

내가 자치 강좌에서 풍수지리학을 강의하고자 한 뜻은 낯설고 물선
곳에서 경찰서장으로 근무하는 동안 이 고장의 문화유산을 배우고 익
힘으로써 이 고장 주민과 더욱 가깝게 지낼 수 있고, 군민과 뜻을 같이
하는 친근한 경찰이 되고자 하는 것이다. 내가 부임하고 한 달쯤 지난
어느 날 윤 군수가 경찰서를 방문하였을 때『요해도선비기』한 권을

선물한 적이 있었다.

"이 책 이 서장의 작품이요?"

윤 군수는 경찰서장이 풍수에 관한 책을 내었다는데 대하여 의아해했다.

"예, 필명은 저의 아내 것이나 내용은 저와 함께 쓴 합작품이지요."

"이건 풍수에 관한 전문서적인데 언제 이런 걸 배우셨습니까?"

"어릴 적부터 선대의 영향으로 관심이 있었는데 저를 가르치신 스승님도 계셨고……."

나는 만난지 오래되지 않는 이곳 군수에게 풍수와 명리 등을 익히기까지의 과정까지 모두 말하고 싶지 않았다. 그것은 경찰서장이란 자가 맡은 치안업무는 소홀히 하면서 풍수공부만 하는 사람으로 비춰질 것 같아서였다.

그 후 몇 개월이 지나면서 윤 군수와 식사도 몇 차례 오간 사이가 되었을 무렵 윤 군수는 군민 자치 강좌에 나를 강사로 초빙하였고 나 또한 군민 다수가 모두 모인 자리에서 경찰이 추진하고 있는 치안 사항과 주민협조를 얻을 사항에 대해 널리 홍보할 수 있는 좋은 기회라고 생각되었기 때문이다.

드디어 약속된 토요일 오후 한시가 되었다. 군민회관에는 5일장을 보러온 인근 군민들과 면단위에서 모인 촌로들을 합하여 약 1,000여 명의 인파로 대 성황을 이루었다. 장흥법원 L 지원장을 비롯하여 교육장, 병원장 등 인근 기관단체장과 유지들까지 모이는 등 근래 보기 드문 인파였다는 후문이다.

"오늘 여러분을 모시고 강의하실 강사님을 소개하겠습니다. 강사님은 어릴 적부터 유학인 역경을 공부하셨고 학자의 자세로서 풍수학과 명리학을 심층 있게 연구하신 강진경찰서장님이십니다.”

윤 군수의 소개가 있자 나는 많은 박수를 받으며 단상으로 나갔다.

“이런 자리에서 여러 어른님들을 만나 뵙게 되어 대단히 기쁩니다. 저는 오늘 풍수를 찬양하기 위해서 나온 것이 결코 아닙니다. 명당이라는 이름으로 조상의 묏자리를 추천하고 수억 원대를 받아내는 엉터리 풍수도사가 있는가 하면 아름다운 자연환경을 허물어 가면서 가짜 명당 터를 억지로 만드는 안타까운 현실을 이 자리에서 고발하고자 합니다.”

서두를 꺼낸 나는 먼저 군민의 협조를 얻어야 할 교통사고 예방에 대하여 입을 열었다. 협소한 도로 사정으로 인해 교통사망사고가 유난히 많은 이 고장에서 어떻게 하면 사망사고를 줄일 수 있을까 하는 고뇌에 찬 이야기를 하고는 다시 본론으로 들어갔다.

“풍수는 자연환경과 더불어 살아가는 인간의 지혜입니다…….”

먼저 풍수란 무엇이며 어떻게 발전해 왔고 인간의 길흉화복에 풍수가 어떤 영향을 주는지를 설명했다. 한국 풍수의 원조 도선국사에 대한 이야기도 언급하였고 묏자리 풍수인 음택과 산사람을 위주로 하는 양택에 대해서도 설명해 나갔다. 서울에 대한 풍수 이야기와 함께 내가 만나본 소위 풍수 도사들에 대한 허구를 이야기 했을 때는 박수를 치면서 좋아하기도 했다.

그러나 풍수란 조상의 묏자리를 잘 쓰기 위한 묘 터에 관한 학문이 전부가 아님을 이야기 하였을 때는 실망하는 표정들이었다. 본 강의가 끝나고 여러 사람들의 질문을 받았을 때는 원론에 입각하여 거침없이 답하였고 결론에 있어서는 자연을 훼손함으로 인하여 발생하는 폐해는 지구상에 함께 살아가는 많은 사람들에게 재앙을 가져오게 한다는 것과 우리가 함께 살고 있는 이 고장 역시 살기 좋은 명당이므로 자긍심을 갖고 열심히 살아간다면 그 명당의 음덕으로 인해 반드시 행운이 돌아올 것이라는 말로 끝을 맺었다. 강의 시간은 당초 2시간이었으나 질문을 받고 일일이 대답하면서 분위기가 무르익은 나머지 3시간 40분만에야 겨우 끝날 수 있었다. 강의가 끝났을 때 윤군수와 L지원장이 전통찻집에서 함께 모였다.

"이 서장, 풍수에 대해 정말 박식하네요? 청오경, 금랑경에서부터 도선국사의 일대기까지 원고도 없이 훤히 꿰뚫어 강의하는데 모두가 입이 다물어지지 않더군요."

"별말씀을요. 실망하지 않았는지 모르겠습니다."

"이 서장, 나도 이 분야에 관심이 있어 일부러 장흥서 찾아왔는데 정말 대단합니다."

장흥에서 온 장흥지원장도 거들었다. 이후부터 강진군민들은 나를 풍수도사라고 불렀다.

풍수의 정도(正道)를 말한다

우리인류가 살고 있는 지구는 23.5° 로 지축이 기울어진 상태로 남과 북이 중심이 되어 서(西)에서 동(東)으로 한 시간에 1666.66km의 빠른 속도로 자전(自轉)하고 있으니 하루는 정확하게 23시간 56분 3초이다. 따라서 낮과 밤이 생김은 물론 그로 인하여 남과 북 S극과 N극에 양전기와 음전기가 생성되고 있으니 이것이 곧 음양의 기운인 것이다. 지구의 공전(公轉)은 태양이 춘분점을 출발하여 다시 춘분점으로 돌아오는 시간으로써 회귀년(回歸年: tropical year)이라 하여 정확하게는 365.2564일이 된다고 제 364쪽 지구의 공전주기에서 밝히고 있다.

태양계를 돌고 있는 중심축에 의해서 봄, 여름, 가을, 겨울 4계절이 생겼으니 봄은 목(木)의 기운, 여름은 화(火)의 기운, 가을은 금(金)의 기운, 겨울은 수(水)의 기운이 되었으며, 다만 토(土)는 변절기의 중심 기운이니 이를 합쳐서 목, 화, 토, 금, 수 오행(五行)으로 표현하는 것이다.

그러므로 이 지구상 살고 있는 만물은 태어날 때부터 모두가 음양과 오행의 기운을 받고 태어난 것이므로 소우주인 사람 역시 이 이론에 입각해서 명(命)과 운(運)을 추론할 수가 있으니, 옛사람들은 계절과 절기에 따라 음양과 오행이 정립된 60갑자를 만들어 만세력으로 사용하여 왔고 그 60갑자 속에는 음양오행을 포함하여 각 방위와 절기까지도 모두 함축하고 있는 것이다.

풍수란 '바람과 물, 즉 기(氣)를 갈무리 하고 물을 얻는다.'는 장풍득수(藏風得水)의 준말로써 사람이 '생기 타는 것'에 귀착된다. 생기란 살아있는 발랄한 기운이나 생기론(生氣論)이라고 할 때는 물리적 내지 화학적 법칙으로는 도저히 설명할 수 없는 초경험적(超經驗的)인 힘으로써 이것이 없이는 생명의 근본적 설명이 불가능하다고 보는 것이다. 풍수에 관한 최초의 경전은 3세기경 중국 전한시대 청오자(靑鳥子)가 남긴 '청오경'이 있고 동진시대 곽박(郭璞)이 쓴 '장서(葬書)'가 있으며, 당나라 때는 양균송(楊筠松)이라는 대가가 나와서 감룡경, 의룡경, 청낭오어 등을 저술한 이래 인자수지(人子須知)를 남긴 서선계 서선술 형제 등 수많은 학자들이 그 뒤를 이었다.

우리나라는 통일신라시대 도선국사(道詵國師)가 한국풍수의 원조로서 도선비기(道詵秘記)를 남겼고 전국 방방곡곡 어디를 가든 풍수에 관한 그의 발자취는 천년이 지난 지금까지도 지워지지 않는다. 국내 풍수학계는 근래 형기론(形氣論)만을 인정하는 유파와 형기론에 이기론(理氣論)을 가미한 유파가 그 주류를 이루고 있다.

어느 학자가 형기론(形氣論)만을 주장하는 강단학파에 대해 비판한 글이 있어 소개한다.

"최 모 선생은 형기(形氣)는 인정하지만 이기(理氣)는 인정하지 못하겠다는 주장이다. 형기는 산의 모양을 중시하는 방법이고, 이기는 좌향(坐向)

을 중시하는 방법이며, 이를 사람에다 비유하면 형기가 사람의 관상을 보는 방법이고, 이기는 그 사람의 사주를 보는 것이다.

최 모 선생의 노선이 이렇다 보니 제도권 내에서 풍수를 전공한 대부분의 소장파 학자들도 이 입장을 따르고 있다. 제도권 내에서 새로운 시각에서 풍수를 연구하는 학자들이 대부분 최 모 선생의 영향을 받기 때문이다. 그러니 형기뿐만 아니라 이기도 중요하다고 보는 재야의 풍수가들과 충돌할 수밖에 없다.

그러나 형기파(形氣派)와 함께 풍수의 양대산맥을 형성하는 이기파(理氣派)를 완전히 배격하는 것은 신중을 기해야 할 문제라고 본다.

형기론(形氣論)이든 이기론(理氣論)이든 풍수의 대상이 되는 용(龍), 혈(穴), 사(砂), 수(水)에서 전기(全氣)의 땅을 구하는 것이 풍수의 핵심 과제이므로 먼저 그 개념부터 알아보기로 하자.

먼저 용(龍)이란, 우리가 알고 있는 산맥을 말하며, 산맥은 변화무쌍하고 뻗어 내리는 모습이 마치 용과 같다하여 풍수서마다 산맥을 용이라 호칭하는 것이다. 그리고 산은 가장 높은 시조산에서부터 명당이 되는 산의 끝까지 맥세가 힘차고 생기발랄하게 그리고 일정한 법칙에 따라 잘 뻗어 와야 길상이다.

둘째 혈(穴)이란, 산맥이 뻗어오다 산 끝 일정한 지점에 이르게 되면 산천의 기운이 한데 모여 힘을 발휘할 수 있는 핵심처가 있기 마련인데 이것을 혈이라 칭하며, 혈은 사람의 체백을 안장할 수 있는 곳으로서 가장 중요한 곳이기도 하다.

셋째 사(砂)는, 명당이 구성되기 위해 주위의 여러 산들이 혈처를 중심으로 한데 모여드는 것으로서 조산, 주산, 청룡, 백호, 안산 등을 통틀어 부르는 말이며, 명당의 품격을 결정짓는 가장 중요한 요소이다.

마지막으로 수(水)는 물을 말한다. 산을 음(陰)이라 하고, 물을 양(陽)이라 했을 때 양에 해당하는 물길은 음에 해당되는 산을 여러 겹으로 감싸야만 비로소 음양의 기운이 한데 응축되어 길하게 된다. 그러므로 풍수를 논함에 있어 물은 반드시 산과 함께 있어야 할 귀중한 존재이다.

명당의 전체 모습을 사람이나 동식물에 비유하는 물형론(物形論)이라는 것이 있다. 예컨대 명당의 모습이 생사축와형(生蛇逐蛙形)이라면 살아있는 뱀이 개구리를 좇는 모습이다. 뱀과 개구리가 먹고 먹히지 않으려는 절체절명의 순간이어야 비로소 발음하기 때문에 혈이 있는 뱀의 머리 앞에는 반드시 개구리처럼 생긴 작은 동산이나 암석이 있어야 한다는 이론이다.

또 오룡쟁주형(五龍爭珠形)이라면 다섯 마리의 용들이 여의주를 놓고 서로 다투는 형국인데 다섯용이 서로 다툰다면 얼마나 맹렬하겠는가? 여기에는 여의주처럼 생긴 암석이나 운무와 같은 사(砂)가 있어야 비로소 발음한다는 이론이고 상제봉조형(上帝奉朝形)이라면 옥황상제가 조회를 여는 듯한 모습으로 옥황상제가 앉아 있는 용상 좌우에는 만조백관들이 둘러앉은 듯한 각종 산들이 겹겹으로 둘러쳐 있는 모습과 옥새사가 있어야 하므로 이러한 안산이나 조산이 없다면 결코 상제봉조형이 될 수 없다는 이론이다.

그리고 진혈(眞穴)을 찾는데 있어서도 생사축와형은 뱀의 눈이나 귀부분에 진혈이 있고 오룡쟁주형은 용의 코와 이마에 진혈이 있으며, 상제봉조형은 옥황상제가 앉은 용상이 진혈이 된다고 보는 것이다.

이러한 형국들도 그 기상에 따라 개별적인 소응의 차이가 있으니 금계포란형(金鷄抱卵形)은 금닭이 알을 품고 있는 형국으로 준걸한 인물과 많은 자손이 배출하는 소응이 있고, 와우형(臥牛形)은 소가 누워서 풀을 먹고 있는 형국으로서 큰 인물과 부호(富豪)가 나며, 비봉귀소형(飛鳳歸巢形)은 나는 봉이 집으로 돌아오는 형국이니 성인군자가 나고 옥녀탄금형(玉女彈琴形)은 부자나 고시 합격하는 인재가 나며, 산구형(産狗形)은 개가 새끼를 밴 형국으로 많은 자손이 나고 보검출갑형(寶劍出匣形)은 칼을 칼집에서 뽑은 형국으로서 천하에 준걸한 인물이 나며, 연화부수형(蓮花浮水形)은 연꽃이 물위에 떠 있는 형국으로서 고귀하고 화려한 자손이 나고 반월형(半月形)은 만월이 기대되는 반달이니 왕후나 부호가 난다고 하는 이론이다. 그러나 똑같은 용(龍)이나 혈(穴), 그리고 사(砂)와 수(水)가 어느 방위에 있느냐에 따라서 명당의 품격에도 차이가 있다. 이것은 이기론(理氣論)의 핵심이론인데 문필은 주관하는 탐랑목성의 모습이 아무리 수려할지라도 그것이 존재하는 방위가 어디에 있느냐에 따라서 길흉이 서로 다르다는 이론이다.

경(經)에 이르기를 "지리법은 천지인(天地人) 3재(三才)가 하나로 되어 운행되는 그 사이에 음양오행이 들어가 법도를 맞추고 그러한 후에 정혈(定穴)하는 것이다. 이는 귀천을 통해서도 알 수 있고, 발복에서도 논할 수 있으니 바로 이것이 천명(天命)으로서 아무도 이 조화의 이치를 빼앗지 못한다." 하였다.

그러므로 목성체는 동쪽, 금성체는 서쪽, 화성체는 남쪽, 수성체는 북쪽에 있어야 제격인 것이다. 그러기에 좌청룡은 동쪽이니 청색이요, 우백호는 서쪽이니 백색이며, 전 주작은 남쪽이기에 붉은색이고 후 현무는 북쪽이기에 검은색인 것이다. 방위학(方位學) 중에서 4태(四胎)인 건(乾), 곤(坤), 간(艮), 손(巽)의 기를 받으면 영웅호걸이 나고,

4포(四胞)에 해당하는 인(寅), 신(申), 사(巳), 해(亥)의 기를 받으면 자손이 번창하며, 4정(四正)인 자(子), 오(午), 묘(卯), 유(酉)의 기를 받으면 천하명장, 4순(四順)인 갑(甲), 경(庚), 병(丙), 임(壬)의 기를 받으면 문인(文人), 4강(四强)인 을(乙), 신(辛), 정(丁), 계(癸)는 무인(武人), 4장(四藏)인 진(辰), 술(戌), 축(丑), 미(未)는 부자(富者)가 각각 태어나게 된다.

필자가 만나본 풍수학자들 중에는 이기론을 전혀 알지 못하는 자가 많았으며 또 알고 있다 하여도 정확하게 파악하는 자가 극히 드물었다. 나는 현실적이고 직접 검증되지 않으면 누구의 이론도 믿지 않는 편인데, 도선국사의 『옥룡자 답산가』와 『현묘경』도 형기론과 이기론을 따로 구분하지 않을 뿐 아니라 풍수학의 종주국으로 알려진 역대 중국의 수많은 학자들이 주장한 경서 등 풍수이론을 총망라한 『한·중 풍수학총정리서』 어디에도 형기론과 이기론을 따로 구분하지 않는 총체적인 판단에 의해 길흉을 해석하고 있기에 필자의 풍수이론은 모두 이 이론에 따르고 있는 것이다.

만약 풍수학자들이 형기론(形氣論)만을 주장한다면 방위론에 입각한 양택풍수(陽宅風水)는 절대로 설명할 수 없을 것이다. 이기파(理氣派) 중에서도 현공풍수(玄空風水)만을 정론이라 고집하는 사람도 있으나 이는 정통풍수를 이해하지 못한데서 온 근시안적인 생각으로서 3원 갑자에 따라 정기적으로 진행하는 길운에 맞추어 풍수대상도 같이 바꿔야 한다는 모순이 있다.

인간의 운명을 학문적으로 탐구하는 명리학(命理學)은 출생연월일시(出生年月日時)를 기준으로 사주팔자(四柱八字)를 세워 통변성에 따른 음양오행이론(陰陽五行理論)으로써 육친을 해석하는 것이 대부분이다.

다음은 사람들 사이를 서로 이어주는 '연(緣)'에 대하여 언급하고자
한다.

필자가 경험한 바 신(神)이 아니면 도저히 만들 수 없는 연(緣)이 사
람들 간에 분명히 존재하고 있다. 예컨대 청춘남녀가 우연히 만나 서
로 사랑하다가 결혼하고 가족이 되어 함께 살게 되었다면 그 남자와
여자는 서로가 좋아하는 연분(緣分)이 있음을 두 사람의 사주명식(四柱
命式)에서 찾을 수가 있다. 남자의 부족한 오행(五行)을 여자가 많이 갖
고 있거나, 여자의 부족한 오행(五行)을 남자가 많이 갖고 있어서 마치
자석의 양극이 서로 끌어당기듯 서로가 서로를 원하는 요소가 있기
마련이며 연분이 없이 부부가 되는 예는 결단코 없다.

그들이 결혼하여 자식을 낳았을 때 그 자식의 운(運)과 명(命)에서
부친과 인연이 없는 오행을 포함하고 있다면 그것은 곧 아버지가 일
찍 사망하였거나 부모가 이혼해서 아버지와 떠나 사는 경우로서 자식
의 사주명식으로 부모의 운명을 예측할 수 있는 것이니, 이것은 사람
의 뜻대로 정할 수 없는 신(神)만의 영역인 것이다. 부모와 자식 간 인
연뿐만 아니라 형제와 부모, 그리고 조부모와 숙부모까지의 인연도
함께 알 수 있으니 이것이 바로 가족 간에 얽혀 있는 연분인 것이다.

어느 여자의 사주명식에서 명주(命主)에 해당되는 생일천간이 갑목
(甲木)이라고 했을 때 그 명식 속에 목(木), 화(火), 토(土), 금(金), 수(水)가
골고루 섞여 있으면 좋겠지만 그렇지 못하고 갑목(甲木) 외에 다른 간
지에서 또 다른 갑목이 발견되고 목월(木月)에 해당되는 인(寅)이나 묘
월(卯月)에 태어나서 목기(木氣)가 지나치게 왕성하다면 그 사람의 명식
은 오행상 균형을 잃고 목의 기운으로 기울어져서 토(土)인 부친궁을
상극하게 되는데 이 경우 아버지가 일찍 사망하는 경우가 아니라면 부

친이 재혼하게 되어 이복형제가 있을 수 있는 경우가 많다. 또 생일천
간에 같은 갑목(甲木)이 있는 여자의 경우 일주(日主)는 약한데 화(火)가
지나치게 왕성(양력 4, 5월에 출생)하고 다른 간지에도 병(丙)이나 정(丁)
또는 사(巳)와 오(午)가 많은 경우는 남편궁인 금(金)을 상극하여 남편
이 일찍 죽거나 재혼하여 혈통이 다른 자녀를 갖는 경우가 많다.

　이와 같은 이치로 남자나 여자의 사주명식에서 어느 오행이 특별
하게 지나치면 반대로 극을 받는 오행의 육친궁은 반드시 문제가 생
기는 것을 발견할 수 있으니 이는 비단 육친상호 간의 관계에서 뿐만
아니라 사람의 신체인 오장육부(五腸六腑)에서도 똑같은 영향을 받게
된다.

　즉, 목(木)은 간장, 화(火)는 심장, 토(土)는 비위장, 금(金)은 폐장, 수
(水)는 신장이니 목기(木氣)가 강하면 토기(土氣)인 비위가 상극을 받는
이치와 같다. 이와 같이 음양과 오행의 이론은 명리학에서 뿐만 아니
라 풍수학과 관상학 그리고 한의학 질병론에서도 필수적으로 연구되
어야 할 과제이다.

　그리고 주역괘상의 육효(六爻)는 64괘와 384효가 각기 음양과 오행,
육친상호간의 상생과 상극원리를 함께 함축하고 있어 필자의 『범위수
비결(範圍數秘訣)』, 『통합운명학프로그램』도 모두 이 원리에 의해 만들
어진 것으로써 선천괘(先天卦)와 후천괘(後天卦)에 의한 수리이론에 정
통한다면 인간의 길흉화복(吉凶禍福)을 추론하는데 있어 가히 신(神)의
경지에 들 수 있을 것이다.

풍수와 주역 4

미래를 내다보다

사모님은 61세 2월 25일에 돌아가시게 됩니다

이 이야기는 내가 경찰청 감찰담당관 재직 시에 있었던 이야기이다.

그 당시 기(氣)를 수련하는 단학 본부로부터 운명학에 관한 저서를 써 달라는 부탁을 받고 『운명의 시계』라는 명리학기본서를 출간하여 어느 지인에게 선물한 적이 있었다.

당시 서울 중부지방 국세청장이 내 책을 보고는 한번 만나자는 연락을 하여 그를 찾아 갔더니 큰 키에 당당한 모습인 L 청장이 나를 반갑게 맞아주었다.

"이곳까지 오시게 해서 미안합니다. 사실은 내가 지금 중요한 시기에 와 있고 가족들의 장래도 궁금해서……."

차 한잔을 나눈 후 그는 가족들의 생년월일시가 적힌 메모지를 내밀면서 가족들의 사주를 봐달라는 것이었다.

"청장님. 저는 누구를 찾아가서 남의 사주를 봐준 적이 한 번도 없고 또 자신이 없습니다."

내가 정중히 사양하자 그는 멋쩍은 표정을 지으며

“집에 가서 시간 나는 대로 한번 풀어 보시고 특이한 사항이 있으면 전화로 알려 주십시오.”

그는 말끝을 흐렸다.

나는 예상 밖이라 더 이상 아무 말도 하지 않고 쪽지를 받아 주머니에 넣고는 간단한 저녁식사 후 집에 돌아왔다. 감찰관인 내가 사주나 풀이하는 사람으로 보인 것인가?

그러나 나는 그가 어떤 사주이기에 지방 국세청장이 될 수 있는 것인지와 가족들의 운명도 궁금하였다.

7일째 되는 어느 날이다.

“이 선생, 전번에 실례가 많습니다. 퇴근하고 시간 좀 내주시지요.”

“몇 시까지 사무실에 계실 겁니까?”

“오후 3시까지 기다리겠습니다.”

“그럼 그때 뵙지요.”

나는 정한 시간에 그를 만났다.

“저가 금년에 국세청장으로 승진할 수 있는 서열 1순위인데 어떻습니까?”

그는 당연히 승진할 것이라는 자신감에 차 있었다.

“사실대로 말할까요? 아니면 두루 뭉실하게…….”

“그럼 사실 그대로 알려줘야지요. 저는 사실이 궁금합니다.”

지금 같으면 상대방의 표정을 봐가면서 적절하게 말할 수 있겠지만 경험이 없는 나는 곧이곧대로 말하고 말았다.

“청장님은 금년 말이면 청장직을 그만두시게 됩니다. 그리고 사모님은 61세가 되는 2월 25일에 사망하시게 되고, 맏아들은 결혼을 늦게 하나 자식이 귀하며, 둘째는 대학 2학년이 되면 사법시험에 합격하여 법관이 됩니다."

내가 거침없이 메모내용을 읽어나가자 그는 얼굴이 파랗게 질리더니 자리에서 벌떡 일어나 큰소리를 치며 나를 노려보아 순간 분위기가 무척 험악하였다.

"뭐요? 내가 올해 그만둔다고? 아직 정년이 3년이나 더 남아 있는데! 그리고 내 마누라가 61세 때 죽는다고?"

"사실 그대로 말해 달라 하지 않았습니까?"

화가 난 나는 문을 박차고 그대로 돌아왔고 그 후로 그와 일체 연락을 끊었다.

그 후로 7년이란 많은 시간이 지나갔고 내가 총경이 되어 2개 지방서장과 1개 지방경찰청 감사관을 거쳐 세 번째인 군포경찰서장으로 근무 중일 때 생각하지도 않았던 그에게 전화가 왔다.

"이 서장! 축하해요. 이 서장이 총경된 줄도 몰랐고 연락도 못 드려 죄송해요."

"청장님이 어쩐 일이십니까?"

"내가 볼 일이 있어 마침 그쪽으로 가는 길인데 점심시간에 식사나 같이 합시다."

나는 달갑지 않았지만 그동안 어떻게 지냈는지 궁금하여 그와 만나기로 약속하였다.

점심때가 되자 그는 무척 수척한 표정으로 내 앞에 나타났다.

"청장님, 오랜만입니다."

"이 서장! 서장 되신 것 축하해요."

차 한잔을 나눈 후 가까운 식당에서 점심식사를 같이하며 그의 근황을 물어보았다.

그는 내가 7년 전 그에게 말했던 그해 연말이 되자 승진은 고사하고 전혀 생각지도 않았던 세무대학장으로 발령이 나서 그만 사표를 내었고 현재는 세무법인 사무실에 나가고 있다고 했다. 또한 큰 아들은 36세가 되도록 아직 장가가지 못하고 둘째는 S 대학 2학년 때 고시에 합격하여 현재 모 지방법원 판사이고 결혼도 하였단다. 그리고 박사학위가 2개나 된다는 그의 아내는 위암에 걸렸다가 완치가 됐지만 아직 후유증에 시달리고 있어 환갑이 되는 해에 사망한다고 했던 내 말이 마음에 걸려서 한 번 더 확인해야겠다는 생각에 나를 찾은 것이란다.

"이제 3년만 있으면 마누라가 환갑인데 정말 그때 죽습니까?"

"현대는 의학기술이 좋아서 좋아지시겠지요."

나는 현대의학을 거론하며 더 이상 말하지 많았다. 그날 이후 그는 수시로 안부를 물어왔고 나 역시 경기지방경찰청 청문감사관에서 경무관 신분으로 명예퇴직을 하였다.

퇴직 후 어느 해 연말이 되었을 때 그는 가족을 동반하여 나와 저녁 식사를 하게 되었는데 그 장소에서 나는 처음으로 그의 부인 G 모 박사를 만나게 되었다.

"서장님이 용하시다는 말을 많이 들었습니다. 새로 지은 우리 집에 한 번 오시어 집터 좀 봐주십시오."

사색이 되어 겨우 식사를 하는 그녀가 나에게 마지막으로 부탁하는 말 같았다.

그 후 해가 바뀌고 그녀가 61세가 되는 2월도 열흘가량 지나자 갑자기 L 전 청장에게 전화가 왔다.

"이 서장. 마누라가 위암이 재발하여 서울대병원 응급실에 입원했는데 말도 못하고 눈만 감고 있어 미칠 것만 같은데 내 마누라 정말 안 될 것 같소?"

그는 어쩔 줄 몰라 하며 간절히 되묻는 것이다.

"청장님, 마지막을 준비하시지요. 장지는 준비하셨나요?"

"장지는 모란공원 묘지에 인도까지 유학을 다녀온 유명한 스님에게 부탁해서 미리 분양받은 것이 있는데 조카와 같이 한번 가 봐 주시지요?"

"알겠습니다."

나는 그의 조카와 같이 모란공원을 찾았다. 외관으로 보아서는 터가 아늑해 보였지만 약 30센치 땅을 파면 물이 솟아오를 음습한 땅이었다.

내가 흉지라고 강력히 반대하자 그는 이튿날 조카와 같이 파주에 있는 P 공원 묘지를 찾아가 길지를 정하고 나자 그 이튿날 아침 그녀가 그만 숨을 거두고 말았다.

정확히는 내가 예언했던 7시간을 앞당겨 사망한 것이다.

내게 부탁한 그녀의 마지막 말에 따라 그녀가 영면할 장소를 내가 정해 주게 되었고 그곳은 나름대로 길지가 분명하다고 믿고 있다.

장사를 치르는 날 L 전 청장이 너무 슬퍼하기에 그를 달래고자 내가 또 한 마디를 하였다.

"청장님. 너무 슬퍼하지 마십시오. 2년이 지나면 재혼하시게 될 텐데……."

"이 사람, 날 놀리는 거야! 나는 끝까지 혼자서 살 것인데……."

그는 내게 화를 내었다.

L 전 청장이 사랑하던 아내를 떠나 보낸지 2년이 지났다.

그동안 아들 둘은 직장관계로 한 집에서 살지 않게 됐고 외롭게 혼자 남은 그는 아내와 함께 했던 추억에 눈시울을 적셨고 내게도 수시로 전화하여 식사를 같이하자고 요청하기도 하였다.

"나 혼자 잠자는 빈방에 키를 따고 들어가서 파출부가 차려 놓은 밥상을 대하자니 기가 막힙니다."

비록 64세의 나이지만 앞으로 살날이 막막하다는 하소연까지 했다.

그러던 어느 날,

"이 서장, 많은 사람들이 재혼하라고 야단인데 부끄럽지만 누가 좋은지 궁합 좀 봐주소."

그는 5명의 사주를 일일이 불러주면서 자신과 잘 맞는 사람을 골라달라는 것이다. '그렇게 사랑하였던 아내를 떠나 보낸지 얼마나 되었다고 벌써 재혼이란 말인가?' 한편으로는 야속하다는 생각마저 들었다.

"청장님 마음에 드시는 분 있어요?"

"그 중에 모 대학 교수가 나와 나이 차이가 25살이나 되는 처녀라고 하던데 그 사람과는 어떤지……."

전 부인이 교수였으니 이번에도 교수란 말인가? 나는 5명의 후보 중 그의 사주와 비교하여 4살 연하인 사람을 골랐다.

"청장님이 말씀하신 그 교수님은 궁합이 상극이라 수명을 단축하게 하고 자식들과도 불화할 야생마인데 어찌 감당하실 겁니까?"

"그러면 누가 좋은지……."

"청장님은 화기가 지나치게 왕성한 사주라 화기를 식혀줄 수기가 많은 분이라야 좋습니다."

나는 대구에 살고 있다는 4살 연하의 여인이 좋겠다고 하자 그는 내가 정해준 그녀를 선택하기로 결심하고 주말이 되면 중간 지점인 대

전에서 서로 만나 데이트를 하면서 1년간 교제하다가 4년 전 정식으로 결혼식을 올리고 행복하게 잘살고 있다.

이장(移葬) 후 패망한 어느 그룹회장

"회장님! 내년이면 틀림없이 변고가 생길 것 같습니다."

"변고요? 변고는 무슨……."

"두고 보십시오, 제 말이 틀리는 지를……."

내가 명예퇴직을 하고 집에서 쉬고 있을 때 어느 지인의 소개로 여의도에서 5개 계열사를 두고 있는 A 모 그룹 회장을 만나게 되었다.

어느 지인의 말을 들었는지 알 수 없지만 그는 나를 만나자 말자 대뜸 자신의 사주부터 봐달라고 하였다.

그룹 총수의 사주는 과연 어떤 것인지 궁금하기도 하여 즉석에서 명식을 뽑아 이복형제가 있다는 것과 가족사항, 그리고 성장과정을 요약해서 말하자 "아주 정확하다."며 앞으로 자기 옆에서 고문역을 맡아 달라고 하는 호의를 베풀었다.

"6개월만 더 일찍 알았어도 우리선조 이장할 때 참여했으면 좋았을 텐데……."

"선산을 이장하셨어요?"

"예. 고향이 경주인데 그때 많은 사람을 동원해서 큰일을 했지요."

"주변 산은 어떻게 생겼습니까?"

"물길이 왼쪽에서 오른쪽으로 흐르는 언덕인데 참 좋은 곳이고 좌향은 간좌곤향(艮坐坤向)이라 합디다."

"예? 간좌곤향인데 왼쪽에서 오른쪽으로 물길이 빠져 난간다구요?"

"물길은 왼쪽에서 오른 쪽으로 흘러가는 것이 분명해요."

"회장님! 그럼 큰일입니다. 간좌곤향은 우선(右旋) 이라 하는데 물길은 반대로 흐르는 좌선수(左旋水)가 되니 풍수의 기본도 모르는 사람이 터를 잘못 잡은 것입니다."

"터를 잘못 잡다니요? 서울에서 유명한 H 대학 풍수지리학과 L 교수하고 형님이 추천하는 지방풍수 2사람과 3명이 선택한 대길지라 하던데요?"

"풍수학과 교수 중 이기법을 모르는 사람이 많고 진혈(眞穴)이 아니라면 내년쯤 화가 닥칠 것 같은데……."

나는 더 이상 말하지 않고 집으로 돌아왔지만 그는 유명한 대학교수가 잡은 터를 가지고 왈가왈부하는 것이 못 마땅하다는 표정이었다. 저녁때가 되었을 무렵 갑자기 C 회장의 전화가 왔다.

"이 선생! 바쁜 일 없으면 내일 나하고 우리 고향에 좀 가실 수 있어요?"

"몇 시까지 어디로 나가면 될까요?"

"내가 운전사와 같이 갈 테니 주소를 알려주세요."

이튿날 나는 C 회장과 함께 경주로 향했다. 도중에 점심식사를 하고 오후 2시가 되었을 무렵 미리 연락을 받은 그의 이복형 내외가 산 입구에서 우리를 기다리고 있어 간단한 인사를 한 다음 곧바로 묘역으로 올라갔다.

시골 마을 뒷산을 올라 주위를 살펴보니 불이 활활 타는 듯한 화형(火形)의 산 중턱에 '品'자 형태로 이장된 새 묘역에는 그의 조부모를 합장을 하고 큰 형의 친부모는 쌍봉으로 나란히 조성되어 있었다. 주변 국세나 물길은 전혀 풍수이기법에 맞지 않았고 진혈(眞穴) 또한 아니었으며, 지대가 높은 곳에 인공적으로 객토를 수십 차를 실어다 부어 모양만 그럴 듯하게 조성되어 있었다.

두 형제가 거듭 내 얼굴을 쳐다보며 내가 무슨 말할 것인지 궁금해하는 눈치였다.

"국세가 하나도 맞지 않고 모양만 그럴 듯하게 만들었군요?"

"당신이 누군데 건방지게 남의 묘를 보고 그따위 소리를 지껄이는 거요? 당신이 대학교수보다 더 잘 안다는 말이요?"

그의 큰 형이 내게 버럭 화를 내면서 말을 못하게 가로막는다.

분위기가 이쯤 되면 더 이상의 설명은 필요 없지 않은가?

"회장님, 묘소 잘 보았으니 서울로 올라갑시다."

나는 그들보다 먼저 산에서 내려와 타고 왔던 차에서 C 회장을 기다렸고 두 형제는 천천히 내려오면서 무슨 말을 주고받는 모습들이었다.

C 회장과 나는 충청도 공주에 모셨다는 C 회장의 친어머니 묘소로 가는 차 안에서 그는 형에게 아까 들은 이야기를 내게 말해주었다.

"형은 그룹총수인 내가 더 잘되려고 또다시 이장하려한다고 오해하면서 시골에서 농사짓고 사는 형도 조상의 음덕을 받아서 잘 살아야 하니 이장은 어림도 없다고 하네요. 비록 그 묘가 잘못되었다고 해도 이제는 어쩔 수 없어요."

"일부러 흉지를 찾아 쓴 것 같군요."

"할 수 없으니 어머님 산소나 한번 봅시다."

오후 5시가 되었을 무렵 우리일행은 그의 생모가 잠들어 있는 무덤 앞에 당도 하였다.

산 끝에 외롭게 조성된 모친의 산소는 남향이라 따뜻하기는 하나 좌우를 감싸는 청룡백호 등 호종사(護從砂)가 없고 풍수 이기법에도 벗어나 있었다.

"어떻습니까?"

"평범한 자리 같습니다."

"그러면 됐지, 지금 와서 어찌 하겠습니까."

우리는 그길로 상경하여 밤 8시가 되어서야 겨우 집에 도착할 수 있었다.

어느 날 C 회장이 그룹에서 중역을 맡고 있다는 어느 분을 소개하였는데 그분의 형은 K 씨로 당시 K 도지사로 재직하는 사람이었으며 임진년에는 기필코 형이 대통령이 될 것임을 장담한다고 했다.

"이분은 우리나라 역술계에서 고수급에 속하는 분이신데 형이 임진년에 대권을 장악할 수 있는지 사주 한번 보시지요?"

C 회장이 나를 소개하자 그는 눈빛을 번쩍이며 자신이 있다는 듯 서슴없이 내게 말을 걸었다.

"우리 형이 대권만 잡는다면 저는 목숨도 버릴 수 있습니다. 사주는 어머니께 한 번 더 물어봐야겠으니 좀 기다려주십시오."

그는 즉석에서 그의 모친에게 전화하여 생년월일시를 물었다.

"정밀하게 풀려면 시간이 걸리니 일주일 후에 알려드리겠습니다."

그의 형 사주를 받아든 나는 일주일 후로 약속하고 돌아왔는데 3일쯤 지나자 그는 조바심에 독촉을 하였다.

"선생님 시험을 치고 나서 합격여부를 기다리는 것처럼 조바심이 됩니다. 우리 형 어떻겠어요?”

“약속드린 날짜에 만나서 말씀 드릴게요.”

나는 약속 날 먼저 C 회장을 찾았다.

“풀어 보니 어때요?”

“임진년은 반드시 실패할 것입니다.”

“그럼 저사람 회사에 별 볼일 없네. 형이 대권을 잡으면 회사에 도움 될 줄 알았는데…….”

C 회장은 K 도지사가 임진년에 대권을 잡을 줄 알고 그의 형 부탁을 받고 임시로 중요한 자리에 배치했다는 것이란다.

비서실에서 연락을 하자 그가 회장실로 왔기에 나는 그의 표정을 살피면서 조심스럽게 입을 열었다.

“형님께서는 관운이 무척 좋으십니다. 앞으로 큰 정치인이 되실 겁니다. 하지만 임진년에 대통령은 되지 못하실 겁니다.”

“…….”

그는 갑자기 얼굴색이 파랗게 질리더니 어디 두고 보라는 듯 더 묻지 않고 그냥 회장실을 나가버렸다.

그 후 그의 형은 총리지명자가 됐지만 모종의 문제로 국회 청문회를 통과하지 못해 총리직 문턱에서 좌절하였고 그 다음해에는 국회의원에 당선되었다.

임진년이 되자 그의 형이 대권후보자로 출사표를 던졌으나 당 경선에서 그만 낙선의 고배를 마시고 말았다.

그 후 나는 C 회장의 추천으로 그룹 한 계열사의 감사가 되었고 주주총회의 승인도 받았다.

"회장님 제가 해야 할 업무가 무엇입니까?"

"아무 일도 하지마시고 우리 가족이 묻힐 천하명당자리 하나만 찾아주시면 한 10억 정도 사례하겠습니다."

"천하명당을 찾아 달라구요?"

나는 어이가 없었다. 천하명당이 쉽게 구해지는 것도 아니지만 그의 말을 액면 그대로 믿은 나는 어리석게도 그가 내준 차를 타고 영하의 추위에도 불구하고 5천분의 1지도를 들고 경기도 일대를 이 잡듯이 샅샅이 찾아 나섰다.

약 한 달쯤 되었을 무렵 나는 범상치 않는 터를 발견하고 C 회장에게 보고하자 그는 무척 기뻐하며 당장 그 곳에 가보자고 하였다.

나는 이튿날 C 회장과 같이 그 장소에 가서 산세를 설명하였고 C 회장도 흡족해하며 눈여겨 살피다가 사진촬영을 한 후 돌아왔다.

그 후로 한 달이 지나도록 C 회장은 내게 아무런 말도 하지 않아 이상한 생각이 들어 같이 갔던 운전사에게 물어 보니 C 회장이 나 몰래 그 땅을 매입하려고 C 부장에게 밀명을 내렸다는 말을 전해 들었고, 다시 C 부장을 다그쳐 사실임을 확인하게 되었다.

나는 분한나머지 더 이상 그의 손에 놀아나지 않아야 한다는 생각에 사표를 써서 그를 찾아 갔다.

"이보시오. 회장님! 사람을 갖고 노는 거요? 내가 C 부장에게 다 들었는데 당신과 같이 일하려는 내가 어리석었소!"

나는 그의 책상 위에 사표를 던지고 방문을 박차고 나왔다. 정직하게 일해 온 공직자들이 사회에 나가면 사기를 당하기 쉽다는 선배들의 말이 생각났다.

그 후로 4년이 지나도록 나는 한 번도 그에게 연락을 하지 않았고 수첩에서 아예 그의 전화번호까지 지워버렸다.

그를 잊고 있던 어느 날 갑자기 그에게 전화가 왔다.

"선생님, 정말 오래간만입니다. 시간이 있으시면 한 번 뵙고 싶은데……."

"회장님 그동안 잘 계셨어요?"

나는 경기도 과천시에 살고 있는 그의 집을 찾아가기로 약속한 후 동양 난을 사들고 약속한 시각에 그를 찾았다.

집 앞 공터에는 병색이 짙어 보이는 그가 나를 맞아주기에 의아해하였는데 사무실에서 그가 내게 들려준 이야기의 요지는 이러했다.

"조상 묘지를 이장한 그 다음해 회사에서 수백 억 원을 사기당하여 하는 수 없이 남은 주식을 처분하고 이곳 가건물에 사무실을 내어 아내가 사장을 하고 있으며, 큰 형님은 두 달 전 해병대를 나온 외아들이 연애하던 여자와 결혼하려는 것을 반대하자 그만 난간에서 뛰어내려 자살했습니다."

이런 저런 일들을 생각해보니 내가 한 말이 정확했다면서 앞으로 어떻게 하면 좋을지 그 방법을 알려달라는 것이었다.

그렇게 자신만만하던 그룹의 총수도 단 한 번의 실수로 패망한 것을 확인한 나는 '앞으로 점차 좋아질 것'이라는 덕담의 말을 남기고 쓸쓸히 돌아왔다.

김 장관은 총선에서 낙선될 것이오

"과장님 이것 하나만 꼭 봐주십시오."

경찰청 모 부서에 근무하는 차 경정의 전화다.

"차○○ 씨! 이제 그만 하시오. 당신이 보기에 내가 시중에 흔한 역술인들처럼 보이는 모양인데…….."

나는 그를 심하게 나무랐다. 그는 기회 있을 때마다 자기가 알고 있는 주요 정치인들의 사주를 내게 물어왔고 내가 지방에서 근무할 때는 휴가를 내어 거물급 인사들을 모시고 내게 직접 찾아온 적도 있었다.

"그런 게 아닙니다. 이번만은 아주 중요한 일입니다."

그가 한사코 떼를 쓰는 것을 보니 그의 주변에 있는 어느 특정 정치인의 명식에 관한 것 일거라고 쉽게 짐작할 수 있었다.

"사실 현 행자부 장관인데 비서실에서 내게 좀 알아봐 달라고 하니 한 번만 꼭 좀 확인해 주시오."

차 경정은 행자부 장관 김 모 씨와 동향이고 나이도 비슷하다. 장관 재직 중 현실적인 어떤 문제로 인해 야당 국회의원들이 그를 해임시켜야 한다는 말이 오가니 불안하고 무척 당황스럽다는 것이었다. 사실 행자부장관이면 나의 상관이기도 했다. 나는 마지못해 그가 불러 준 김 모 장관의 사주명식을 정밀히 풀어보았다. 어려서는 여러 가지로 불우한 환경에서 많은 고생을 하였으나 주관과 개성이 분명하고 추진력 또한 강한 귀한 신분이다. 마침 좋을 때가 도래되어 장관으로 발탁되었으나 갑신년(甲申年)은 자신의 명식 중 두개의 인(寅)과 신(申)이 상충이 되는 해로서 매우 불리하다. 나는 차 경정에게 사주명식 내용에 대해 다음과 같이 대답하였다.

"모 장관은 앞으로 100일 이내 반드시 물러나게 될 것이요"

"예?"

그는 전혀 믿으려 하지 않았다.

"그는 재상이 될 귀명이지만 올해는 관운이 없어 100일 내 장관직에서 물러난다니까!"

내가 단호하게 한마디를 더 하자 차 경정은 무척 서운해 하는 목소리였다.

"대통령이 붙잡아줘도 안 되겠습니까?"

"대통령인들 어찌하겠나? 그것이 그분의 운명인 것을."

나는 그 말을 하고 나서 전화를 끊었다.

그 후 몇 달이 지나자 김 모 장관의 해임건의안이 국회에 상정되었다는 뉴스가 흘러나왔다.

"이 형! 행자부장관 이번에 어떻게 될 것 같아?"

친하게 지내온 이 과장이 내게 묻자 함께 점심식사를 하던 다른 동료 과장들도 내게 눈길을 보낸다.

"그분은 장관직에서 반드시 물러나게 되어 있어."

그러자 함께 식사하던 과장들도 내게 한마디씩 던진다.

“실세장관인데 그리 쉽게 물러나겠는가?”

“국회에서 해임건의안이 통과될 것인데 물러나지 않는다면 대통령께 정치적 부담을 주게 될 것이야.”

“물러나서 국회의원 출마나 하지 여당이 17대 총선에서 바람을 몰고 올 텐데.”

나는 고개를 흔들었다.

“사람이 죽고 사는 것도 모두 때가 있으니 그 때가 아니면 사람의 힘으로는 어쩔 수 없는 것 아니겠소.”

“그럼 이번 17대 국회의원에 출마해도 안 된다는 말이요?”

이 과장이 불쑥 내게 되물었다.

“만약 행자부 장관이 제17대 국회의원에 당선되면 내 손에 장을 지지겠소.”

나는 그의 금년 운을 미리 확인한 터라 단호하게 말했다.

“당신 그 말 책임져야 해!”

옆에 있던 김 차장도 웃으며 내게 한 말을 던진다.

“책임이 아니라 그렇게 될 것이란 말이지요.”

나는 더 이상 강변하고 싶지 않았다.

그 후 일주일이 되던 어느 날 행자부 장관은 스스로 물러나고 말았으니, 차 경정이 내게 전화하는 날로부터 정확히 100일째 되는 날이었다.

17대 국회의원 입후보자 공고가 나붙자 김 전 장관도 출사표를 던졌다.

“이 과장님 행자부 김전 장관은 국회의원이 무난하겠지요?”

차 경정이 여당의 열기를 감지하고 나서 전화로 내게 또 물었다.

“차 경정! 아무래도 17대 국회는 어렵겠으니 김 전 장관을 직접 찾아가서 그만두시라고 만류하게나."

나는 차 경정에게 행자부 전 장관을 직접 찾아가 국회의원 출마의사를 철회토록 말렸으나 그는 이미 당으로부터 공천을 받은 상태라서 반드시 승리하기 위해 고군분투하고 있다는 소식을 전해 들었다.

그 후 선거운동을 거쳐 투표가 끝나고 총선결과를 발표하는 날이다. 내가 예언한대로 제17대 국회의원 당선자 명단에는 행자부 김 전 장관의 이름을 찾을 수 없었고, 차 경정의 전화도 없는 것을 보니 선거운동기간 동안 낙선될 것이라고 한 내가 얼마나 그들에게 얄미운 존재였을까 하는 생각도 해보았다. 많은 사람들은 모든 일에 때가 있음을 알지 못하고 '내가 장관했으니 당연히 국회의원도 할 수 있다'는 생각을 하는 것 같다.

"이 과장의 말대로 행자부 전 장관이 이번 17대 국회의원 선거에서 낙선되었지요?"

김 차장은 총선결과를 발표하는 TV수상기 앞에서 여러 과장들과 점심식사하면서 내게 물었다.

"이 형! 정말 귀신같이 잘 맞추는 군요, 퇴직하고 그 방면으로 나가도 출세하겠어!"

이 과장의 농담 섞인 말에 나는 웃음으로 대답하였다.

총장님은 아직 때가 아닙니다

"따르릉!"

"따르릉!"

일요일 아침 6시경 전화벨이 울렸다.

"주요사건이 발생한 것인가?"

나는 늦잠을 자려다 말고 잠에서 깨어나 수화기를 들었다.

"서장님이시오? 나 정수사 주지스님이요. 아침 일찍 전화해서 미안해요."

평소 나와 친하게 지내오던 정수사 주지스님의 다정한 목소리였다.

"스님 이른 아침에 웬일이세요?"

나는 의아해 하면서 용건부터 물었다.

"오늘 사무실에 몇 시에 나와요?"

"일요일이라 좀 늦게 나가려고 합니다마는……."

"한 9시쯤 서장실로 가면 되겠소?"

일요일이지만 빨리 사무실로 나와 달라는 독촉이었다.

"무슨 일이신지요?"

나는 용건이 궁금해서 재차 물었다.

"중요한 일을 상의하고 싶어서 그러는데 아침 9시쯤 서장실에서 뵙겠습니다."

"알겠습니다. 스님."

중요한 일이 무엇인지는 모르지만 평소처럼 아침 9시에 서장실로 나오라는 전화였다. 나는 가족과 관사생활을 해 왔기에 공휴일 할 것 없이 날마다 사무실에 출근하여 관내 치안상황을 살펴 오던 터라 여느 때처럼 아침식사를 하고 곧바로 사무실로 나갔다.

똑! 똑! 똑!

서장실 문을 두드린 정수사 주지 스님이 40대 중년쯤 되어 보이는 여자 한 분과 같이 서장실로 들어섰다.

"서장님 너무 일찍 찾아와서 죄송합니다. 이분은 저의 신도인데 서장님께 중요한 볼일이 있어서……."

나는 합장하는 정수사 주지스님의 인사를 합장으로 답하면서 자리를 권하자 같이 온 여자 신도라는 사람은 목례로 인사하고는 내가 권하는 자리에 앉았다.

"녹차 한잔씩 올리겠습니다."

녹차를 마시면서 정수사 주지스님이 내게 털어놓는 용건은 이러하였다. 어느 분이 지역에서 중요한 일을 해야겠으나 앞일을 예측하기 힘들어 평소 친하게 지내면서 역술에 조예가 깊은 정수사 주지스님의 도움을 받고자 찾아갔으나 이런 것이라면 최고수급인 경찰서장에게 물어봐야 한다면서 일부러 내게 데리고 온 것이란다.

"죄송하지만 이 사람의 사주 한번 풀어 보시고 앞으로 어떤 일을 해야 할지 전도를 좀 알려 주십시오”

정수사 주지 스님이 내게 적어준 사주명식은 같이 온 여인의 것이 아니라 60대 초반인 어느 남자의 것이었다. 함께 온 여인은 전혀 말이 없었고 당신의 실력이 어느 정도인지부터 알아보는 것이 순서라고 생각하는 것 같았다. 나는 사주명식을 통변성에 의해 풀고 나서 수리명리학인『범위수비결』로써 검증하였다.

“이 사람은 어릴 적 부친을 여의고 홀어머니 밑에서 어렵게 공부하여 크게 성공한 장관격의 명(命)인 것 같습니다. 만약 출생시가 틀리지 않았다면 내 말이 틀림없을 것이고 앞으로 4~5년 더 지나면 또다시 크게 쓰이시게 될 나라의 동량입니다.”

나는 사주의 격국과 육친관계, 대운과 세운의 진행 방향을 수리로 적어가면서 설명하였다. 두 사람은 서로 얼굴을 마주보면서 놀라는 표정이었다.

“서장님 정말 놀랍습니다. 이분은 행자부장관을 지내시고 현재 대불대학 총장으로 계시는 최○○씨인데 옆에 계신 이분은 그 어른의 보좌관입니다.”

정수사 주지 스님은 마치 어린아이처럼 반가워하며 대단하다는 말을 연발하였다.

“사실 며칠 전 전남도지사에 출마하시겠다고 선언을 하셨는데 당선될 가능성은 없겠습니까?”

여인은 상기된 표정을 지었으나 전남도지사 당선 유무가 우선 궁금했던 것이다. 나는 한참 눈을 감고 있다가 고개를 가로저었다.

“지금은 때가 아닙니다. 주위의 유혹이 클 것이라 출마하면 당선될 것 같지만 결과는 반드시 실패할 것이고 4~5년만 더 기다리시면 나라를 위해 더욱 크게 쓰이실 것이니 그리 아시오.”

나는 단호하게 만류하였다. 그리고는 주역괘로 풀이한 명식을 워드로 쳐서 그녀에게 주었고 왜 그런 대답을 하게 되었는지 그에 대한 해설서까지 함께 적어 주었다. 그러고 나서 1주일 만에 대불대 총장 최씨는 전남도지사 출마를 철회하였으며, 그 후 정확하게 4년이 지난 제17대 총선에서 그는 무소속으로 국회의원에 당선되었고 2선을 거쳐 모당 중진의원을 역임한 최○○ 의원이다.

터 하나에 10억 원씩 받았다는 가짜도사

"재벌 총수들이 터 한 번 봐주면 한 십억씩 안 갖다 주나"

소위 ○○도사라고 자칭하며 한때 장안에 화제가 되었던 어느 노인이 인기리에 방송되고 있는 '주병진 토크쇼'에 출연하여 엉뚱하게 내뱉은 말이다. 개량 한복에다 길게 늘어뜨린 수염하며 그의 모습은 누가 보아도 오래 동안 산속에서 도를 닦고 나온 도사의 모습이었다.

당시 전국의 시청자들은 그 방송을 보고 그를 어떻게 평가하였을까?

모두가 풍수도사로 알고 있는 그가 인기프로인 '주병진 토크쇼'에 출연하기까지의 사연은 이렇다. D 출판사의 기획아래 모 대학에서 국문학을 가르쳤다는 ○○씨 등이 풍수에 대한 설화나 이야기들을 모아 각색한 책이 베스트셀러가 되면서 책 속에 주인공으로 등장한 그가 스스로 풍수도사임을 자처하면서 자칭 풍수도사가 됐다. 직무상 그냥 웃어넘길 일이 아니라고 생각한 나는 실체적 진실을 발견하고자 문제의 그 책을 서점에서 구입하여 수회 반복해 읽고 나서 모두가 거짓임을 단정할 수가 있었다. 그것은 그가 정식으로 풍수학을 공부하지 않았으면서 풍수에 관한 술법을 교묘히 이용하여 허풍을 치는 것을 글 좀 쓰는 사람들이 그에 동조하여 미화하였거나 신인(神人)으로 크게 부각시킨 소위 꾸며낸 작품임을 확인할 수가 있었다. 더욱 가관인 것은 책 표지에 '일본 히로히토 천왕'과 '장개석 총통' 그리고 '등소평의 묘 터'까지 자신이 직접 잡아 주었다고 적혀 있는가 하면 '1998년 봄에는 남북통일'이 되고 '김정일은 미국망명길에 오른다.'라고 기록되어 있었다. 나는 먼저 그의 신원확인과 함께 출입국관리사무소 등 여러 경로를 통하여 사실여부를 확인했으나 그의 말들은 모두가 근거 없는 거짓임이 확인되었고 내가 십수 년 전 그의 고향 관할 경찰서에서 근무할 기회가 있어 그를 잘 아는 사람 등을 통하여 주변을 확인한 결과 그가 가짜도사 행세를 하고 다닌다는 사실을 쉽게 알 수 있었다. 그러나 전직 대통령 친인척을 비롯하여 이미 대통령이 될 사람까지 그를 불러 가족 묘소를 정했기에 너무 유명인사로 비춰진 그를 공개적으로 내사하기란 쉽지 않았고, 언론 등에서도 그를 조사한다는 사실이 알려진다면 가만히 있지 않을 것이기에 나는 이 일을 기획한 출판사 사장부터 은밀히 불러 확인해보기로 하였다.

"D 출판사죠? 요즘 베스트셀러를 잘 만든다고 해서 전화 드리는데 사장님 좀 바꿔주세요."

나는 그 출판사에 맡길 좋은 원고가 있는 양 조심스럽게 전화를 걸었다.

"전화 바꿨습니다. 누구신지요?"

전화를 받는 사람은 당찬 여자의 목소리였고 그냥 수사기관에 나오라고 한다면 의심부터 할 것 같았다.

"저 글 좀 쓰는 사람인데요. 원고가 있어서 사장님 한번 뵙고 상의 드릴까 해서……."

원고가 있어 출판문제로 상의할 것이 있다고 하면서 그녀를 경찰청 내 사무실로 자연스럽게 부른 것이다.

"그럼 오후 2시경 찾아뵙겠습니다."

그녀는 아무 거리낌 없이 만나 뵙겠다며 전화를 끊었다. 그날 오후 2시경, 다른 여직원 한 명을 대동한 그녀가 서울 서대문에 있는 경찰청 특수수사과 사무실로 나를 찾아왔다.

"뵙게 되어 반갑습니다. 좋은 책을 기획하신다고 해서."

나는 그녀가 운영한다는 D 출판사를 은근히 추켜올렸다.

"저희 출판사는 좋은 책만 냅니다."

그녀는 자신이 사장으로 있는 D 출판사 자랑을 하면서 그 출판사에서 출판한 시집 등 몇 권의 책을 내게 선물로 내밀었다.

그녀의 나이는 40대 초반쯤 되었고 법대를 나와 고시공부를 하다가 어떤 인연으로 출판사를 운영하게 되었다는 말까지 내게 하였다.

"○○도사님은 어떤 분이시죠?"

나는 조심스럽게 그 출판사에서 출간한 책에서 신처럼 떠받들던 ○○도사에 대해서 묻자 그녀는 갑자기 찡그린 표정을 지으며 한참 침묵하고 있다가 입을 열었다.

"대 도사로 만들어 주었더니 욕심이 너무 많아서 이제 눈(풍수를 보는 안목)도 보이지 않아요."

나는 내심 깜짝 놀랐다.

○○도사는 그의 책에서 구구절절 강조하기를 풍수는 욕심을 버려야한다는 내용으로 조부모님 묏자리 까지도 평범한 곳에다 이장했다면서 격암 남사고의 9천10장(九遷十葬)까지 언급하지 않았던가!

그런데 기획을 담당하였던 출판사 사장이 전혀 엉뚱한 말을 하는

데야 무슨 설명이 더 필요하겠는가!

"욕심이라니요? 도사님이 무슨 욕심을?"

나는 그녀에게 한 번 더 되물었다.

"……"

그녀는 더 이상 대답하지 않았으나 ○○도사라는 노인이 인기가 생기니 출판사와 당초 계약하였던 내용과 다른 그 무엇을 요구했거나 아니면 그가 토크쇼에 출연해서 말하듯 터 하나에 몇 10억을 받으려 한다거나 하는 것 등으로 인해 무리를 야기한다는 것을 감지할 수 있었다.

"원고는 좀 더 수정해서 사장께 직접 드릴 테니 오늘은 그냥 돌아가십시오. 죄송합니다."

나는 그녀가 눈치 채지 못하게 그냥 돌려보냈다.

그 후 나는 ○○도사라는 노인을 직접 만나 한번 물어 봐야겠다는 생각이 들었다.

"○○도사님이시지요? 저는 S 그룹 이 비서관입니다."

출판사를 통하여 전화번호를 알아낸 나는 아침 일찍 그의 사무실로 전화를 하였다. 대 그룹 회장 비서실을 사칭하고 회장이 만나자고 한다하면 틀림없이 나올 것이라는 것을 그의 주변 사람들로부터 익히 들은 바 있었다.

"이 비서관, 그럼 그 시각에 약속 장소에 나갈 테니 주위에 다른 사람은 물리시오."

그는 다른 사람과 함께 있는 것을 무척 기피하는 듯 했다. 약속된 오후 1시경 나는 먼저 그의 사무실 앞에서 승용차로 기다리다가 그가 문 앞을 나오는 것을 보고 정중히 인사한 후 내 신분을 미리 알린 다음 곧바로 내가 근무하는 경찰청 사무실로 안내하려 하였다. 그러자 그는 처음에 약간 당황한 듯하더니 이내 담담한 태도를 보이면서 좋다고 쾌히 승낙하기에 무리 없이 그를 내 사무실에서 대면할 수 있었다.

조용한 사무실에서 차 한잔을 나누며 그와 마주한 나는 찬찬히 그의 면모를 뜯어보았다. 내가 만나본 그는 오랜 수련을 통하여 정신과 눈빛이 맑은 도사의 풍모가 전혀 아니었고, 얼굴에는 욕심으로 가득한, 탁한 눈빛이었다.

"○○도사님! 만나 뵙게 되어 반갑습니다."

잠시 후 나는 그에게 정식으로 다시 인사를 하였다.

"당신은 대체 누구요?"

그는 내가 누구인지 그것이 궁금했던 모양이다.

"저는 경찰청에서 특수수사를 담당하고 있는 이 경정입니다."

신분증을 보여주면서 내가 경찰청에서 특수수사를 담당하는 수사관임을 확인시키자 아까 당당하던 모습과는 너무 다르게 이번에는 얼굴 표정이 서서히 굳어가기 시작했다.

"저번에 주병진 토크쇼에 출연하였을 때 재벌총수들이 터를 봐주면 한 10억씩 갖다 준다고 하셨는데 누구누구의 터를 봐주고 10억씩 받으셨는지 그것을 확인하려 합니다."

나는 먼저 그의 약점을 물어 당당해 보이려는 그의 기를 꺾고자 하였다.

"……"

"공개방송에 출연하여 영감님이 직접 말씀하셨잖아요? 한 10억씩 받았다면 세금문제나 비자금 조성 등 해당 기업에 확인할 것도 있고."

그는 내 말에 창백한 표정을 짓다가 약 20여 분이 지나갈 무렵 그의 책을 보여주면서 책 내용에 대해 되묻자 그는 서서히 변명으로 대답하기 시작하였다.

"책 표지에 히로히토 일본천왕과 등소평, 장개석 총통의 묘 터를 잡아주셨다고 되어 있는데 출입국 관리사무소와 해외공관 등 관계요로에 확인해 보니 모두가 사실이 아닌 것으로 확인되었는데요?"

나는 책 표지에 나와 있는 주요 제목부터 물어보았다.

"그 책은 내가 직접 쓴 것이 아니고……."

그는 출판사에서 자기네들이 일부러 만든 것이라고 변명했다.

"지은이가 본인이고 내용도 영감님이 직접 말씀하신 것을 옮겨 적은 것이라고 했는데?"

"나는 눈이 어두워 글자도 잘 보이지 않는데 어찌 글을 쓰겠소, 모두 ○○교수가 지어낸 것이지……."

그가 그토록 자랑하던 ○○도사답지 않게 모두가 출판사에서 꾸며 낸 것이라 했다.

"김일성 시조 묘에 대해서는 너무 말이 많은데 김일성은 6·25동란을 일으킨 장본인으로 잘못 말하면 그를 미화한 것이 되어 국가보안법에도 위반될 수 있습니다."

"……"

"전주 김씨 종친회에서도 김일성은 전주 김씨가 아니라 하는데 어찌하여 713년이나 지난 그 묘가 발복했는지 풍수적인 근거를 말해보시오. 저도 어릴 적부터 역경(易經)을 공부하였기에 풍수와 주역의 선, 후천괘를 모두 다 알고 있으니 내게 거짓말하실 생각은 아예 하지 마시고 풍수이론에 대하여 어디 한번 얘기 해봅시다."

“……”

나도 어릴 적부터 풍수와 역경을 공부했으니 어디 풍수학적으로 한 번 따져 보자고 하자 그는 그만 풀이 죽고 말았다. 한참 후 나는 그를 달랬다. 더 이상 문제 삼지 않을 테니 김일성 사망에 대하여 어떻게 그런 말을 하게 되었는지 분명히 말해 달라면서 내가 알고 있는 김일성의 사주까지 풀어 보이며 친근하게 설명하자 그는 다시 입을 열었다.

“나이가 많은 김일성이가 언제 죽을 것이라는 것은 당시 역학을 하는 사람들의 관심사였고, 80이 넘은 김일성이가 1994년 음력 9월에 죽을 것이라는 말을 수차 들어 왔던 터라 풍수와 짜 맞추기 위해 전주 김씨 시조 묘와 관련시켜 꾸며낸 것을 D 출판사 ○○교수가 그렇게 만든 것입니다.”

그는 내게 진지한 태도를 보였다.

“진실을 말씀해 주셔서 감사합니다.”

나는 더 이상 묻고 싶지 않았다.

그의 책 내용에 대해서 여러 번 물어보았으나 모 출판사에서 글 잘 쓰는 사람들이 만든 것이라면서 내용이나 제목조차 알지 못하는 부분도 있었으며 출판사에서 여러 자료를 수집하여 자신을 소설화 시킨 것이라고도 했다. 그는 또 땅속을 훤히 다 안다고 한 것도 사실은 거짓이었다고 말했다. 옛사람들의 말에 따라 산에서 기도하고 내려오니 권총 등 총기류가 훤히 다 보인다고 한 것도 잘못 말한 것이라고 했다. 그러나 나는 그의 말을 믿지 않았다. 왜냐하면 대부분의 사람들은 자신의 말이 불리하게 되면 출판사나 다른 사람 핑계를 댈 수도 있기 때문이다.

“형법 제347조에는 사람을 기망하여 재물을 취득하거나 재산상의 이득을 취득하게 되면 10년 이하의 징역에 처한다고 규정되어 있습니다."

나는 그에게 형법조항을 일러주면서 경고하였다.

"나는 잘못이 없어요. 여러 사람들이 나를 그렇게 만든 것이지……."

사실 그는 책에서 재계총수 운운하였으나 실지는 이순자 여사의 조부산소를 이장하고 나서 왕비가 날 자리라고 언급한 것 외 대부분 타인의 묘 터나 집터에 대해 설화로 전해오고 있는 것들을 자신이 옮겨서 이야기한 것뿐이라는 변명도 덧붙였다.

"수고하셨습니다. 아직 정식으로 조사하는 것이 아니니 이 일을 절대로 입 밖에 내지 마십시요."

"기자들 알게 되면 골치 아프니 당신이나 비밀로 해주시오."

사무실을 나가는 그는 오히려 내게 비밀로 해달라는 부탁까지 하였다.

이튿날 아침 출근하자마자 나는 권력의 실세인 어떤 사람으로부터 한 통의 전화를 받게 되었다.

"당신이 어제 ○○도사를 조사했나요?"

"확인할 것이 좀 있어서요."

"확인도 좋지만 윗전에서 아시게 되면 불편해하실 것입니다."

"……"

대통령 당선자가 불편해 하신다니 너무 커버린 것인가? 그 후 몇 년이 지나 그가 사망하였는데 그의 묘는 충남 예산군 덕산면 ○○리 소재 가야산 국립공원 내에 묻혀 있다. 가야산은 고종과 순종을 낳아 2대 천자지지(二代天子之地)로 알려진 흥선대원군의 부 남연군(南延君)

이구의 묘에서 가까운 거리에 있다. 그의 묘는 자신이 살아 있을 때 손수 정한 것이 아니라 지방풍수사 조 모 씨에게 부탁하여 미리 석관까지 만들어 놓았던 곳이며 복치형(伏雉形)이라 하여 꿩이 매를 피하여 깊은 숲 속에 숨어 알을 품은 채 웅크린 형상이라고 소문을 낸 것으로 생각된다. 왜냐하면 복치형에는 반드시 꿩을 노리는 매봉이 있어야 하는데 그 묘소 주변 어디에도 매봉은 없다. 그것은 남연군 이구의 묘가 호랑이가 잠자는 개를 노린다는 복호형(伏虎形)을 일부러 그렇게 꾸민 것으로서 제왕지지(帝王之地)를 노렸을 것이라는 것이 내 생각이다. 그러나 내가 확인한 그의 묘소는 제왕지지도, 복호형도 분명 아니다. 그는 생전에 충남 예산군 덕산면 모처에 임야 수만 평을 매입한 적이 있다는 소문이 있고, 지구상에서 오직 하나밖에 없는 최고의 명당은 '자미원'으로서 인구 72억을 다스리는 대제왕지라고 그의 책에서 언급하였기에 사람들은 그가 자미원을 매입한 것이 아닌가 하고 의구심을 갖는 사람도 있을 것이다. 그러나 자미원이라는 명당은 그가 여러 설화를 소재로 꾸며낸 것일 뿐 현실적으로 존재하지도 않고 그의 안목으로 찾을 수 있는 것이 더욱 아니다.

그가 평소에 풍수를 빙자하여 하늘과 땅을 거스르고 대통령 등 많은 사람을 속이지 않았다면 어찌 그토록 갈구하던 최고의 명당 자미원에 묻히지 않고 조상이 잠들어 있는 선영도 버린 채 하필이면 그 말썽 많은 가야산 국립공원에 그것도 다른 사람에게 부탁하여 분수에 맞지 않는 제왕지지를 탐할 수 있는가 말이다.

결혼은 인연이요 승진은 운이다

내가 서울 양천경찰서 수사과장으로 근무할 때 이야기이다. 어느 날 점심때가 되어 경무과장 김 씨와 경비과장 강 씨가 함께 점심식사를 하게 되었는데, 경비과장 강 씨가 어릴 적부터 부친에게 주역을 배웠다면서 주역에 관한 이야기로 점심시간을 다 보내게 되었다. 나는 아무 말도 하지 않은 채 잠자코 듣고만 있다가 식사가 끝날 무렵에야 입을 열었다.

"강 형, 그럼 누가 주역을 잘 맞추는지 내기 할까요?"

나는 경비과장 강 씨에게 주역을 얼마나 정확하게 구사하는지 시험해 볼 겸 그에게 내기를 하자고 권했다.

"나는 주역에 관한 이론만 좀 익혔지 구체적으로 괘를 뽑아서 맞추거나 하는 것은 잘 못합니다."

막상 내기를 걸자 방금 전까지만 해도 장황하게 설명하던 그가 그만 자신이 없는 듯 꼬리를 감추었다. 나는 다시 차 한잔 하자면서 경찰서로 돌아와 그들을 내방으로 불렀다. 먼저 경비과장 강 씨의 생년월일시를 물어 주역괘로써 그의 명식을 풀었다.

"K 형, 형제가 없는 장손으로서 27세에 결혼했으며 결혼할 때 부인은 논 서너 마지기 정도 가지고 시집을 왔고 현재 자녀는 외아들 하나뿐이지요?"

나는 그가 외동으로서 대를 이어 외아들 하나뿐인데다 처가 결혼 때 처가로부터 재산을 보태주는 특이한 명식임을 확인하고 그에게 대뜸 일격을 가했다.

"하모! 외동인데 자식도 하나뿐이지, 내 마누라 시집올 때는 논 서마지기 가지고 시집왔지 그래."

경남 진주출신인 강 과장은 사투리를 섞어가며 깜짝 놀라는 표정이었다.

"아들 하나 있는 것 아직 결혼도 못시켰는데 어떻게 될 것 갔소?"

그는 갑자기 외아들의 운명이 더 궁금했던 모양인지 외아들의 생년월일시를 대뜸 내게 불러준다.

"출생일시가 틀림없나요?"

대부분 명식에서 출생시가 틀리는 경우가 많기에 내가 되물었다.

"출생시는 정확하지요. 출산 때 내가 일부러 확인했으니까."

나는 『범위수비결』로써 자세히 풀이하였다.

"금년에 결혼하게 될 텐데 장차 학자로 큰 이름을 떨치게 될 귀한 인물이군요."

"오. 그래요? 현재 H 대 교수로 있는데 앞으로 잘 살겠소?"

나는 고개를 끄덕였지만 그는 아버지로서 외아들인 자식의 장래가 자꾸만 궁금했던 모양이었다.

"이제 그만합시다."

내가 더 이상 말하지 않자 강 경비과장과 김 경무과장은 감탄하고 각자 사무실로 돌아갔다.

그 후 경비과장 강 씨는 다섯 명이나 되는 며느릿감의 사주를 차례로 가지고 와서 많이 배운 훌륭한 집안 출신이라거나 부유한 가정 규수라는 등 내게 온갖 이야기를 늘어놓으면서 누가 며느릿감인지 보아달라고 졸랐으나, 나는 다섯 명 모두가 아들의 배필감이 아니라고 만류하였다.

그러던 어느 날이다. 오래도록 그의 자식을 따르는 제자라면서 그녀의 생년월일시를 내게 가져왔기에 자세히 비교해 보니 나이 차이는 많았으나 그 제자가 배필이 될 천생연분이라고 일러주었다. 그러자 강 과장은 못마땅한 표정을 지으면서 내 방을 나갔고 그 일이 있은 지 2개월이 되어 강 과장과 나는 서로 다른 부서로 보직 발령을 받게 되었는데 그 후 얼마 되지 않아 강 과장으로부터 청첩장이 왔기에 전화로 물어보았더니 그 잘났다던 며느릿감 모두 마다하고 끝내는 제자라는 그녀와 결혼을 하게 되었다는 것이다. 나는 사정상 결혼식에는 직접 참석치 못하고 축전을 보내게 되었지만 배필이란 반드시 따로 있기에 결혼은 인연이 있는 사람과 같이 하게 된다는 것을 강조하고 싶다.

그 후 강 과장으로부터 역술의 대가라는 말을 전해들은 정보과장 박 씨가 내 방에 찾아왔다.

"이 과장, 다른 사람 사주는 다 봐주고 선배인 나는 모른 체할 거요?"

"선배님, 제가 언제 다른 사람 사주나 풀어주는 사람인가요?"

나보다 선배인 박 정보과장이 집요하게 나를 졸랐으나 나는 일단 거절하고 돌려보냈다. 며칠 후 앞일이 궁금하다면서 진지한 태도로 다시 내 방에 찾아왔기에 이번에도 그를 외면할 수가 없었다.

"정확한 생년월일시를 한번 불러주시오."

같이 근무하는 동료지간이지만 개인적인 사생활이나 프라이버시에 관한 일은 서로 말하지 않는 것이 동료 간에 지켜야 할 예의다. 잠시 후 그의 사주를 확인한 순간 나는 놀라지 않을 수 없었다.

"아버님이 재혼하셔서 양가 집안에 형제들이 상당히 많네요?"

그 말을 하는 순간 박 과장의 얼굴빛이 벌겋게 달아올랐다.

"예. 맞습니다. 두 집 형제들을 합하면 10명이 넘습니다."

"처궁에도 문제가 있습니다. 별거 한 것 같기도 하고……."

"예? 처가 또 문제 있습니까? 종교에 미쳐 3년간 집을 나가 있었는데……."

"앞으로는 그런 일 없을 것 같으니 이젠 안심하셔도 될 것이고……."

나는 그를 안심시키고 싶었다. 공직자로서 사생활이 복잡하면 승진 등에서 불이익을 받게 된다. 그리고 그가 언제쯤 승진하게 될 것이며 자녀들에 대한 좋은 점을 언급하며 안심을 시켰다.

그 후 2년이 지났다. 그는 정확히 2년 후 내가 말해준 그해 연초에 영광스럽게도 총경으로 승진하여 지방경찰서장으로 부임하였다가 서울시내 경찰서장을 비롯하여 경찰요직을 두루 거치며 직무를 성실히 수행하다가 정년퇴임한 사람이다.

가출한 아내 돌아오게 해 주오

"서장님! 아내가 가출하고 저는 병이 나서 병원에 입원하고 보니 90이 넘으신 아버님 혼자 집에 남아 밥해 드시고 계십니다."

50대 중반을 훨씬 넘긴 한 남자의 피맺힌 절규이다. 내가 J 씨를 처음 알게 된 것은 강진경찰서장으로 근무할 때 마당발로 이름난 당시 수사과장 최 경감을 만나러 왔던 그와 처음으로 인사를 나눈 후부터이다. 서울에서 H 대학을 나온 그는 완도 지역의 유지로서 약 2만여 평 규모의 쌀농사를 짓고 있었으나 이제 쌀농사만으로는 해마다 늘어만 가는 부채를 감당하기 어려워 늘 고심하고 있었던 중이었다. 그러던 그가 이제 아내마저 가출하였다니 그것은 곧 파멸이요, 충격적인 하나의 사건이었다. 완도는 내가 평소 존경하던 L 회장께서 지병으로 신음하고 있을 무렵 그의 둘째 아들 L 씨와 함께 L 회장의 가족 묘지를 물색하고자 시간이 있을 때마다 형님 동생하면서 따라ㅁ다니던 바로 그 사람이었고, 90이 넘으신 그의 부친은 젊은 시절에 풍수지리학에 심취했던 유학자였다고 했다.

"서장님 저 건너 보이는 무덤들이 저의 선산인데 차에서 내리시어 한번 돌아봐주지 않겠어요?"

L 회장의 유택을 물색하게 되었을 때 L 씨와 J 씨가 때마침 지나가던 길옆에 20여 기의 분묘 군이 산재해 있는 곳을 가리키며 내게 감평을 부탁하는 것이었다.

"그러지요. 뭐."

나는 간단히 대답을 하고 차에서 내려 분묘군 주위 산세를 살폈다.

먼저 내룡이다. 내룡이란 주봉(主峰)에서 묘지 뒤쪽으로 이어져 내려오는 산맥의 흐름을 말하는데 산들의 체형을 예로 든다면 삿갓을 엎어놓은 것처럼 중후하게 생긴 것을 금성(金星)이라 하고 홍두깨처럼 끝이 둥근 것을 목성(木星)으로 칭하지만 그것도 그 모습이 수려한가 아니면 추악한가 또는 살기를 띠고 있는가를 두고 길흉을 판단하면서 산맥이 흘러내려온 방위를 두고 구체적인 내용을 분석하기도 한다. 대체로 무덤을 중심으로 이어오는 맥세는 좌우선 통맥에 맞아야 하고 좌측과 우측에서 호위하는 듯하거나 무덤 앞에는 아담한 작은 산이나 저 멀리서 병풍이 펼쳐진 듯 사방의 산세들이 빙 둘러쳐 있는 가운데 혈좌를 중심으로 좌에서 우 또는 우에서 좌로 흐르는 하천이나 개울이 있음을 상격으로 친다. 따라서 길지란 이와 같은 모습을 하고 있는 산세들로서 무덤이 위치한 좌향 등을 구체적으로 논하지 않는다 하여도 대체로 이런 모습을 하고 있는 것이다.

그런데 J 씨의 종산인 경우 뒤에서 내려오는 산맥이 마치 칼이나 톱날처럼 날카로운 바위로 이어져 있었고 무덤이 운집해 있는 곳 또한 수맥이 흐르는 음습한 곳이었다. 나는 무덤 군이 있는 묘역으로 들어서는 순간 사방에서 분출하는 살기(殺氣)를 감지할 수 있었다.

"허허 자손은 많겠으나 이혼과 소년 죽음 또한 많을 흉지이구만……."

두말할 것조차 없다는 생각이 든 나는 그의 앞에서 주저함이 없이 그 한마디를 내뱉었다.

"그래요?"

그러나 J 씨는 신중하였고 아무런 말이 없었다. 나는 남의 조상 산소를 그것도 10여 기가 넘는 무덤 군을 두고 이러쿵저러쿵 하는 것 자체가 좋지 않게 받아들일 것 같아 더 이상 말하고 싶지도 않았다. 우리 일행은 다시 차를 타고 그곳을 떠났으나 함께 동승한 J 씨는 무엇을 생각하는지 도무지 말이 없었다. 나는 최종적으로 L 회장의 유택을 그의 집 뒷동산 양지바른 곳에 정하자 L 회장은 자신의 무덤 위치를 확인하고 나서 7일째 되는 날 조용히 숨을 거두어 그곳에 묻혔다.

그 후 내가 인사이동으로 상경하면서 J 씨는 부친이 돌아가시게 되면 내가 정해주는 길지에 모셔야 한다면서 그동안 풍수관련 몇 권의 책을 보내주었더니 90이 넘으신 아버님이 돋보기안경을 껴도 잘 보이지 않는 시력으로 그 책을 수차례 읽고 계신다는 안부전화를 하다가 몇 년의 세월이 더 지나자 차츰 전화마저 뜸해졌다.

어느덧 또 한 해가 바뀌고 내가 인천지방경찰청에 근무할 때인 어느 날 오후 L 회장의 아들인 L 씨로부터 당혹스런 전화가 왔다.

"서장님, 이번 휴가 때 완도에 꼭 좀 내려와 주십시오. J 형의 형수가 가출해서 야단이 났구만이라오."

무척 상기된 목소리였다.

"뭐라? J 사장의 부인이 가출했다고……."

도저히 믿어지지 않았다. 명망 높은 지방유지의 부인으로서 그것도 50이 넘은 정숙한 유부녀가 느닷없이 가출이 웬 말인가? 남편의 사회적 체면으로 보나 90이 넘으신 시어른을 보나 평소 억척스럽게 농사지으며 가정을 이끌어왔던 그녀가 집을 나갔다는 것은 도저히 있을 수 없는 일이다. 나는 여름휴가 때 다른 일은 접어 두고라도 완도에 한번 다녀와야겠다고 마음먹었다.

드디어 여름휴가가 결정되었다. 항공기로 목포공항에 도착한 후 다시 승용차로 한 시간 가량 달려 강진항에 도착했을 때는 오후 2시경이었고, 내가 서울에서 내려간다는 소식을 들은 J 씨는 L 씨와 함께 호형호제로 지내고 있는 장흥군 의원 K 씨와 셋이서 모 식당에서 반갑게 나를 맞아주었다. 완도행 배를 타기 전 식당에 먼저 들러 늦었지만 점심식사를 간단히 하고 나서 완도에 건너가기로 예정되었던 것이다.

"서장님, 제 마누라가 집을 나간지 벌써 6개월째 됩니다. 집에는 90이 넘으신 아버님이 혼자 남아 밥해 드시고 저는 협심증으로 병원에 입원했는데 이젠 다 살았습니다."

평소 점잖은 그답지 않게 내 손을 잡은 J 씨는 갑자기 북받쳐 오는 서러움에 피눈물을 쏟았다.

"서장님이 처음 우리 집 선산을 돌아보시고 객사할 자식이 많았다고 하셨을 때 나는 너무 놀라 일부러 내색을 하지 않았는데 지금 가문의 내력을 말씀드리면 저의 아버지가 재혼하시어 계모 밑에서 난 세 아들 중 제가 맏아들이고 저 밑으로 남동생이 둘 있는데 둘 다 이혼하였습니다. 그리고 저의 사촌과 형제 조카가 많았는데 그중 26명이 모두 소년 객사하였습니다. 이 말은 여기 있는 동생들에게도 처음 하는 말입니다……."

그는 눈물을 흘리다가 그만 엉엉 울었다. 그러면서 아내가 가출하였으니 이제 자신마저 이혼하게 되었다는 말을 함께 늘어놓았다. 나는 그를 달래면서 간단한 식사부터 하고는 여객선을 타고 완도로 건너가 90이 넘으신 그의 부친을 먼저 만나기로 하였다.

"어르신 오랜만에 뵙습니다. 건강은 어떠하신지요?"

나는 먼저 그의 부친에게 정중히 큰절을 하였다.

"먼 길을 오시느라……."

노인은 말끝을 흐렸으나 여전히 건강하였으며 집안을 돌아보니 그의 아내가 떠난 부엌에는 먹다 남은 음식찌꺼기가 여기저기 널려져 있어 망해가는 한 집안의 단면을 한눈에 읽을 수 있었다.

'어떻게 해야 하나?'

나는 우선 가상(家相)부터 살펴보면서 부부궁을 점검하였다. 안방과 주방이 한데 붙은 ㄱ자형 집이었고, 대문이 육살궁(六煞宮)에 있어 처가 견디지 못하고 도망하는 형국임을 짐작하였다. 육살궁이 무엇인가? 육살궁이란 여러 살성이 한데 모이는 흉한 궁위이니 스트레스, 암, 정신병, 부부상극 등을 주관하는 궁위이다.

"내일 당장 대문을 안쪽 3m쯤 당겨서 새로 내게 되면 4~5월경에 반드시 좋은 일이 있을 테니 내가 시키는 대로 해 보시오."

나는 명령조로 그에게 말했다.

"시골에서 대문을 내는 것이야 그리 어렵지 않지요. 반드시 그렇게 할 겁니다."

그는 벽돌로 대문을 쌓게 되면 어렵지 않게 시공할 수 있다면서 내가 정해준 곳에 숯덩이를 주워 그 위치를 표시하였다. 그리고는 평소 형제처럼 지냈던 L씨의 집으로 찾아가 하룻밤을 지난 뒤 이튿날 새벽 일찍부터 새로 이장해야 할 조부모 산소 터를 물색해 정해주고 나서 상경하기로 마음먹었다.

"과연 형수님이 돌아올까요?"

"지내보면 알 걸세."

나는 L 씨와 함께 밤이 늦도록 J 씨와 그의 아내에 대한 이야기로 시간을 보내다가 자정 무렵에야 겨우 잠자리에 들었다.

이튿날 새벽이 되었다. 밖을 나서니 J 씨가 벌써 찾아와 문 앞에서 나를 기다리고 있었다. 나는 그의 봉고차를 타고 종전 그 곳을 지나면서 한번 봐둔 적이 있던 그의 친척 소유 공지를 찾아 구체적인 이장 일시를 정해주고는 점심때가 되어 상경하였다. 그 후 몇 달 동안은 업무에 바빠 완도에 대한 일을 잊은 채 나날을 보내고 있었다.

"서장님! 서장님! 정말 신기하네요?"

정확하게 3개월이 지나 직장에서 막 퇴근 할 무렵 L 씨가 내게 전화를 한 것이다.

"J 형님이 인천에서 형수를 찾아 완도에 내려와 같이 살기로 했답니다."

서로의 허물을 묻고 남은 인생을 출가시킬 큰 딸과 군대에 가 있는 두 아들을 위해서 함께 살기로 하였다는 것이다. 그 뒤 그들 부부는 십수 년 동안 농사를 지어 왔던 농토를 모두 처분하여 농협 등에 부채를 탕감하고 사람들이 분비는 강진군 어느 항포구 입구에서 아담한 횟집을 차려 열심히 살아가고 있다는 것이다.

"서장님, J 형네 지금 장사가 억수로 잘되어 농사짓는 것보다 몇 배 나아 부러요. 너무너무 보기가 좋아서 전화했는디. J 형님 전화 바꿔

주겠소."

얼큰하게 취한 L 씨가 덩달아 기뻐한다.

"서장님! 이 은혜를 어떻게 갚아야 할지……."

그는 말을 잇지 못했다.

"정말 부끄럽습니다. 앞으로는 죽을 때까지 우리부부가 헤어지지 않고 열심히 살겠지라우?"

나는 오늘도 그들 부부에게 행운이 충만하기를 진심으로 빌고 있다.

어느 여자 전도사의 고백

"과장님 우주선이 별나라에 왔다 갔다 하는 요즘 같은 과학시대에 무슨 역학 책을 그리 골똘하게 보고 계십니까?"

내가 서울 양천경찰서 수사과장으로 근무할 때 이야기이다. 점심때면 남은 시간을 이용하여 제갈공명과 소강절 선생의 점서(占書)인 『황극책수』를 열심히 연구 분석하고 있었는데, 일찍 점심 식사를 마치고 내 방에 들어온 수사계장 M 경위가 농담 반 진담 반으로 내게 말을 걸어왔다. 그는 양천경찰서 내 기독교 신자모임인 신우회 회장으로서 내가 공부하고 있는 역학 관련 문헌들을 비판 내지 부정하는 사람들 중 한 사람이었다.

"우주시대일수록 선현들의 남기신 오묘한 진리를 확인 할 때라고 생각하는데……."

나는 그를 쳐다보며 그의 내심을 떠보았다.

"선현들의 진리라는 게 뭐 맞는 것이 있습니까? 그리고 사주를 잘 맞춘다고 하시던데 그럼 이것도 한번 맞춰보시지요."

나는 그의 불손한 태도가 몹시 불쾌했다.

"이봐 M 계장! 궁금한 것 있으면 하나님께 물어볼 것이지 왜 내게 물어?"

그는 내게 어떤 사람의 생년월일시를 불러주고 잘 알지 못할 경우 단단히 공격하려고 일부러 나를 찾아온 것이 분명했다. 내가 자신이 신봉하는 하나님께 물어보라고 호통치자 그는 금방 표정이 달라지기에 나의 표현방법이 너무 박절한 것 같아 그를 달래고자 조용히 말하였다.

"그럼 어디 한번 풀어볼까?"

나는 그가 불러주는 어느 40대 초반의 여자 생년월일시를 받아 분석에 들어갔다. 명식(命式)의 특징 중에는 모성(母性)에 해당하는 인수성(印綬星)에 중대한 결함이 있었으나 평범한 가정주부로서 말년까지 행복하게 살아갈 사람이었다.

"이 여자는 15세에 어머님이 돌아가시어 계모 밑에서 자랐으며 아버지는 포목류 등 상업을 하시는 가문의 장녀인데, 25세에 결혼하여 현재 2남 1녀를 둔 공무원 부인이니 자네 부인 아닌가?"

나는 사주명식 전반을 분석하여 결혼한 나이와 자녀까지 비교적 자세히 일러주면서 그의 아내 명식인 것 같다고 넌지시 묻자 그는 갑자기 얼굴 표정이 달라졌다.

"예? 어떻게 아셨어요? 저의 처가는 장모님이 일찍 돌아가시어 처가 계모 밑에서 자란 맏딸이 맞아요. 그리고 장인이 포목장사도 했다고 들었고 저의 아이도 현재 2남 1녀구요."

그는 상기된 표정으로 멍하니 나를 쳐다보더니 더 이상 말하지 않고 문을 닫고는 내 방에서 훌쩍 나가 버렸다. 나는 그의 태도가 갑자기 달라진 영문을 전혀 알지 못한 채 그 이튿날에도 평소와 같이 출근하였다. 아침 8시쯤 되었을까 내가 자리에 앉자마자 옆방에서 기다리고 있던 M 계장이 내 방에 들어왔다. 간단한 업무보고를 하고 나서 내 앞자리에 앉더니 뭔가 적힌 쪽지를 슬며시 내게 내밀었다.

"과장님, 정말 놀랐습니다. 이것 하나만 좀 부탁드리니 사양마시고 한번만 봐주십시오."

그는 신우회장 답지 않게 어느 특정인의 사주를 풀어 봐달라고 떼를 쓰는 것이었다.

"이 사람, 아침부터 무슨 사주를 봐달라고 그래! 지금 서장실 참모회의에 들어가야 할 시간인데 내가 그걸 풀고 있으란 말이야?"

나는 그를 심하게 나무랐다.

"그럼 참모회의 갔다 오셔서 한번 봐주시지요."

M 계장은 계속하여 끈질기게 부탁하였다.

"그럼 참모회의 갔다 와서 보자."

나는 자리에서 일어나 서장실 참모회의에 참석하여 업무보고가 끝난 후 09:30분경에야 서장실에서 나왔다. 서장실 참모회의가 끝나면 계장들을 내 방에 다시 불러 차 한잔씩 하면서 그날에 추진할 업무를 구체적으로 지시한다. 직원들은 이를 작은 참모회의 즉 '소참'이라고 줄여 부른다. 도대체 어떤 사람이기에 신우회장이 저토록 끈질기게 내게 요구하는지 궁금해서 소참이 끝나고 나서 명식을 풀어보았다. 사주에는 가족 간 분쟁이 있어 이혼하고 곧 재혼하게 될 30대 후반의 어느 여인이었다.

"M 계장, 이 아주머니는 사회 활동하시는 분 같은데 개인의 운명에 관한 것은 다른 사람에게 말할 수 없으니 직접 한번 와보라고 하지."

나는 M 계장을 불러 그 내용을 본인에게 직접 말해 주겠다고 했더니 그는 그게 좋겠다고 대답하였다.

똑! 똑! 똑!

채 30분도 되지 않아 노크소리가 들리더니 화장을 짙게 하고 30대 중반쯤 되어 보이는 미모의 여인이 조용히 내 방문을 열고 들어왔다.

"아주머니 저를 아세요?"

나는 그녀가 나의 신분을 알고 있는지부터 물었다.

"잘 모르겠습니다."

그녀는 수줍은 표정을 지으며 모른다는 대답만 하였다.

"저도 아주머니를 전혀 모르는데 풀어본 명식에 대해서 사실 그대로를 알고 싶습니까? 아니면 특정한 것만 알고 싶습니까?"

나는 그녀가 가장 알고 싶은 것이 무엇인가부터 물었다.

"내 팔자가 어떤지 사실 그대로를 알고 싶습니다."

나는 그녀의 생시가 정확한지부터 묻고 나서 그녀의 궁금증을 확인할 심산이었다.

"아주머니 2년 전부터 별거 하지요?"

"……"

"아주머니는 딸 둘 뿐이지요?"

"……"

"아주머니 지금 애인 있지요?"

"……"

그녀는 얼굴만 붉힐 뿐 도무지 대답이 없었다. 아마 내가 묻는 말이 부끄럽기도 하고 자신의 체면 때문에 말을 못하고 있는 것이 분명했다.

"틀렸습니까? 그럼 그만둡시다."

나는 무언가 틀렸다면 처음 보는 젊은 부인에게 실언의 말을 하고 싶지 않았다.

"맞습니다! 다 맞습니다! 도대체 누구이신지……."

그녀는 모두 다 맞다면서 갑자가 벌떡 일어나더니 내가 도대체 어떤 사람인지 알기 위해 나의 명패를 보려고 하였다.

"공직자는 소문이 잘못나면 처신하는데 곤란하게 되니 일부러 아실 필요 없습니다."

나는 단호하게 그녀를 말렸다.

"앞으로 재혼하게 되면 아들 하나 낳겠습니까?"

그녀는 엉뚱하게도 아직 이혼도 하지 않는 남편을 뒤로한 채 지금 사귀고 있는 사람과 결혼하면 새로 아들 한 명쯤 낳을 수 있겠는지 내게 되물었다. 어찌 그럴 수 있단 말인가! 현재 별거중이라지만 아직 이혼도 하지 않았으면서 숨겨둔 애인과 재혼하였을 경우 그에게 아들을 얻을 수 있겠는가 하는 그녀의 발상에 놀라지 않을 수 없었다.

"운명 그대로라면 내년 가을에 재혼하게 되고 38세에는 아들을 두게 될 것 같습니다."

나는 그녀에게 풀이한 사실대로 말해주었다.

"예? 정말 그렇게 될까요?"

그녀는 무척 기뻐하는 표정이었다.

"이것도 좀 봐주세요."

그녀는 자신보다 10년이나 나이가 많은 애인의 사주와 본 남편의 사주까지 내게 풀어달라면서 자리에서 일어나지 않았다.

"자꾸 이러시면 곤란합니다. 아주머니 운명만 알아보았으면 될 일이

지 내가 직업적으로 남의 운명을 풀어주는 그런 사람인 줄 아십니까?”

나는 단호하게 그리고 그녀가 내 방에서 당장 나가도록 자리를 박차고 일어섰다. 그러자 마지못해 자리에서 일어난 그녀는 오른쪽 둘째 손가락을 자신의 입술에 갖다 대면서 M 계장에게는 절대 비밀로 해달라는 부탁의 말을 내게 남겼다.

M 계장을 통하여 나중에 안 사실이지만 그녀는 어느 교회 전도사로 활동하는 여인이었다. 교회 전도사의 신분에 어찌 이럴 수가 있을까? 나는 왠지 씁쓸한 생각이 들었다.

나는 진시생(辰時生)이야

국민의 정부가 들어서자 공직자에 대한 대대적인 사정활동이 전개되었다. 정권이 바뀔 때마다 늘 있었던 일이지만 부패하고 무능한 공직자들을 먼저 숙정하여 공직사회의 분위기를 일신하고자 하는 정부의 의도였다. 경찰은 먼저 감찰기능부터 재정비하여 종래의 감찰 방식에서부터 과감히 탈피하고자 하였다.

경찰청 감찰기능은 어떤 곳인가? 행정부 어느 부서보다 강도 높은 감찰활동으로 이름난 곳이다. 과장은 총경급이고 조사계장은 경정급이며 일선 경찰서를 감찰하는 외근 직원들은 모두가 경감급이다. 따라서 일선 경찰서장의 비위사실을 적발하는 것도 경감급으로 구성된 감찰팀에서 하고 경감이 경찰서장급인 총경도 조사할 수 있다.

감찰요원이 될 수 있는 자격요건은 엄격하다. 공직생활에서 타의 모범이 되어야 함은 물론이고, 공정하고 정의롭지 않으면 감찰관이 될 수 없다. 감사관을 비롯하여 감사기능과 감찰기능에서 과장급과 계장급 등 감찰과 감사요원 대부분을 다시 정비할 무렵 나는 영광스럽게도 이 기능의 조사계장으로 선발되었다. 전임자로부터 사무인계와 인수를 마친 어느 날 사석에서 동료들과 같이 단합대회 겸 식사를 할 기회가 있었다.

"이 계장, 당신 말이야! 역술가로 소문이 나 있어. 감찰기록에도 그렇게 기록되어 있고 풍수지리학에 유명하다는 학자들조차도 당신 이야기하는 사람이 많은데 그게 사실이야?"

50대 중반의 직속상사인 K 과장이 나에게 직설적으로 묻는 것이었다.

"학문적으로 이름난 것이라면 좋은 일이 아닙니까? 그리고 저가 공직자로서 본분을 망각한 일이 한 번이라도 있다고 합디까?"

경찰내부에는 여러 동호회가 있다. 동호회란 각기 취향에 따라 회원들끼리 친목을 도모할 수 있는 좋은 기회로써 스포츠 등산 말고도 기수련, 시, 서예, 소설, 고전문학 등을 취미 삼는 회원들이 많이 있다.

"그건 그래, 이번에 선발된 것도 경험 많고 유능한 수사관 출신이란 것과 누구에게도 직언을 서슴지 않고 강직하기로도 소문난 것들이 모두 참작된 것이지……."

K 과장은 수년간 기록해 온 나에 대한 감찰기록을 알고 있었다.

"앞으로 감찰관으로서 조직에 누가 되지 않게 성실히 근무하겠습니다."

그는 다른 계장에게도 나와 같이 일일이 물으면서 각자의 다짐을 듣고는 화합을 위해 건배를 제의하였다.

그 후, 일요일인 어느 날이었다. 오전 10시쯤 되어 주무과장 사무실에서 업무보고를 마치자 K 과장이 내게 농담 섞인 말을 꺼냈다.

"이 계장에게 내년 신수 한번 봐야겠는데……."

사실 K 과장은 내년 쯤 경무관으로 승진하기 위해 무척 고심하고 있는 처지였다. 체면상 누구에게 물어볼 수도 없었는데 내가 그 방면에 일가견이 있다는 소문이 있자 다른 사람 모르게 자신의 내년 신수를 한번 봤으면 하는 생각을 늘 갖고 있던 것이다.

"이 계장 내 신수 한번 봐줘야겠어."

"나도 한번 봐주소."

주무과장이 말을 꺼내자 나보다 연배이고 선배 뻘 되는 Y 계장까지 끼어들었다.

"왜들 이러십니까? 저가 아무에게 신수나 봐주는 그런 사람 같습니까?"

나는 버럭 소리를 질렀다. 아무에게나 너무 쉽게 운세를 보아준다면 업무를 망각하고 남의 사주를 풀어주는 그런 사람으로 매도할 것이 뻔하다. 누구나 좋은 일이 있기만을 기대하면서 살아가는 것이 인간이고 보면 이들 역시 내 입을 통해서 좋은 말을 들어보고자 하는 의도가 아닐까?

"싫으면 그만두면 될 일이지 왜 소리는 지르고 그래?"

계장들이 모여 있는 자리에서 모처럼 농담의 말을 꺼냈던 K 과장은 자존심이 상했는지 얼굴색까지 변했다. 나는 회의를 마치고 K 과장실을 나와 내 방에서 잠시 쉬고 있는데 Y 계장과 K 계장이 내게 찾아왔다.

"이 형, 앞으로 K 과장에게 잘 보이려면 아첨은 못한다 해도 시키는 대로 꼬박꼬박 말을 잘 들어야 할 거요. 사정 업무라는 게 어디 이 형 뜻대로만 되는 것이 아니지 않소?"

나보다 감찰경험이 많은 두 계장들이 내게 찾아와 충고하면서 사무실 분위기를 내게 일러주는 것이다. 그렇다. 사정업무는 혼자서 독불장군식으로 할 수 있는 것이 절대 아니다. 위로는 경찰청장으로부터 감사관을 거쳐서 직속과장에게 지시 명령이 전달되는 특수한 업무가 아닌가. 나는 점심식사를 하고 나서 K 과장 방을 다시 찾았다.

"과장님, 아침에 너무 큰소리해서 미안합니다. 사실은 계장들이 저를 놀리는 것 같아서……."

"이 계장, 사실 나는 내년에 승진하지 못하면 이제 나이가 너무 많아서 총경에서 끝나게 되네. 집에는 여든이 된 노모가 계시고 천신만고 끝에 이 자리에 오기는 했으나 업무를 잘 해낼지 걱정도 태산 같고……."

그의 말은 모두가 진심이었다. 그러나 사람의 앞일은 아무도 알 수 없지 않는가? 모시는 상사가 승진해 가면 함께 근무한 직원들 모두에게도 보람과 기쁨이 있는 것이다.

"그럼 내년 운세를 한번 풀어볼 테니 생년월일시를 정확하게 말씀하세요."

그는 내게 자신의 생년월시를 적은 쪽지를 주었는데, 다만 출생시가 정확하지 않았다고 하면서 어머님 말씀이 아침 먹을 때 낳았다고 했으니 오전 7시30분경이라는 것이다.

나는 다시 내 방으로 돌아와서 만세력을 펼쳤다. 묘시(卯時)는 오전 5시30분부터 오전7시30분까지이고, 진시(辰時)는 오전 7시30분부터 오전9시30분까지이다. 나는 묘시와 진시 둘을 가지고 『범위수비결(範圍數秘訣)』로써 대운과 함께 그가 알고자 하는 무인년(戊寅年)의 신수(身數)를 뽑았다.

여기서 알고자 하는 해의 신수 뽑는 방법을 간단히 소개하면 이렇다. 생년월일시의 천간과 지지를 주역괘인 선천수와 후천수에 대입하여 원수(元數)와 회수(會數)를 산출하게 되면 부모, 형제와 배우자 그리고 자녀에 관한 기본 명(命)을 먼저 확인할 수가 있다. 그리고 나서 원수나 회수에 대운수와 해당년도의 간지수를 합하게 되면 정확히 그해의 신수를 주역괘의 수리로써 풀이할 수가 있다.

내가 국내 최초로 『범위수비결』을 발표하였을 때 모 언론사 기자들이 내게 찾아와 적중률을 묻기에 90%이상 정확하다고 대답하였더니 그럼 국회의원 입후보자 100명의 사주를 풀어서 공증한 후 금고에 보관시켰다가 선거가 끝났을 때 얼마나 맞았는지 시험해 보자고 제의했다. 내가 좋다고 대답하자 그는 60%만 맞는다면 대 성공을 거둘 수 있다면서 즉시 착수에 들어갔으나 당시 국회의원 입후보자들은 선관위에 등록한 생년월일 외 출생시각에 대해서는 대부분 알려주지 않는다고 하여 적중률 검증을 하지 못했던 일이 있었다.

그의 출생시를 진시(辰時)로 정하고 뽑은 무인년의 신수는 이위화괘(離爲火卦)의 2효(二爻)였다. 이괘(離卦)는 '태양과 달이 하늘에 빛나고 백곡과 초목은 땅위에서 영그는 상'이다. 그리고 2효(二爻)의 시(詩) 중에는 "하늘중심 달빛이 만리를 비추는데 몸은 중도를 지킴에 모든 사람이 우러러보네."라고 하여 훌륭한 임금이나 뛰어난 인물을 만나 큰 뜻을 펼친다는 뜻이다. 따라서 상사의 신임을 받아 승진할 길운이다. 그러나 묘시(卯時)로 뽑으니 화뢰서합괘(火雷筮嗑卦) 상효(上爻)가 나왔다. 화뢰서합괘(火雷筮嗑卦)는 '음식을 입안에 넣고 씹고 있는 상으로써 이질적인 요소를 공격하는 형국이나 도리어 공격을 당할 수 있는 형상'이 된다.

그리고 상효(上爻)를 보면 "형틀을 씌어서 귀를 멸하니 흉하다."라고 나와 있고 시(詩)에는 "불이 큰 기둥에 미치니 제비와 참새가 어찌 알리요. 스스로 화를 부르니 형틀을 매고 귀를 멸함이라."라고 나와 있다. 이는 참소나 모함에 휘말려 형벌을 받거나 강등 또는 좌천되는 불운이다. 한참 괘를 뽑고 있는데 기다리다 조바심이 난 것인지 K 과장이 두 계장과 같이 내 방에 불쑥 찾아왔다.

"이 계장, 괘를 뽑았으면 알려줘."

"공개적으로 알려 달라는 것 같으신데 설마 장난삼아 하시는 말씀은 아니실 테지요?"

나는 다른 계장과 함께 내 방에 찾아와 공개적으로 해답을 요구하는 K 과장의 태도가 불만스러웠다. 먼저 육친관계를 확인하여 출생시의 정확성부터 점검하기로 하였다.

"부친이 일찍 돌아가시고 모친이 장수하신다면 묘시생(卯時生)이고, 지금도 부모님이 함께 살아계신다면 진시생(辰時生)이 맞을 것 같습니다."

"현재 어머님은 83세이고 아버님은 내가 스무살 때 돌아가셨어."

"그럼 묘시생이시군요. 진시생이라면 내년에 반드시 승진하는 영광이 있을 것이나 묘시생이면 구속되거나 좌천이 있을 것입니다."

"뭣이라? 구속되거나 좌천된다고? 나는 진시생이란 말이야! 어머님도 진시라 했어."

나는 정성껏 풀이한 괘를 보여주면서 흉운까지 말하자 K 과장은 일부러 길격인 진시생임을 강조하면서 믿지 않으려 하였으나 얼굴 표정만은 무척 어두워 보였다.

"이 친구 잘 맞지 않구만! 나갑시다."

K 과장은 화를 벌컥 내면서 두 계장과 함께 자리에서 일어났다. 차

라리 잘된 일이다. 이제 더 이상 신수문제로 나를 괴롭히지 않을 것이고, 맞고 안 맞고는 지나보면 알 일이다.

여러 가지 바쁜 일로 그해 겨울이 다가고 새해가 되었다. 해마다 2월이면 승진 등 정기인사로 인해 긴장을 하는 시기가 돌아온 것이다.

"이 계장, 어서 빨리 출근해! 우리 과장이 어제 밤 검찰에 구속되었어!"

새벽 5시경에 걸려온 Y 계장의 긴장된 전화소리가 내 귀를 의심케 했다.

'뭐? 우리 과장이 구속되었다고?'

나는 택시를 타고 급히 사무실에 도착해 보니 전임지인 청량리경찰서장 재직 당시에 있었던 경미한 비리 때문이었다.

모함에 의한 것이어서 그 후 곧 풀려나긴 했지만 그가 항상 말해온 대로 조직의 명예를 위하고 감찰관으로서의 임무를 다하기 위해서는 스스로 속죄하는 뜻에서 눈물을 머금고 공직에서 퇴진해야 했다.

나는 인간적인 면에서 80노모를 모시고 성실히 살아온 그의 퇴진을 지금도 안타깝게 생각하고 있다.

공동묘지에서 발견한 진혈(眞穴)

"회장님! 저도 이제 사람구실 할 때가 된 것 같습니다."

서울 D 교회 장로가 된 K 씨가 30년 만에 내게 찾아와 선물과 금일봉까지 내밀면서 하는 말이다.

내가 서울 양천경찰서 수사과장으로 근무할 때 고향이 전북 순창이고 관내에서 건재상을 하는 H 씨와는 호형호제하며 허물없이 지내는 사이가 되었다. 어느 여름휴가 때 나는 H 씨의 고향인 순창에서 그의 부모 산소를 돌아보고 흉지라는 생각이 들어 안양시 모처 공동묘지에 그의 조부모와 부모를 이장하도록 주선해준 일이 있었다.

"과장님, 저는 이제 안심이 되는데 저의 옆집에 살다가 서울로 올라와 어렵게 살고 있는 동생뻘 되는 친구의 모친 산소도 한번 봐주십시오."

"동생이라니요?"

"시골에서 아버님은 일찍 돌아가시고 어머니마저 돌아가시자 홀몸으로 서울에 올라와 교회에 다니는 K 라는 동생인데 어머니 산소는 시골 밭에다 매장하고는 30년이 다되도록 한 번도 고향에 내려가지 못해 무덤에는 풀이 자라서 말이 아닙니다.”

“형제는 없나요?”

“친형이 있는 데 친형은 더 먼저 고향을 떠나 뿔뿔이 흩어져 서로 만나지도 않아 죽었는지 살았는지 모른답니다.”

나는 그의 간곡한 부탁에 시간을 내어 순창으로 내려갔다. 한참 산골짜기로 들어갔을 때 20여 호가 되어 보이는 시골농촌 마을이 보였고 마을 뒷산으로 한참 올라가 보니 작은 밭 한구석에 무덤 한 기가 발견되었으며 무덤위에는 30여 년이 되어 보이는 소나무가 자라고 있었다.

“이 무덤이 그 친구 어머니의 묘소입니다.”

“형님! 그만 돌아갑시다. 자식들이 돌보지 않는 이런 묘는 이장해주고 싶지 않습니다.”

나는 화가 치밀었다.

“무덤 속은 파보지 않아도 나무뿌리가 관을 뚫고 들어간 목렴에다 시신이 새까맣게 탄 화렴까지 겹쳐 있어 보지 않아도 뻔합니다.”

나는 한시가 급하다는 생각이 들었다. 나는 그와 서울로 돌아오면서 H 씨가 얼마 전 부모 산소를 이장한 것도 볼 겸 공동묘지에 혹 남은 터가 있을 지도 모른다는 생각이 들어 그와 함께 온양시에 있는 어느 공동묘지로 갔다. 커다란 산 능선에는 발을 들여놓을 수 없을 정도로 무덤들이 빼곡히 차 있어 하는 수 없이 돌아가려고 능선을 내려오다가 경계지점 바로 위에 겨우 관(棺)하나가 들어 갈만한 곳이 보였다.

자세히 관찰해보니 지기(地氣)가 뭉쳐있는 진혈이 틀림이 없다는 생각이 들었다.

“형님! 여기 좀 오시오.”

"한 자리 쓸데 있습니까?"

"여기 땅속은 지기가 뭉쳐 있어 그런대로 길지이니 여기다 150cm 정도 땅을 파고 이장하십시오."

"고맙습니다."

그는 일주일쯤 지나 K 씨의 모친을 이장하였는데 그때도 K 씨는 그 장소에 오지 않았다는 말을 전해 듣고 나는 분개하였다.

"과장님, 그 땅을 파보니 마치 두부처럼 생긴 뜨끈 뜨끈한 땅에 노란 흙이 나와서 느낌이 무척 좋았습니다."

"그 앞에 큰 저수지가 있는데 신령스런 거북이 물을 향해 내려오는 '영구입수형(靈龜入水形)'이라는 곳입니다."

"그럼 동생이 앞으로 부자 되겠네요?"

그는 자신의 일처럼 무척 기뻐하였다.

그 후 몇 달이 지났을 무렵 그가 내게 안부전화를 하였다.

"동생이 자기 어머니 묘소를 이장하는 날 밤 커다란 약초 뿌리를 캐는 꿈을 꾸었는데 그 후부터 모든 일이 잘 풀리고 하는 일 마다 잘 되었으며 사업은 물론 교회에서도 그를 신임하여 장로로 추대되었답니다."

"정말 축하할 일이군요"

나는 축하의 말을 잊지 않았다.

그 후로 30년이 지나는 동안 그는 사업으로 많은 돈을 벌어 서울에 고급아파트 두 채가 있고, 사이가 나빴던 큰형에게도 아파트 한 채를 사주었으며 이제 고향도 가끔 내려가서 경로당에 금일봉을 기부하기도 한다고 했다. 조카 둘도 공무원시험에 합격 하였고 자녀들도 잘 자라서 현재 서울 명문대학에 다닌단다.

　나는 그가 성공하기까지 그의 피나는 노력이 있었겠지만 진혈에 그의 어머니를 이장하였기에 가능 하였다고 믿어본다.

　나는 두 형제가 늦게라도 모친 산소에 성묘도 하고 화목하게 지내는 것을 무척 다행스럽게 생각한다.

길지를 파하고 패망한 사례

이 이야기는 내가 관악경찰서 수사과장으로 재직할 때 일이다. 당시 경찰서 보안지도위원장인 K 씨는 진주에 계시는 그의 부친이 풍수에 무척 관심이 많다고 하여 『요해도선비기』한 권을 선물한 적이 있었는데 어느 날 그가 내게 다시 찾아와 부친의 이야기를 전하였다.

"진주에 내려가서 과장님이 주신 풍수책을 아버님에게 드렸더니 한참 읽어보시다가 과장님을 한번 모시고 오라고 하시는데 휴가 때 저의 고향 구경도 하실 겸 시간 좀 내어주시지요?"

"부친이 풍수에 대해 잘 아시는 분이십니까?"

"옛날부터 풍수에 관심이 대단하지요. 그래서 용하다는 풍수에게 아버님을 모실 유택을 미리 잡아 두었는데 아마도 그 터가 궁금해서 일 겁니다."

나는 여름휴가 때 그의 고향 진주에 한 번 가보고 싶었다. 드디어 여름휴가를 받자 나는 하루의 여가를 얻어 K 씨와 진주시로 가서 그의 부친을 만났다.

"먼 길을 오시느라 수고 많았습니다."

그의 부친은 60대 후반으로 무척 건강해 보였다.

"어르신을 만나 뵙게 되어 반갑습니다."

인사를 나누자 그는 미리 정해두었다는 부친산소 예정지로 나를 안내하였다.

"진주에서 유명하다는 K 풍수가 이 터는 '천석부자가 날 터'라고 하여 돈 많이 주고 산 터인데 선생님이 보시기에 어떻습니까?"

"아. 그렇습니까?"

나는 대답만하고 찬찬히 산세를 살펴보았으나 풍수법칙에는 하나도 맞는 것이 없었고 주위 산들이 꽉 막힌 소위 질색명당(窒塞明堂)으로서 천옥(天獄)이라는 곳이었다.

나는 내가 알고 있는 사실 그대로를 말해야겠다는 생각이 들었다.

"어르신, 이 터는 주위 산들이 꽉 막혀 바람 한 점 들어오지 않는 질색명당이고 천옥이라 하여 사람의 감옥 같은 곳이라 묘 터로 쓸 수가 없는 흉지입니다."

"예? 흉지라구요? 나는 그 풍수가 대명당이라고 하는 바람에 비싼 돈으로 사서 나무도 심고 주위를 내손으로 잘 가꾸어 왔는데….

"그러면 어쩌지요?"

K 위원장이 걱정하며 물었다.

"이 분을 이곳까지 모셔오셨으니 주위를 돌아보고 좋은 터가 있는지 한번 찾아보자."

"마을 주위에 좋은 터가 어디 있겠어요?"

분주하게 두 부자가 말을 주고받았다.

"아버님이 저렇게 말씀하시니 마을 뒷산으로 한번 가 봅시다."

"그러시지요."

나는 그들이 안내하는 마을 뒷산 정상으로 올라가다가 산 기운이 한 곳으로 집중되어 있는 어느 밭을 발견하고 그곳으로 달려갔다. 약 500여 평 되어 보이는 밭 가장자리에는 오래된 고총 두 기가 나란히 있었고 그 앞으로 가족묘지로 4기 정도 사용할 수 있는 공터가 발견되기에 그곳을 자세히 살펴보았다.

"이 밭이 길지인 것 같습니다."

"뒤에 무연고 묘지 두기가 있는데 어찌 길지가 되겠어요?"

그의 부친은 오래된 두 기의 무연고 묘가 마음에 걸린 듯 했다.

"이 곳은 보기 드문 명당이고 연고가 없는 이 묘소는 150여 년이 된 것 같습니다. 자손들이 잃어버린 묘소이지만 터는 길지이니 함부로 옮기거나 건드리지 말고 그 앞을 사용하시면 될 것입니다."

나는 정확한 위치에 말뚝을 박고 좌향을 정해준 후 마을로 내려가 여러 곳을 구경하고 놀다가 상경하였다.

그 후 보름이 지났을 무렵 K 위원장이 내 방을 찾아왔다.

"과장님이 정해준 밭은 시골에서 그다지 비싸지 않기에 주인에게 팔라고 했더니 두 배의 값을 달라고 하기에 내가 못하겠다고 하니 아버님이 일부러 병원에 입원하시며 그 돈이 없어서 그러느냐면서 나를 원망하시기에 하는 수 없이 두 배나 주고 그 밭을 샀습니다."

"대명당을 어찌 싼 밭 값을 주고 살 수 있습니까? 그 정도면 아주 싼 값에 잘 사신 겁니다."

내가 잘했다고 하자 그는 그제서야 웃어보였다.

"나중에 부친을 그곳에 모시더라도 무연고 묘는 절대로 손대지 마십시오. 비록 주인이 없는 고총이라 하여도 잘못하면 피해를 볼 수 있으니 특히 주의하시구요."

나는 그 말을 강조하였다. K 위원장은 서울 관악구에서 통신사업으로 크게 성공하여 돈 많은 사람으로 통하지만 인색하기로도 소문이 나 있었고 남의 말을 잘 듣지 않고 사람을 무시한다고 직원들이 내게 귀띔을 하였다.

그 후로 3개월이 지난 어느 봄날 그가 또 내게 찾아왔다.

"어제 청명 날 가묘(假墓)를 조성하라는 아버님의 성화에 제가 내려가서 무연고 묘를 파서 밭 옆에다 옮겼는데 한 200년은 되어 보이는데도 누런 유골에서 김이 모락모락 나는 것을 보니 명당은 정말 명당인가 봅디다."

"예? 무연고 묘를 옮겨요?"

나는 현기증을 느꼈다. 아무리 주인이 없는 무덤이라지만 어찌 함부로 패역을 했단 말인가?

"큰일입니다. 왜 그렇게 하였어요?"

"내 돈 주고 산 땅을 내가 조성하는데 누가 말려요?"

그는 도무지 아랑곳하지 않겠다는 말투였다.

"아무 탈 없었어요?"

"묘지를 이장하던 포크레인 기사가 갑자기 쓰러져 병원에 실려 가고 옆에서 구경하던 마을 노인네가 현기증을 일으켜 집으로 갔다는데 오늘 아침에 죽었다네요. 거참."

나는 불길한 예감이 들어 더 이상 말을 하지 않았으나 어쩐지 불안한 생각을 떨쳐버릴 수가 없었다. 그 일이 있고 한 달이 지났을 무렵 그의 부친으로부터 만나자는 급한 전화가 왔다. 그의 부친은 K 사장이 그동안 서울 관악구에서 고층빌딩 사옥(社屋)을 짓고 있었는데 밤

늦게 술에 취하여 빌딩 옥상에 올라갔다가 떨어져 즉사하였다는 비보를 전했다.

"그 녀석 결국은 자신이 묻힐 터를 정한 셈이군."

그의 부친이 내게 하는 말이었다.

다음은 내가 강진경찰서장으로 부임한지 한 달쯤 되었을 무렵 이 지역 농협 군지부장 L 씨와 점심식사를 하게 되었다.

"서장님은 풍수에 대가라는 소문이 있던데 정말이요?"

"누가 벌써 그런 소문을 내고 다닙디까?"

"학문적으로 대가라면 나쁠 것이 없지요."

"한 달만 더 일찍 오셨더라면 서장님의 자문을 받았을 것인디, 우리 집 선대묘소 8기를 마을 뒷산 한 곳에다 옮겨 버렸당께."

"한 달 전에요?"

"예, 식사 끝나고 한 10분이면 되니께 제가 모시겠시요."

함께 식사하던 과장들까지 마을 뒤 자기의 소유인 야산에 식사 후 함께 가자고 하였다.

"분묘 8기를 이장하였으면 좋은 터도 있었을 텐데."

"조부님 산소는 30년이 되었는데 노란 유골에 김이 나고 참 좋은 것 같았는데 이왕 한 곳에 모셔야 관리하기도 좋을 것 같아서 그렇게 해 부렀지요."

점심식사가 끝나자 나는 과장들과 같이 그가 안내하는 곳을 찾아갔다. 야트막한 마을 뒷산에 중기로 터를 고르고 순차적으로 무덤을 만든 다음 그 밑에는 자신이 사망하면 묻히게 될 터에 석물까지 갖추어 놓아 가묘를 조성해둔 상태였다.

“서장님 어때요? 이만하면 좋아 보이지 않소?”

“좋게 보이네요.”

풍수법칙에 하나도 맞는 것이 없고 황천살에다 온갖 흉살이 뒤섞인 흉지이지만 그와 맞장구를 치고 그냥 경찰서로 돌아왔다.

“지부장은 이 마을 출신인데 집안 대대로 잘 살았고 마을에서도 유지행세를 하는 사람입니다. 가족 묘지도 돈이 있으니까 그렇게 한 것이지 돈 없으면 가당키나 하겠어요?”

“내가 보기에는 속패할 흉지인데 집안이 망하려면 어쩔 수 없는 일이지.”

“그 터가 흉지라구요?”

“내 말 절대로 입 밖에 내지 말게, 그리고 두고 보게나 어떻게 되는지를.”

어느덧 부임 후 5개월째 되는 어느 날이다.

“서장님 농협군지부장이 췌장암에 걸려 어제 밤에 사망했습니다.”

“뭐? 췌장암?”

“발병한지 3개월 만에 사망했답니다.”

“내가 뭐라고 하던가?”

“서장님 말씀이 맞네요.”

“이 사람, 내 말 입 밖에 내면 곤란해!”

나는 단단히 그의 입단속을 하였다.

인생이란 무엇인가

인생이란 무엇인가? 운명(運命)이란 어떤 것이며 어디로 가는 것인가? '탈신공개천명(奪神工改天命)'이라하여 신(神)이 만드는 천명(天命)도 빼앗아 고칠 수 있다는 풍수(風水)는 과연 믿을 수 있는 학문인가?

몰락한 시골 유학자 가문에서 자란 나는 어릴 적부터 이 분야에 무척 관심이 많았고 부친의 권고에 따라 초등학교 4학년 때 이미 2천자문(二千字文)을 통독하였으며, 더 나아가 소학, 명심보감에서 역경(易經)과 사서삼경을 공부하는 등 한학과 무척 친숙해 있었다.

20대 초 사법시험공부를 시작하면서 나의 스승을 만날 때의 일이다.

"판검사 공부를 하는 것 같은데 운명적으로 보아 자네는 판검사가 될 수 없다네. 그렇지만 때가 되면 아마도 경찰서장은 할 수 있을 것이야."

"……"

"사람마다 때와 연(緣)이라는 것이 있는데 자네와 내가 오늘 여기서 만난 것도 분명히 연(緣)에 의해서 만난 것이니 때가 올 때까지 더 높고 더 넓은 하늘과 땅 그리고 인간의 이치를 공부하는 것이 어떤가?"

배낭 속에 가득담은 육법전서를 메고 들국화 향기가 아침이슬을 머금은 늦가을 어느 날 풍각산을 향하여 청운의 뜻을 펼치고자 산중턱을 오르고 있을 때 기다렸다는 듯이 홀연히 나타나 내 앞을 가로막는 한 도인이 내게 불쑥 던진 첫 말이다. 그는 180cm 정도인 훤칠한 키에 하얀 수염을 휘날리며 누더기 도복에 참나무 지팡이를 든 70대 후반쯤 되어보였고, 그가 머물던 곳은 산 중턱에 위치한 작은 토굴이었다. 그는 풍수지리와 천문 등 역학 연구에 평생을 보낸 신선이었고, 그가 그토록 연구한 각종 비서(秘書)들 모두를 내게 물려주시고 훌쩍 떠나신 나의 참 스승이었다.

나는 스승이 내게 말 한대로 때가 되어 경찰에 입문하였고, 또 때에 따라 경찰서장이 되었으며, 이제 때가 되어 스스로 물러나 그분의 뒤를 이어 후학들을 지도하고 있으니 나 또한 그분을 닮아가는 것 같다.

나는 시간이 갈수록 이 학문에 더욱 심취하였고 수많은 시행착오도 겪었으나, 아직도 나는 인생이란 분야에서는 확실한 해답을 내리지 못하고 있다. 다만 후학들에게 당부하고자 하는 말이 있다면 풍수학이란 강의실이나 연구실에서 이 학설 저 학설을 거론하며 학설을 따지는 학문이 아니라 온몸으로 산천의 기를 체득하고 그 기를 느끼고 나서야 비로소 깨달아 얻게 되는 참 학문이므로 자연에 부딪쳐 스스로 터득한 바가 아니면 함부로 풍수를 논할 자격이 없다.

앞서 장황히 이야기한 것들 역시 내가 경험한 것일 뿐 학문적이라거나 체계적으로 정립된 것이 못된다. 워낙 글재주가 없고 표현방법도 무디어 저술이라고까지 할 수는 없지만 그래도 나와 뜻을 같이하는 후학들에게 진리를 알려야 한다는 사명감 하나에서 천금 같은 시간을 쪼개고 꿰매어 감히 여러 권의 졸작들을 펴낸 것이다.

그 범위는 풍수학과 명리학 그리고 정단학과 관상학에 이르기까지 폭 넓게 설명할 수 있겠으나, 풍수학 저술로는 옥룡자 도선국사(道詵國師)의 풍수사상을 집대성하고 역사스페셜에 방영된 『요해 도선비기(要解道詵秘記)』, 『옥룡자답산가(玉龍子 沓山歌)』, 『비전으로 전하는 한국최고의 명당 670선』, 『소설 도선국사 상·하』 외 종래의 잘못된 주택풍수이론을 바로잡아 사전식으로 정리한 『건물풍수핵심비결』 그리고 명리학(命理學)으로는 주역괘와 수리명리학인 『범위수비결(範圍數秘訣)』 외 『주역과하락이수(周易河洛數)』, 10간의 특성을 정리한 『적천수특수비전(滴天髓特殊秘傳)』, 그리고 최근에 발간한 『고급사주학정해(高級四柱學精解)』 등이 있다.

그 외에도 단학(丹學)수련원에 기고한 『운명의 시계』와 『천운(天運) 상·중·하』, 『풍수지리와 복받는 터』 등이 있으나 이 책들 중 일부는 출판사의 농간으로 잘못 유포되고 있어 안타까울 뿐이다. 정단학의 진수인 『황극책수(皇極策數)』는 제갈공명이나 소강절 선생이 구사하던 주역과 수리에 의한 점서(占書)로서 인간의 길흉사 무엇이든 신(神)에게 물어볼 수 있는 각종 비술이 담겨져 있고 주역괘에 의해 풀이한 해답을 한시체로 해석하고 있는 참으로 소중한 비서(秘書)이며 퇴계 선생과 이순신 장군도 어려운 환경에 처했을 때 이 점서에 의해 지혜를 얻었다는 기록이 있다.

끝으로 한국풍수와 중국풍수의 실체를 독자들에게 올바로 전하고자 청오경(靑烏經)이래 수천 년간 그 맥을 이어온 310여 명의 중국의 풍수대가들이 남긴 경서를 출처별로 정리하고 한국풍수서와 종합한 『용혈사수와 풍수이기법(龍穴砂水 風水理氣法)』이 있다.

또 사주명리학 중에서 적중률이 가장 높은 10여 종의 명리학을 통합 해설한『통합운명학전산프로그램』소프트웨어를 개발하여 누구나 한평생 3만 7천 여 운명학 정보를 그래프와 해설로 한 눈에 알 수 있게 '온라인화' 하여 명리학계를 천하통일하였다.

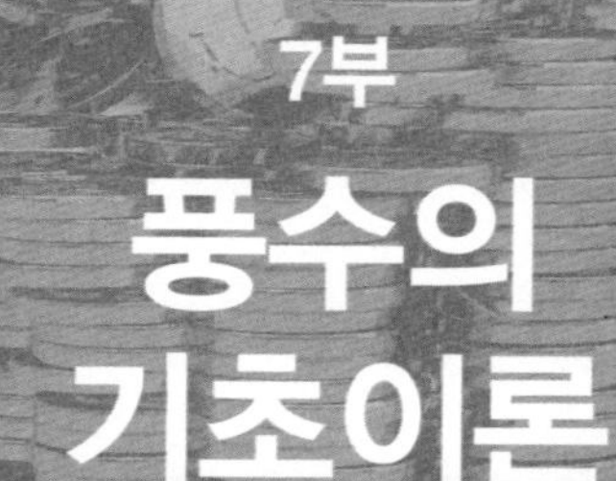

풍수의 기초이론

집터는 어떤 곳을 택해야 하는가

가. 집터(양택)와 4신사(四神砂)

풍수(風水)는 자연환경에 순응하면서 살아가는 인간의 지혜이다. 풍수를 논함에 있어 산 사람을 주체로 한 양택(陽宅:집터)은 동적인 생활풍수(生活風水)에 근거를 두지만, 묘 터는 죽은 사람을 주체로 한 정적인 풍수로서 동기감응론(同氣感應論)을 그 이론적 근거로 한다.

양자는 주체에 있어 서로 달리하고 있지만 터를 중심으로 이루어지는 음양오행의 원리와 풍수이기법(風水理氣法)을 따르는 데 있어서는 양자가 크게 다를 바가 없다. 풍수에서는 바람을 갈무리하고 물을 얻는 장풍득수(藏風得水)를 제일로 한다.

이 이론은 현대 생활풍수에서도 그대로 적용되는 것이니 큰 도시는 어느 지방을 막론하고 사방을 성곽과 같은 산으로 둘러싸여 외풍을 막아주고 안으로는 강이나 하천이 흘러서 생활용수를 공급하고 있다. 이는 최근 시행하고 있는 행정도시의 이전이나 신도시의 개발을 두고도 반드시 고려해야할 사항이다.

풍수에서 가장 중요시하는 것 중에 청룡, 백호, 주작, 현무의 4신사(四神砂)라는 것이 있다. 이것은 어느 핵심처를 중심으로 앞뒤 좌우로 산들이 포근히 감싸고 있어 외풍을 막아줌과 아울러 안으로는 따뜻한 기운을 갈무리하는데 필요한 것이니 이는 묘지 풍수에만 국한되는 것이 아니고 도시나 마을 그리고 집터를 고르는데 있어서도 매우 중요하다. 풍수학에서 '좌청룡, 우백호, 전주작, 후현무인 사신사(四神砂)의 기능은 나쁜 기를 막아주고 좋은 기를 갈무리하는 장풍(藏風)의 역할을 한다.'라고 기록하고 있다.

어느 지방에 한 동네가 있다고 하자. 그 동네가 외곽을 산으로 둘러싸고 있으면 포근한 느낌을 주어 동네 사람들의 인심도 좋고 평온하여 큰 풍파를 겪지 않을 것이나, 그렇지 못하고 사방이 확 트여 바람이 휘몰아친다면 그 동네 사람들은 핍박되고 사나워 서로 다투며 흩어져서 결국은 오래가지 못하고 마을을 떠나고야 만다.

필자가 잘 알고 있는 어느 지방의 한 마을은 세대수가 불과 30여 호밖에 살지 않지만 그 사람들은 약초를 심고 영농 개발에 성공하여 모두가 부자가 됐다. 자식들을 공부 잘 시켜 세 명의 국회의원과 검찰 간부를 비롯하여 사무관급 이상의 인물이 20여 명이나 배출되었다.

그 마을은 옛날 '8도명풍'이란 어느 지사가 잡은 마을 터전인데 그리 높지 않은 산들이 마을을 잘 감싸주고 있고 마을 한가운데는 사시사철 맑은 물이 흘러 참으로 아늑하고 포근한 느낌을 주는 곳이다.

그러므로 예부터 '인걸(人傑)은 지령(地靈)'이라 하지 않았던가.

나. 택지의 토질

택지의 토질은 양토질로써 그다지 습하지도 않고 메마르지도 않으
며 오색이나 붉은 계통의 흙이 잘 배합된 것을 상격(上格)으로 친다.
습기가 너무 많은 땅이나 메마른 땅, 점토질, 사토질 등은 택지로서는
흉하다.

다. 입지 조건

집터의 입지 조건 중에는 그 땅이 푹 꺼져 물이 고일 염려가 있거나,
전후나 좌우에 하천의 범람 우려가 있거나 바닷가나 웅덩이 매립지
또는 쓰레기장이 근처에 있으면 자연 재해로부터 오는 피해가 예상되
므로 입지 조건으로 부적합하다.

잔디가 마르거나 도로나 건물의 벽이 갈라지는 곳은 대체적으로 지
하 수맥이 지나가는 곳이니, 이런 곳에 집을 지으면 여러 가지 질병들
과 흉한 일들이 겹쳐진다.

라. 지세(地勢)

(1) 길상(吉相)의 땅모양

지리상으로 양택 명당이 될 수 있는 조건은 대체로 북쪽 방향이 높
고 남쪽 방향(혹은 정면)은 평탄하고 광활해야 한다. 즉 입지 조건의 첫

번째 조건인 좌청룡 우백호를 비롯한 전주작 후현무의 사신사(四神砂)가 되는 산맥들이 좋아야 한다.

북쪽 방향이 높으면 겨울철 북방의 찬바람을 막을 수 있고 남쪽 방향의 좋은 기운, 특히 태양열의 복사가 흩어지지 않게 할 수 있기 때문에 귀격이다. 동서 방향은 동서 중 어느 쪽이 더 높고 어느 쪽이 낮아야 할지 아니면 높이가 똑같아야 할지가 문제된다. 이럴 때는 서쪽 방향이 동쪽 방향보다 약간 높은 것이 좋다. 왜냐하면 그렇게 함으로써 서쪽 방향의 기보다는 동쪽 방향의 양기를 더 많이 받을 수 있기 때문이며 이러한 연유에서 옛날부터 집의 방향을 남향, 동향 혹은 남동향을 좋은 곳으로 여겼던 것이다.

만약 들이나 평야처럼 북쪽 방향(혹은 후면)에 산이나 기댈 만한 언덕이 없는 경우에는 북방에 나무를 심거나 담장을 두텁게 둘러치는 것이 차선책이다.

(2) 흉상(凶相)의 땅모양

풍수지리학적으로 흉상에 해당되는 땅 모양은 앞에서 언급한 길상의 땅 모양과 정반대되는 지세를 갖춘 것, 즉 사신사(四神砂)의 개념과 반대되는 지형이다.

남쪽 방향(혹은 전면)이 북쪽 방향(혹은 후면)보다 높거나 동쪽 방향이 서쪽 방향보다 더 높은 경우가 여기에 속한다.

또한 건물이 들어설 대지보다 주변이 일반적으로 약간 낮아야 하는데 그 중에서도 남쪽 방향(혹은 전방)이 낮아야 한다. 그러나 주위 4방 또는 8방이 모두 똑같이 낮으면 흉상이 된다.

사방이 모두 낮은데 집터만 우뚝 솟아 있으면 방풍(防風)이나 바람의 갈무리(藏風)가 어려워 좋은 기가 모일 수 없다. 그뿐 아니라 그곳에 거처하는 사람은 시간이 흐름에 따라 자기도 모르게 교만심이 강해져 나중에는 고립무원의 상태에 빠지게 된다. 이런 흉상의 집모양은 소송과 같은 재난과 후손, 혹은 후계자의 단절을 일으킬 수 있다.

반대로 집터나 일터의 주위가 ⌐⌐처럼 전부 높은 경우나 ⊔모양 속에 빠져 있을 때도 흉상이다. 이러한 경우 건조한 계절에는 화재, 비가 많이 오는 계절에는 수재(水災)가 발생하거나, 그 밖에 각종 질병에 걸릴 위험이 크다.

그 외에도 일반적으로 좋지 않은 것으로 알려진 지세로는

- 앞은 높고 뒤가 낮은 지세
- 남동쪽이 높고 북서쪽이 낮은 지세
- 북방에 하천을 끼고 있는 지세

등이 있다. 이러한 지세는 피해야 할 곳이다.

(3) 동서남북의 지세에 따른 길흉화복

주택풍수에서 판단하는 길흉화복을 요약하면 대체로 다음과 같다.

- 동쪽이 높고 나머지 3면이 평탄한 지세는 발전의 부진과 재물의 손상 그리고 주색의 탐닉 등과 관계가 있다.
- 동쪽이 약간 낮은 지세는 사업 번창, 자손 번영을 기약한다.
- 남동쪽이 높은 지세는 흉상으로서 혼사 등이 어렵다. 또 뒤를 이어 줄 후손이나 후계자가 없다.
- 남동쪽이 약간 낮게 열려 있는 지세는 사람들이 끊임없이 몰려들어 사업이 크게 번창한다.

- 남쪽이 높은 지세는 음기가 충만한 흉상으로 소송이 끊이지 않는다. 신체적으로도 병이 많고 허약 체질이 되며 품행도 단정하지 못하게 된다.
- 남쪽이 약간 낮게 열려 있는 지세는 길상이 되며 마음이 넓고 총명하여 모든 일을 잘 처리한다.
- 남서쪽이 높은 지세는 집모양이 흉상이라고까지 말할 수는 없으나 그리 좋은 편은 아니다.
- 남서쪽이 약간 낮은 지세는 반은 좋다고 말할 수 있다. 그러나 이러한 양택에 살 경우 남자는 쉽게 의지가 흔들리며, 여자는 강하지만 자기의 약점을 노출하기가 쉽다.
- 서쪽이 터져 있고 나머지 3면이 막혀 있을 때는 말은 잘하나 재산은 잃는 편이다.
- 북서쪽이 높은 지세는 길지로서 가정이 화목하고 모든 일이 편안하다. 왜냐하면 북서쪽은 건방(乾方)으로 하늘, 아버지, 위엄, 권위에 해당되기 때문이다.
- 북서쪽이 낮은 지세는 흉지로서 가정에 위계질서가 없어 엉망이다. 집안 어른은 힘이 없고 다툼이 끊이지 않는다. 그러므로 북서쪽이 높은 지세와 정반대의 결과가 초래된다.
- 북쪽이 높은 지세는 길지로서 사교 범위가 넓고 부하 직원으로부터는 존경을 받는다.
- 북쪽이 낮은 지세는 흉지로서 걱정거리가 많고 질병이 발생하기 쉽다.
- 북동쪽이 높은 지세는 길지로서 성실하게 재산을 모은다.
- 북동쪽이 낮은 지세는 흉지로서 발전성이 없고 탐욕으로 인해 몸

을 망친다.

또, 전후좌우 지세에 따른 금기사항으로

- 전고후저(前高後低), 즉 양택(주택, 빌딩, 사무실 등) 앞이 높고 뒤가
  낮은 경우는 고아나 과부가 많이 나온다.
- 양택의 좌우는 지세가 낮고 중심만 높은 경우는 집안이 불안하다.
- 양택 앞에 울창한 숲이 있는 경우는 기괴한 사건이 자주 발생하
  여 사람들이 왠지 모를 무서움에 사로잡힌다.
- 양택 뒤편 양쪽에서 다른 양택들이 찌르듯 위치할 경우는 불길
  하다.
- 양택 앞에 기암괴석이 있을 경우는 불길하다.
- 두 양택의 정문이나 대문이 서로 마주보고 있는 경우는 가족 간
  의 불화가 따른다.

마. 도로(道路)

도로는 기(氣)의 통로로써 음택(陰宅)에 있어 수법(水法)과 같이 판단
한다. 도로는 교통의 통로로서 뿐만 아니라 주택 등 건물에 있어서도
그 영향력이 매우 크므로 좋은 도로와 나쁜 도로를 구분하여 길흉을
살펴보자.

(1) 좋은 도로

양택에 있어 좋은 도로란 양택의 정면에서 좌우평행으로 나 있는 도로이다. 여기서 좋은 도로란 교통의 편리함과 주택의 안정감 그리고 경관을 해치지 않는 길상의 도로를 말한다.

(2) 나쁜 도로

나쁜 도로란 양음택에서 바람과의 관계에서 살펴보아야 한다. 음택 풍수나 양택 풍수를 불문하고 바람과 물은 항상 경계의 대상이다. 명당의 조건에 바람과 물이 없어서도 안 되지만 물과 바람이 무덤이나 양택을 직접적으로 침범하는 것은 절대 금기사항이다.

만약 물과 바람이 무덤이나 양택을 직접적으로 공격할 경우 사(射) 또는 살풍(殺風)이라 하여 무덤의 후손이나 양택에 거주하는 사람에게 엄청난 재난과 불행을 가져다준다는 것이 풍수지리학의 기본 원리이다.

(3) 양택과 상충(相沖)된 도로

양택과 상충되는 나쁜 도로란 양택의 정면과 평행으로 나 있지 않은 모든 도로를 말하고 고가도로 또는 도심 한복판으로 지나가는 고가철로를 포함한다. 그중에서도 특히 좋지 않은 도로는 양택 앞 직선으로 들어와서 주택과 상충이 되는 도로이다. 이런 경우에는 사람이 다치거나 재산을 많이 잃게 된다. 차가 집을 덮치는 경우는 대부분 집과 도로가 상충되는 곳에 있다.

(4) 양택으로 구불구불 굽어 들어오는 도로(弓形路)

집 앞으로 도로가 활처럼 궁형(弓形)으로 나 있으면 음택의 수법과는 달리 흉하다. 또한 정문 앞으로 여러 도로가 모여드는 형상을 한 집은 특히 주인에게 좋지 않다.

(5) 기타 3면이 도로에 둘러싸인 경우

서, 북, 동 3면이 도로로 둘러싸인 경우는 양택의 뒤가 고립되어 가장 흉이 심하다. 특히 북, 서, 남 3면이 도로로 둘러싸이면 흉하고 남, 동, 북 3면이 도로로 둘러싸여도 흉하다. 그러나 남, 동, 서 3면이 도로로 둘러싸이면 가장 피해를 적게 받는다. 그 외 4면이 도로에 둘러싸이면 3면보다 더욱 흉하고 불안한 심리를 느낀다.

바. 택지의 형태와 길흉

양택의 모양은 균형과 안정감이 있어야 한다. 지나친 변형과 특이한 모습을 지닌 양택은 좋은 집터가 될 수가 없다. 형상이 괴상하게 생기거나 특이한 빌딩 등의 건축물에 거주할 경우 그 회사가 망하거나 여러 가지로 곤란에 처하게 된다는 것은 풍수를 모르는 사람들에게도 진지한 이야기로 통하고 있다.

원형, 사각형, 삼각형 등과 각 형태별로 작용하는 영향력을 세부적으로 설명하면 다음과 같다.

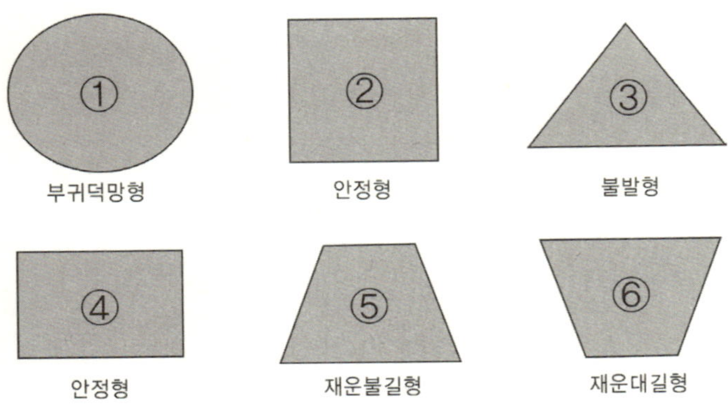

(1) 원형의 형태가 작용하는 영향력

그림 ①과 같은 원의 형태는 부귀덕망형이라 한다. 원만한 심성, 웅대한 기개, 명랑한 심정, 대담성, 포용력, 적극성, 활동성, 우아한 심성, 친화력, 유순함, 표현의 유창함, 개방성 등에 긍정적으로 작용한다. 그러나 반대로 작용할 경우는 심리적으로 태만하게 되거나 마음을 산란하게 하고 투기심리, 과도기적 정서, 지나친 자신감 등의 형성에 기여하게 된다.

(2) 사각형의 형태가 작용하는 영향력

그림 ②, ④와 같은 사각형의 형태는 안정형이라고 한다. 사각형의 형태가 긍정적으로 작용할 때 나타나는 결과는 정확성, 근면성, 지구력, 겸허, 주의력 등이다. 그러나 반대로 작용할 때 나타나는 결과는 소인배적 기질, 완고함, 인색함, 협동심의 부족, 지나친 개인주의, 시기, 질투, 자주성의 결여 등이다.

(3) 삼각형의 형태가 작용하는 영향력

그림 ③과 같은 삼각형의 형태는 불발형이라고 한다. 삼각형이 주는 영향력에는 예리한 안광과 심성, 민첩, 민감 등 좋은 면을 촉진시키는 요소도 있으나 좋지 않은 면이 더욱 많다. 불안, 초조, 충돌적 기질, 폭발적 심리, 광폭함, 억지, 자극적이고 음험한 심리 상태, 잦은 분노, 정서 불안, 투쟁적 기질, 광기 등의 성품 조장에 기여한다.

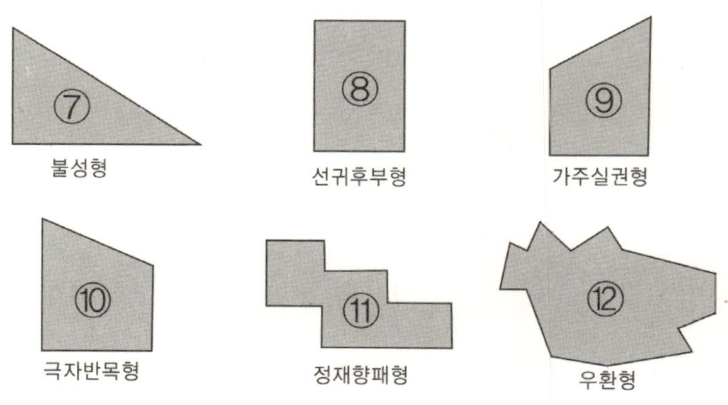

(4) 삼각형의 택지

가장 좋지 않은 택지는 그림 ③, ⑦과 같은 삼각형 모양이다. 삼각형의 택지는 인간의 정신과 두뇌에 타격을 준다. 이러한 삼각형의 대지 위에 건축물이 들어서서 거기에 오래 살다 보면 사람의 정서는 격렬해지고 스트레스, 신경쇠약에 걸리거나 심한 경우 범죄를 저지르게 된다. 또한 쉽게 화를 내고 두통 등으로 고생한다.

(5) 사각형의 택지

양택의 모양 못지않게 양택이 들어서는 대지 또한 반듯한 것이 좋

고 모난 것이나 특이한 형상은 좋지 않다. 가장 이상적인 택지는 그림
②, ⑧의 사각형 모양이다.

(6) 기타 각형의 택지

그림 ⑤는 앞이 넓고 뒤가 좁아 재운이 불길하고, 그림 ⑥은 그 반대
로 앞이 좁고 뒤가 넓으면 재운이 좋고 대길하다. 그림 ⑨는 가장이 실
권을 잃고, 그림 ⑩은 자식이 극하고 반목하며, 그림 ⑪은 자식과 재산
을 실패하는 형이고, 그림 ⑫는 가정에 우환이 끊어지지 않는 형이다.

사. 방위별 가택 요철 이론

방위별 가택 요철 이론이란, 주역의 후천 8괘가 주관하는 8개 방위
에 따라서 가택의 요철을 판단하는 이론으로서 그 방위별 길흉은 다
음과 같다.

(1) 감방(坎方 : 정북)

택지나 건물의 북쪽으로 적당하게 돌출하면 길격으로서 가정이 부
흥하고 부자가 된다. 그러나 그곳이 지나치게 튀어나오거나 깊이 파
지면 도리어 흉하고 중남(中男)에게 흉한 일이 생긴다.

(2) 간방(艮方 : 동북)

택지나 건물의 동북으로 적당하게 돌출하면 길격으로서 부귀와 자
손이 창성한다. 해당 가족은 차남이 이에 해당한다.

(3) 진방(震方 : 정동)

택지나 건물의 동쪽으로 적당하게 돌출하면 부자가 되고 승급하게 된다. 그러나 지나친 돌출과 함몰이 있으면 기업이 부진하고 장남에게 흉하다.

(4) 손방(巽方 : 동남)

택지나 건물의 동남쪽으로 적당하게 돌출하면 부자가 되고 여손에게 유리하다. 지나치게 돌출하거나 함몰하면 흉하다.

(5) 이방(離方 : 정남)

택지나 건물의 남쪽으로 적당하게 돌출하면 귀인이 도와 등과하게 된다. 그러나 지나치게 돌출하거나 함몰하여 꺼지면 관재나 여자의 부정이 염려된다.

(6) 곤방(坤方 : 남서)

택지나 건물의 남서쪽으로 적당하게 돌출하면 내주장하는 여인이 가정을 잘 다스려 부자가 된다. 지나치게 돌출하거나 푹 꺼지면 부인이 병약하거나 남녀가 바람을 피운다.

(7) 태방(兌方 : 정서)

택지나 건물의 서쪽으로 적당하게 돌출하면 부자가 되거나 귀하게 되고 소녀가 잘된다. 그러나 지나친 돌출과 결함은 전상자나 객사자가 생기거나 여손에 좋지 않은 일이 생긴다.

(8) 건방(乾方 : 북서)

택지나 건물의 북서쪽이 적당하게 돌출하면 가주가 건강하고 장수하나 지나치게 돌출하거나 결함이 생기면 화가 생기고 가주가 단명한다.

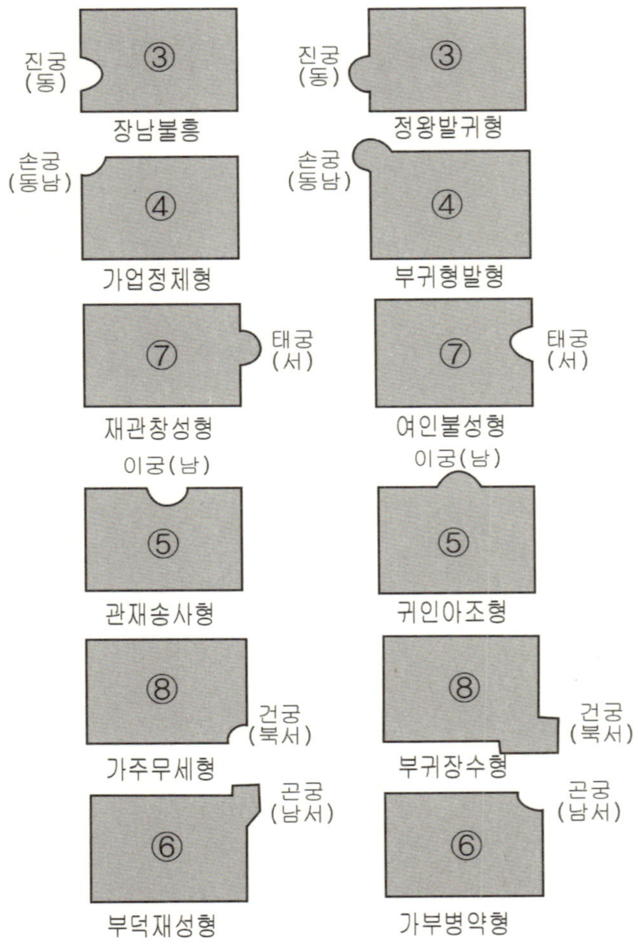

※ ○ 속의 숫자는 앞서 설명한 번호와 같음.

8택가상론(八宅家相論)

8택가상론이란 주역 8괘가 주관하는 8방위를 기준으로 동향에 속하는 동 4택과 서향에 속하는 서 4택으로 구분하고 각 방위가 주관하는 가상에 따라서 해당 길흉을 판단하는 이론이다. 그 근거는 중국의 조구봉(趙九峰)이라는 사람이 『양택삼요(陽宅三要)』에서 상세하게 설명하고 있으며 그 이론의 요점은

① 주택 풍수에서 고려하여야 할 세 가지 요소는 대문과 안방, 그리고 부엌이다.

② 대문은 방과의 상생 관계에 있어야 하고

③ 대문은 부엌과도 상생 관계에 있어야 하며

④ 방과 부엌도 서로 상생 관계에 있어야 한다.

ㅇ **동 4택** : 감궁(정북), 진궁(정동), 손궁(동남), 이궁(정남)
ㅇ **서 4택** : 건궁(북서), 곤궁(남서), 간궁(동북), 태궁(정서)

음양오행과 지구의 공전 및 자전

지구의 운행주기

일찍이 북송시대 소강절(邵康節:1011~1077) 선생은 천지개벽의 도수(度數)를 밝혔다. 일원(一元)은 12만 9,600년이고 이를 12회(會)로 나눈 1만 800년마다 소개벽(小開闢)이 일어나 천지가 분열되고 다시 성장하는 선후천(先後天) 대개벽(大開闢)을 통해 봄, 여름, 가을, 겨울로 순환을 반복하면서 1년 12달이 4계로 돌아가는 것을 확대하여 천지 일원수(一元數)인 12만 9,600년을 찾아낸 것이다.

사람도 1분에 양호흡(陽呼吸)으로 18번 숨을 쉬고 음호흡(陰呼吸)으로 72번 맥박이 뛰어 1분에 90번씩 음양으로 호흡하는 것이니 1시간은 60분이고 24시간을 합하면 하루에 정확히 12만 9,600번을 뛰고 있어 사람도 천지일원(天地一元)에서 벗어나지 않음을 알 수 있다.(생략)

지구의 공전주기(公轉週期)를 3원갑자년대(三元甲子年代)로 보면 다음 표와 같다.

<h2 align="center">3원갑자 연대표(三元甲子年代表)</h2>

상원갑자	1운	갑자~계미	1324~1343	1504~1523	1684~1703	1864~1883
	2운	갑신~계묘	1344~1363	1524~1543	1704~1723	1884~1903
	3운	갑신~계해	1364~1383	1544~1563	1724~1743	1904~1923
중원갑자	4운	갑자~계미	1384~1403	1564~1583	1744~1763	1924~1943
	5운	갑신~계묘	1404~1423	1584~1603	1764~1783	1944~1963
	6운	갑신~계해	1424~1443	1604~1623	1784~1803	1964~1983
하원갑자	7운	갑자~계해	1444~1463	1624~1643	1804~1823	1984~2003
	8운	갑신~계묘	1464~1483	1644~1663	1824~1843	2004~2023
	9운	갑진~계해	1484~1503	1664~1683	1844~1863	2024~2043

2004년부터 2023년까지는 하원갑자 제8운에 속하고 운기의 왕쇠는 다음 표와 같다.

<h2 align="center">운기왕쇠표(運氣旺衰表)</h2>

운(運) \ 기(氣)		퇴기 (退氣)	길기(吉氣)			흉기(凶氣)			보좌기 (補佐氣)
			왕기	생기	진기	쇠기	사기	살기	
상원갑자	1운	9	1	2	3·4	7	6	5·7	8
	2운	1	2	3	4	9	6	5·7	8
	3운	2	3	4	5	1	6	7·9	8
중원갑자	4운	3	4	5	6	2	8	7·9	1·8
	5운	4	5	6	7	3	2	9	1·8
	6운	5	6	7	8	4	9	2·3	1·8
하원갑자	7운	6	7	8	9	5	4	2·3	1
	8운	7	8	9	1	6	2	3·4·5	1
	9운	8	9	1	2	7	6	3·4·5	1

오행과 지구의 공전(公轉)

지구의 공전은 춘분점에서 다시 춘분점으로 돌아오는 것을 회귀년 (回歸年:trpical year)이라 하여 정확히 365,2564일이 되고 평균거리는 1억 4,960만 km이며 둘레의 길이는 약 9억 3996.5만 km이고 다시 1년 24 시간×365일 하면 시속은 약 10761.886km/h 라는 매우 빠른 속도로 공전하고 있는 것이다.

태양계를 돌고 있는 중심축에 의해서 봄, 여름, 가을, 겨울 4계절이 생겼으니 봄은 나무가 자라듯 솟아오르는 목(木)의 기운이 생겨나고 방위는 동쪽이 된다. 여름은 성장과 함께 무더운 화(火)의 기운이 생겨 나고 방위는 남쪽, 가을은 서늘하고 단단한 금(金)의 기운이 생기고 방위는 서쪽, 겨울은 수(水)의 기운이 생겨나고 방위는 북쪽이 된다. 4계절을 이어주는 변절기마다 토(土)의 기운이 있으니 봄과 여름사이에는 진토(辰土), 여름과 가을 사이에는 미토(未土), 가을과 겨울 사이에는 술토(戌土), 겨울과 봄 사이에 축토(丑土)의 기운이 있다.

이와 같이 오행이란 지구의 공전질서에 의해 성립된 것임을 알 수가 있다. 우리가 매일 사용하고 있는 요일(曜日)도 태양인 일(日), 달인 월(月)을 포함하여 화(火), 수(水), 목(木), 금(金), 토(土)를 합한 7일간을 일주일로 정하여 반복

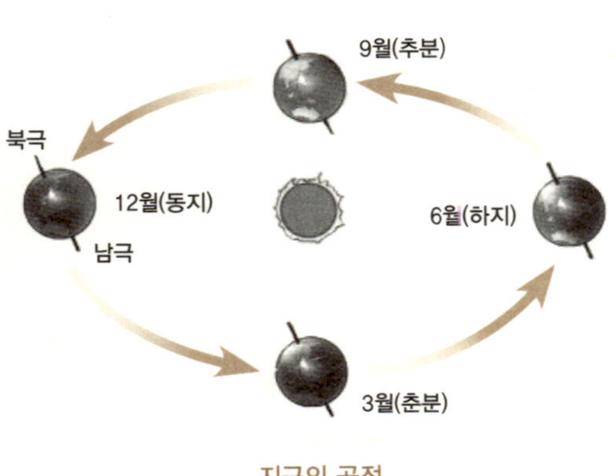

지구의 공전

적으로 사용하고 있지 않는가!

지구의 공전으로 오행과 24절기가 생겼으며 24절기 중 12개 월절기 (月節氣)를 중심으로 해당 월(月)이 바뀜은 물론 그 오행의 성질에 따라 여러 가지 특성을 분류할 수가 있는 것이다.

오행의 성질분류

오행	목(木)	화(火)	토(土)	금(金)	수(水)
방향	동(東)	남(南)	중앙(中央)	서(西)	북(北)
계절	춘(春)	하(夏)	환절기(換節期)	추(秋)	동(冬)
색소	청(靑)	적(赤)	황(黃)	백(白)	흑(黑)
오상	인(仁)	예(禮)	신(信)	의(義)	지(智)
오미	신맛	쓴맛	단맛	매운맛	짠맛
오성	세성	자성	진성	태성	진성
오격	곡직 인수	염상	가색	종혁	윤하
육신	청룡	주작	구진 등사	백호	현무
기상	풍(風)	청(晴)	구름(雲)	우뢰(雷)	비(雨)
오체	절(節)	피(皮)	육(肉)	골(骨)	혈(血)
오과	목(目)	설(舌)	비(鼻)	구(口)	이(耳)
오장	간 · 담	심 · 소장	비 · 위장	폐 · 대장	신 · 방광
강정	희(喜)	낙(樂)	욕(慾)	노(怒)	애(哀)
오본	혼(魂)	신(神)	영(靈)	백(魄)	정(精)
오취	나무냄새	탄 냄새	향기로움	비린내	노린내
오지	근심	즐거움	생각	슬픔	공포
오동	나아감	올라감	정지함	물러감	내려감

음양과 지구의 자전(自轉)

음양(陰陽)은 지구의 자전에 의하여 밤과 낮이 되는 현상에서부터 출발한다. 지구는 23.5도로 기울어진 상태에서 남과 북이 중심이 되어 서에서 동으로 시속1666.66km의 빠른 속도로 자전(自轉)하고 있으며 하루는 정확하게 23시간 56분 3초가 된다.

이같이 빠른 속도로 회전함으로써 밤낮이 생김은 물론 자기력(磁氣力:magnetic force)이 생기고 공전(公轉)에서 일어나는 오행의 기운과 자전으로 인한 음양의 기운이 혼합되어 함께 작용하고 있다. 하지만 고속으로 달리는 전동차나 항공기 내에서는 속도감을 느끼지 못하듯 우리는 감각적으로 잘 느끼지 못하고 그에 순응하면서 살아가고 있는 것이다.

사주명리학을 풀이할 때도 연주(年柱)와 월주(月柱)는 지구의 공전에 관한 개념이고 일주(日柱)와 시주(時柱)는 지구의 자전에 관한 개념으로 해석하는 것이다.

8방위와 24방위 보는 방법

우리가 잘 알고 있는 동(東), 서(西), 남(南), 북(北) 4방위 중간에 동남(東南), 남서(南西), 북동(北東), 북서(北西) 4방위를 합하면 8방위가 된다.

이 8방위는 아래 그림과 같이 주역 8괘에 따른 고유방위로 활용하고 있으니 동쪽은 진목(震木), 서쪽은 태금(兌金), 남쪽은 이화(離火), 북쪽은 감수(坎水), 동남쪽은 손목(巽木), 남서쪽은 곤토(坤土), 북동쭉은 간토(艮土), 북서쪽은 건금(乾金)이 된다.

8방위와 고유수리

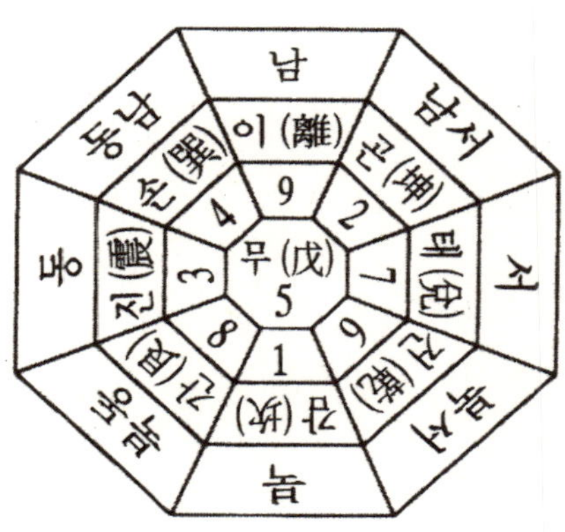

　이 방위에 나타나는 수리는 구성학(九星學:9개의 별자리로 각방위의 길흉을 분석하는 학문 중의 하나)이나 기문둔갑(奇門遁甲) 등에서 많이 활용하는 9궁도(九宮圖: 9개의 방위로 분류하는 도식)에 배치하여 각궁위에서 표출되는 수리로서 길(吉)과 흉(凶)을 분석하게 되는데 5수가 중앙에 나타나는 8개 정방위수는 중궁수를 포함하고 상하와 가로 세로 3개 궁위수를 합하면 각각 15수가 된다. (단, 10은 1수로 본다.)

자백법(紫白法)과 수리별 길흉

구궁도 정방위

길한색: 흑, 남색 **4木** 문창, 이성관계 (文昌)(異性關係) 흉한색: 녹색	길한색: 백, 금색 **9火** 희경 (喜慶) 흉한색: 남, 흑색	길한색: 백, 금색 **2土** 병부 (病符) 흉한색: 홍, 녹색
길한색: 홍색 **3木** 시비 (是非) 흉한색: 남,흑색	길한색: 백,금색 **5土** 재병 (災病) 흉한색: 홍,녹색	길한색:황,백,금색 **7金** 파재 (破財) 흉한색: 홍색
길한색: 홍,백색 **8土** 정재 (正財) 흉한색: 녹색	길한색: 녹색 **1水** 문곡생기 (文曲生氣) 흉한색: 금색	길한색; 황,백,금색 **6金** 무귀 (武貴) 흉한색: 홍색

자백법(紫白法)은 9궁도 각 수리로 길흉을 판단하는 방식이며 각 운

별로 각 궁위의 해당수리를 확인하면 그 방위의 길흉화복을 쉽게 판
단할 수가 있다.

1수는 일백수성(一白水星)으로서 북방이 정방위이며 생기와 문장을
주관하고 생년간지인 명궁(命宮)이 목(木)인 진손인(震巽人)에게는 유리
하나 화(火)인 이명인(離命人)은 심장, 신장, 시력에 불리하다.

2수는 이흑토성(二黑土星)이며 서남방이 정방위이고 병부성(病符星)
으로서 흉하여 부처(夫妻)가 불화하고 위장질환이 있으나 명궁이 감
(坎)인 수명인(水命人)에게 불리하다.

3수는 삼벽목(三碧木)으로서 동방이 정방위이며 시비성(是非星)으로
서 관청의 시비와 간담, 다리, 질환에 불리하고 명궁이 이(離)인 화명
인(火命人)은 유리하나 진손(震巽)인 목명인(木命人)에게는 불리하다.

4수는 사록목(四綠木)으로서 동남방이며 문창성(文昌星)이 되니 사록
직(司祿職)을 얻는 등으로 길하며 명궁이 이(離)인 화명인(火命人)은 유
리하나 곤간(坤艮)인 토명인(土命人)에게는 불리하다.

5수는 오황토(五黃土)는 중앙이며 병재성(病災星)인 흉성으로서 재난
과 파재, 혈광, 인구감소 등 흉한 일이 발생한다.

6수는 육백금(六白金)으로서 서북방이며 무곡성(武曲星)으로 재운,
관운, 승진 등으로 길하나 명궁이 진손(震巽)인 목명인(木命人)에게는

불리하다.

7수는 칠적금(七赤金)인 서방이며 파군성(破軍星)으로서 도적, 파재, 단명 등 각종 사건사고가 생기고 특히 진손(震巽)인 목명인(木命人)에게 불리하다.

8수는 팔백토(八白土)로서 동북방이며 정재(正財)가 되니 재운(財運)이 형통하고 인구가 늘어나며 기쁜 일이 많지만 명궁이 곤간(坤艮)인 토명인(土命人)에게는 유리하고 감(坎)인 수명인(水命人)에게는 불리하다.

9수는 구자화(九紫火)로서 남방이 되니 기쁘고 경사스런 희경성(喜慶星)으로서 기쁜 일과 함께 인구가 늘어난다. 명궁이 곤간(坤艮)인 토명인(土命人)에게는 유리하나 건태(乾兌)인 금명인(金命人)에게는 불리하다.

중요한 것은 생기·연년·전을·복위 등 4대 길궁위에 하원갑자 제8운과 그해의 연운수를 배포하였을 때 당왕한 길수이면 대길하고 그 반대이면 흉하다고 판단하는 것이다.

갑오년(甲午年) 각 방위별 길흉

아래 그림은 하원갑자 제8운과 갑오년 4수를 입중궁한 것이다. 구
궁도 정방위와 비교하여 어떻게 변화된 수인지 찾아보라.

운기왕쇠표로 변화된 수의 왕쇠(旺衰)를 보면 8수는 왕기(旺氣), 9수
는 생기(生氣), 1수는 진기(進氣)로서 길하고 7수는 퇴기(退氣), 6수는 쇠
기(衰氣), 2수는 사기(死氣), 3, 4, 5수는 살기(殺氣)로서 흉하므로 그 기
운이 8방위 각 궁위에 분포되어 있다.

8운수와 갑오년 4수

(巽)남동	離(남)	(坤)남서
7 3	3 8	5 1

(震)동 | 6 2 | 8 4 | 1 6 | (兌)서

2 7	4 9	9 5

| (艮)북동 | (坎)북 | (乾)북서 |

위 그림 중 좌측 수는 제8운에 해당되는 변화수이고 우측의 수는 갑오년의 운수이다. 이 수로 주택의 방위나 각 방실의 그해의 운을 볼 때 아래 설명할 자백법으로 판단하는 것이며 중궁수 중심에서 나침반을 놓아 각 방위를 측정하게 된다.

자백법에 의한 갑오년 방위해석

북쪽 감궁(坎宮)은 운수가 4록목(四祿木)으로서 사직녹위(司職祿位)가 되나 토명(土命)은 불리하지만 갑오년은 9자화(九紫火)인 희경성(喜慶星)으로 생기를 받는 운이 된다.

서쪽 태궁(兌宮)은 운수가 1백수(一白水)로서 생기가 보통인데 갑오년은 6백금(六白金)인 무곡길성(武曲吉星)이 된다.

동쪽 진궁(震宮)은 운수가 6백금(六白金)인 무곡 길성이 되나 갑오년은 2흑토(二黑土)의 병부성(病符星)이 되어 불길한데 두 수가 합하여 62가 되니 귀신과 상극하여 상스럽지 못하다.

남서쪽 곤궁(坤宮)은 운수가 5재병성(五災病星)이나 운기가 약하고 갑오년 1백수(一白水)도 생기성(生氣星)이 보통 수준이다. 두 수가 합하여 51이 되면 살기로서 재난과 혈광, 인구감소가 우려된다.

북서쪽 건궁(乾宮)은 운수가 9자화(九紫火)로서 길하나 갑오년은 5황토(五黃土)인 재병성(災病星)이 살기(殺氣)를 품고 있어 대흉하다.

　동북쪽 간궁(艮宮)은 운수가 2흑토(二黑土)로서 병부성(病符星)이 되고 갑오년은 7적금(七赤金)인 파군성(破軍星)이라 각종 재난이 우려되며 두 수가 27이면 화(火)로서 혈광의 재앙이 생긴다.

　남동쪽 손궁(巽宮)은 운수가 7적금(七赤金)으로 역시 파군(破軍)인 흉성인데 갑오년은 3벽목(三碧木)으로 시비성(是非星)이고 두 수가 73이면 도둑의 피해나 관재가 우려된다.

　가장 중요한 것은 5수가 있는 중궁(中宮)으로 그 해의 연운수(年運數)나 월운수(月運數)를 중궁에 바꾸어 넣어 ①중궁(中宮) → ②북서(乾) → ③서(兌) → ④북동(艮) → ⑤남(離) → ⑥북(坎) → ⑦남서(坤) → ⑧동(震) → ⑨동남(巽) 순서대로 배당하는 것을 순비(順飛)라 하고 ①중궁(中宮) → ②동남(巽) → ③동(震) → ④남서(坤) → ⑤북(坎) → ⑥남(離) → ⑦북동(艮) → ⑧서(兌) → ⑨서북(乾) 순서대로 역행하는 것을 역비(逆飛)라 한다. 남성의 운이나 양(陽)에 해당하는 향(向) 또는 그해의 운은 순비하고 여성의 운이나 음(陰)에 해당하는 좌(坐)는 역비한다.
　따라서 후천갑자 제8운과 갑오년은 순비한다.
　이상은 해마다 변화하는 각 궁위별 길흉을 판단할 때 사용하는 것이나 고정적인 길흉궁위는 제 1부 부자가 되는 비법 중 '길흉궁위의 뜻을 알라'에서 길흉궁위의 특성을 확인하라.

하원갑자 제 8운에서 연도별로 변화하는 중궁수

2014년	2015년	2016년	2017년	2018년	2019년	2020년
갑오년	을미년	병신년	정유년	무술년	기해년	경자년
4록(綠)	3벽(碧)	2흑(黑)	1백(白)	9자(紫)	8백(白)	7적(赤)

갑오년은 4수가 중궁에 들어가고 을미년은 3수가 중궁에 들어가서 해당방위수를 변화하게 한다.

취업, 투자, 연애, 인기, 개업에는 생기궁(生氣宮)을 찾고

건강, 안락, 화목, 시험, 승진, 명예, 평온을 바란다면
천을궁(天乙宮)과 연년궁(延年宮)을 찾으며

화재, 돌발적인 사고, 사망, 부도, 폐업, 좌천은
오귀궁(五鬼宮)이나 절명궁(絕命宮)을 확인하고

정신이상이나 암 등 각종 질병에 시달리면
육살궁(六煞宮)이나 화해궁(禍害宮) 유무를 확인하라

부록

주택풍수 관련 언론보도

"재벌 총수들은 어떤 곳에 살고 있는가?"

'배산임수' 풍수 중시, 북한산·남산자락에

삼성과 LG·현대차 등 국내 10대 그룹 총수들이 사는 동네는 한결같이 서울 강북(江北)의 한남동 등 남산자락과 성북·평창·가회동 등 북한산 자락이라는 공통점을 갖고 있다.

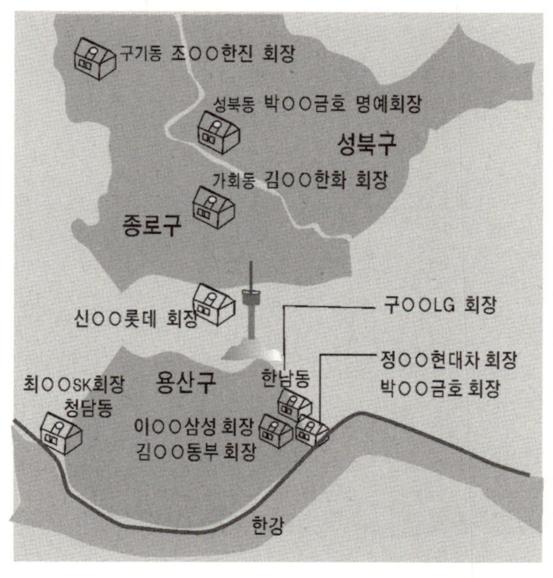

용(龍) 머리에 해당하는 삼성타운 이 회장의 종전 집

서울 용산구 한남동 리움미술관 근처에 위치한
삼성 이 회장이 살았던 종전의 자택.

풍수 좋은 남산(南山)자락에 몰려

나머지 5명의 총수들은 '전통 양반동네'인 성북·가회·구기동 등 북
한산 자락이 삶터다.

강북을 고집하는 이유는 풍수지리설이 유력하다. 이 회장 집은 풍
수지리상 용(龍)머리에 해당하고, 나머지 일가들 집은 용의 몸통에 속
한다. 한남동은 뒤에 남산을 등지고 양 옆에 좌청룡·우백호로 언덕이
솟아 바람을 막아주며 앞에 한강이 감싸듯이 흐르는 것은 풍수적으로

한창 공사가 진행 중인 LG 구 회장의 새 집 및 주변 전경

물이 재물(財物)을 뜻하기 때문이다.

입지 여건도 한남동은 광화문과 강남이 20~30분 이내이고 외교통상부 장관 공관과 스페인·인도 등 30여 개국 대사관·영사관 건물이 있는 외교가로서, 삼엄한 경찰 경비로 안전도 보장된다.

"풍수(風水)와 재물(財物)"

건교부에서 발표한 주택가격 공시에 의하면 전국에서 가장 비싼 집은 서울 한남동에 있는 삼성가의 집이고, 재계의 '빅3'인 삼성의 이○○, LG의 구○○, 현대차의 정○○ 회장 집도 한남동에 있다.

재벌들이 한남동을 선호하는 이유는 풍수에서 차이가 있다. 한남동은 한강이 앞을 휘감아 돌고 있지만, 성북동에는 감아 도는 큰물이 없다. 장풍득수(藏風得水:기를 갈무리하고 물을 얻음)의 관점에서 비교해 본다면, '장풍'은 한남동과 성북동이 엇비슷하지만 '득수'에서 한남동이 확실한 우위에 있는 것이다.

풍수에서 물은 재물을 상징한다. 물이 보여야 부자 터로 여긴다. 풍수에 깊은 조예를 가지고 있었던 고(故) 이○○ 회장이 한남동에 터를 잡은 이유는 추측컨대 이 부분을 고려했기 때문이 아닌가 싶다.

영남의 길지(吉地)라고 알려진 경주의 양동마을이나, 하회마을, 의성 김씨들의 집성촌인 안동의 내앞(천전·川前)도 모두 강물이나 냇물이 감아 돌고 있다. 그뿐인가 구례의 운조루도 섬진강이 흐른다. 필자가 조사한 바에 따르면 충청도나 전라도의 명문 고택들 중 상당수가 '득수'를 고려하여 집터를 잡았다.

풍수에서 물을 중시하는 이유는 이렇다. 첫째 물은 생명이다. 특히 고대 농경사회에서 물이 없으면 흉년이 들어 굶어 죽었다.

둘째 강물이 흐르는 곳은 물류의 수단인 배가 다닐 수 있었으므로 교역이 이루어질 수 있는 곳이었다.

셋째는 수화(水火)의 조화이다. 산에서는 화기(火氣)가 분출되므로, 이를 잡아주는 수기(水氣)가 있어야 한다. 그래야 주역에서 말하는 '수화기제'(水火旣濟)가 이루어진다. 수화가 섞여야 묘용(妙用)이 생긴다.

"쌍둥이 마을 이야기"

전라도 여천군에 있는 이 마을은 75세대 중 35세대에서 서른여덟 쌍의 쌍둥이가 태어난, 세계적으로도 희귀한 쌍둥이 마을로 알려져 있다. 그 비밀을 밝히기 위해서 먼저 카톨릭 대학의 연구팀이 조사를 하였다. 처음에는 마시는 물 때문이 아닐까 했지만, 같은 우물을 사용하는 부근의 마을에서는 이 마을과 같은 현상이 전혀 없었기 때문에 음료수 원인설은 부인되었다. 다음으로 유전과 같은 선천적인 원인이 있을 것이라고 추정, 부근 마을에 사는 혈연자를 추적 조사한 결과 한 쌍의 쌍둥이도 발견할 수 없었으므로 이것도 역시 부정되었다. 그래서 결국 등장한 것이 바로 풍수설인 것이다.

원래 이 마을에 쌍둥이가 태어나기 시작한 것은 120년 전부터라고 하는데, 그 이래로 '태어났다 하면 쌍둥이'라고 불릴 정도로 쌍둥이의 출산이 잇달았다. 그런데 이 마을에는 쌍둥이 출산과 관련한 하나의 전설이 있었다. 그것은 마을의 동쪽에 있는 쌍태산(또는 쌍봉산)의 정기 때문에 많은 쌍둥이가 태어나게 되었다는 것이다. 그래서 최창조 교수(당시 전북대 지리학과)는 풍수의 형국론으로 설명이 가능할 것이라 해서 현지 조사를 시작하였다. 그 결과, 이 마을은 풍수지리의 정혈법(명당의 위치를 정하는 방법)에 의하여 마을의 위치가 정해져 있었으며, 75채의 집 방향을 좌향론(坐向論 : 방향에 관한 술법)에 의하여 분석해 보니, 그 중의 35채, 즉 쌍둥이를 낳은 집은 예외 없이 부엌의 좌향이 같았으며, 빨래하는 곳이나 쓰레기통의 위치 등 주로 주부들이 가사를 위하여 움직이는 장소의 방위(方位)가 일치하는 것으로 판명되었다. 즉, 동일한 방향으로부터 동일한 기를 받았기 때문에 동일한 결과가 나타났다는 것이다.

— 저자 노자키 미츠히코의 '한국의 풍수사들'이라는 글 —

풍수에 관한 일반상식

예부터 전래된 집 지을 때의 유의할 사항을 요약하면 집터는 앞이 낮고 뒤가 높아야 길하며 삼각형의 집터는 피해야 한다. 습기가 있는 땅은 성토하여 건조하게 하고 정원에는 크게 자라는 나무를 심지 말고, 좁은 집터에 큰 집을 짓지 말며 정원에는 돌을 깔지 말며, 건물 사이에는 연못을 파지 말며 담장은 너무 높이 쌓지 말라.

주택의 서쪽에 큰 길이 있으면 길하고 남쪽에는 빈터가 있어야 좋다. 작은 집에는 많은 사람이 살아야 길하고 동북이나 서남쪽은 심한 요철이 없어야 좋으며 방의 배치는 거실을 중심으로 해야 하며 현관은 대문에서 일직선이 되지 않아야 한다.

남향집은 서쪽에 방을 만들어야 길하고 부엌은 동남쪽에 있어야 좋으며 창은 동창이 좋고 노인의 방도 동남쪽에 있어야 길하다. 나무는 베고 난 그루터기를 없애야 하고 집을 지을 때는 양목을 사용해야 한다. 차고 앞은 넓어야 하고 막다른 곳에는 집을 짓지 말아야 하며, 대문 앞에는 큰 나무가 없어야 하고 단칸방은 많지 않아야 좋다.

중앙의 방은 비우지 않아야 좋고 침실과 부엌은 떨어져야 좋으며,

화장실은 집 가운데를 피해야 하고 대문과 마주보지 않아야 좋다. 집 중앙에는 계단을 설치하지 말며 외풍이 센 집은 피해야 하고 집을 지을 때 재목을 거꾸로 쓰지 말며 문설주는 굽지 않아야 한다.

대문과 집은 균형이 맞아야 하며 더러운 물은 집안에 괴이지 말아야 하고, 쓰레기는 남서쪽에 버리지 말며 우물과 부엌 아궁이는 같지 않아야 한다. 천장의 채광창은 크지 않아야 하고 지붕 위에는 빨래를 널지 않아야 하며, 임신 중에는 집수리를 하지 말며 집의 부분 개조는 하지 않아야 한다. 아이들이 비뚤어지면 동쪽과 동남쪽을 먼저 살피고 남편이 바람을 피우면 북서쪽을 살피고, 여자에게 문제가 있으면 남서쪽을 살피고 부인병이 잦으면 남쪽을 살피라. 서쪽 벽에 창문이 있으면 가난하고 동쪽이 오목하게 꺼지면 벙어리가 생긴다.

이상이 지금까지 알려진 주택풍수의 일반 이론이다.

풍수를 위한 변화를 시도해야

가. 주방

가족의 건강과 금전운을 지배하는 곳.

'물'과 '불'이 공존하는 곳이기 때문에 풍수상의 조화를 맞춰주는 것이 중요하다.

나. 안방

부부의 행복과 휴식을 위해 원기를 다시 회복하도록 만드는 공간.

휴식을 방해하는 요소가 있다면 모두 제거한다.

다. 현관문

바깥의 좋은 기운이 들어오는 통로. '남편의 운'과 '여성의 인연'을 주 관하는 장소로 항상 밝고 환하게 유지하면 집안에 복을 불러들인다.

라. 아이들 방

단순한 침실이 아니라, 학습과 휴식을 겸하는 장소이기 때문에 방 위와 가구의 배치에 주의를 기울여야 한다.

마. 욕실

부부간의 애정 문제에 영향을 미치는 장소.
'물'의 기운을 갖고 있어 가족의 건강운과도 밀접한 관계가 있으므 로 항상 청결을 요한다.

사무실의 책상과 안방의 침대방위

관공서나 회사 등에 관서장이나 사장이 새로 취임하게 되면 제일 먼저 책상 배치를 두고 논란이 많게 되는데 전임자가 영전해 가면 그 방위가 길방위(吉方位)라서 좋게 생각하지만 좌천해 가거나 신변에 문 제가 있었다면 그 방위가 곧 문제 있는 방위라고 생각하는 사람들이 많아 자리를 바꾸려하는데 아마도 그것이 사람들의 공통된 생각인지 모른다. 어느 방이 좋고 몇 층이 길한지 여부는 앞에서 자세히 설명했 다. 사무실 내 책상이나 좌석의 위치와 응접실, 그리고 침실의 배치에 대해서는 다음 이론에 따른다.

가. 사무실은 출입문을 중심으로 책상 배치를 정해야 한다.

사람이 드나드는 출입문이 책상 뒤나 양 옆 책상보다 뒤쪽에 있다면 앞면에 창문이 있어 햇볕이 잘 들어도 불안정한 위치가 된다. 출입문이 뒤에 있게 되면 사람이 드나들 때마다 뒤돌아보게 되어 심적으로 불안하게 되어 일의 능률이 오르지 않는다. 이 경우는 칸막이를 하거나 가리개로 후면을 가려야 한다.

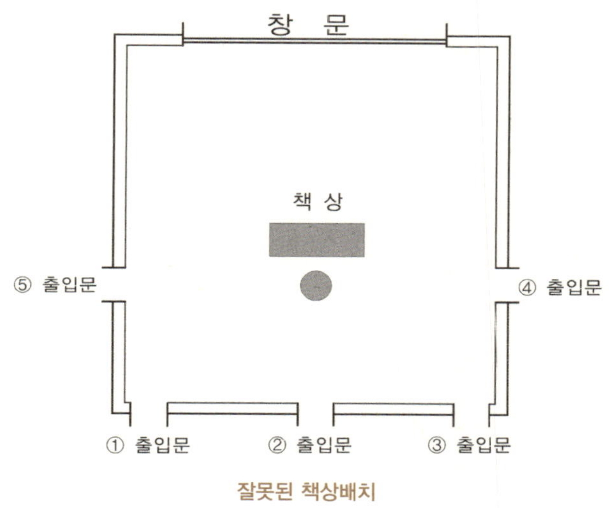

잘못된 책상배치

나. 책상은 밀폐된 벽 뒤쪽에 기대어 출입문이나 창문을 마주보는 위치가 좋다.

사람은 누구나 안정된 위치를 선호한다. 촌락이나 도시가 형성되는데도 배산임수(背山臨水) 즉, 산을 뒤로하고 앞으로는 물을 맞는 형식을 취한다. 좌석의 뒤로는 밀폐된 벽에 의지하고 앞이나 옆으로 창문이나 출입문 쪽을 마주하게 되면 안정감을 얻어 능률이 올라간다.

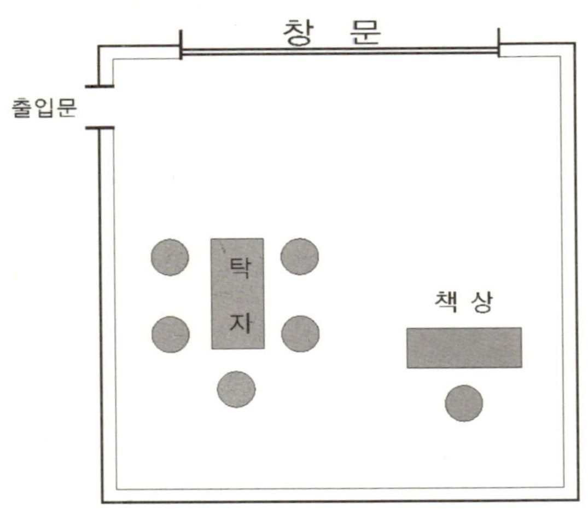

안정된 배치

다. 가능한 동서 4택에 맞추어 책상을 배치하는 것이 합당한 방법이다.

먼저 대문의 방위를 보아 대문이 동, 동남, 남, 북향에 있어 동 4택에 해당된다면 동, 동남, 남, 북향이 좋고 대문이 남서, 서, 서북, 북동향에 나 있어 서 4택에 해당된다면 남서, 서, 서북, 북동으로 책상과 의자를 놓는 것이 상책이다.

빌딩이나 관청의 경우 대부분 중앙복도나 엘리베이터가 중심에 나 있으므로 햇살이 잘 드는 중심에서 창문을 바라보도록 책상을 배치하게 된다. 그러나 창문이 앞에 있다 하여도 출입문이 뒤쪽에 나 있을 경우는 위치상 안정이 되지 않으므로 이점을 먼저 고려해야 할 것이다.

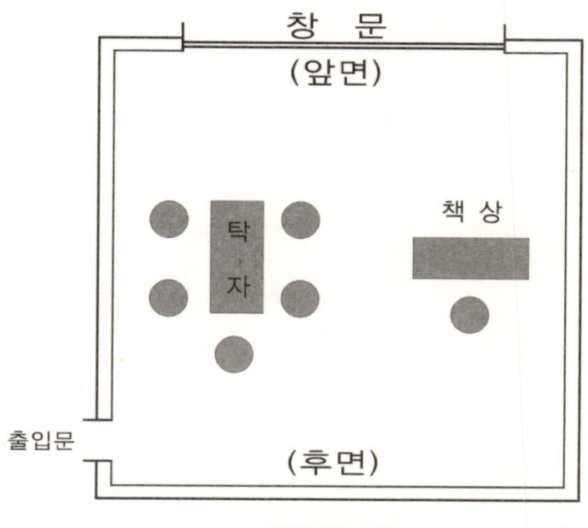

불안정한 배치

라. 침대배치의 길과 흉

침실의 배치도 사무실 책상의 배치와 같이 안정된 위치에 길 방위로 배치되어야 편안히 수면을 취하는 데 도움이 된다. 출입문이나 창문 쪽으로 머리를 두게 되면 문을 열 때 냉기가 곧 바로 얼굴에 들이닥쳐 건강에 해로울 뿐 아니라 심적으로 불안하여 악몽에 시달리는 등 좋지 않으므로 무턱대고 남향이나 동향으로 머리를 두고 잠자야 좋다는 고정관념은 잘못된 논리이다.

최근 수맥 이론이 유행됨에 따라 수맥이 곧 풍수의 전부인양 허풍을 치는 사람들이 많다. 수맥이 나쁘긴 하지만 정확히 수맥을 탐색하는 자는 극소수에 불과하다.

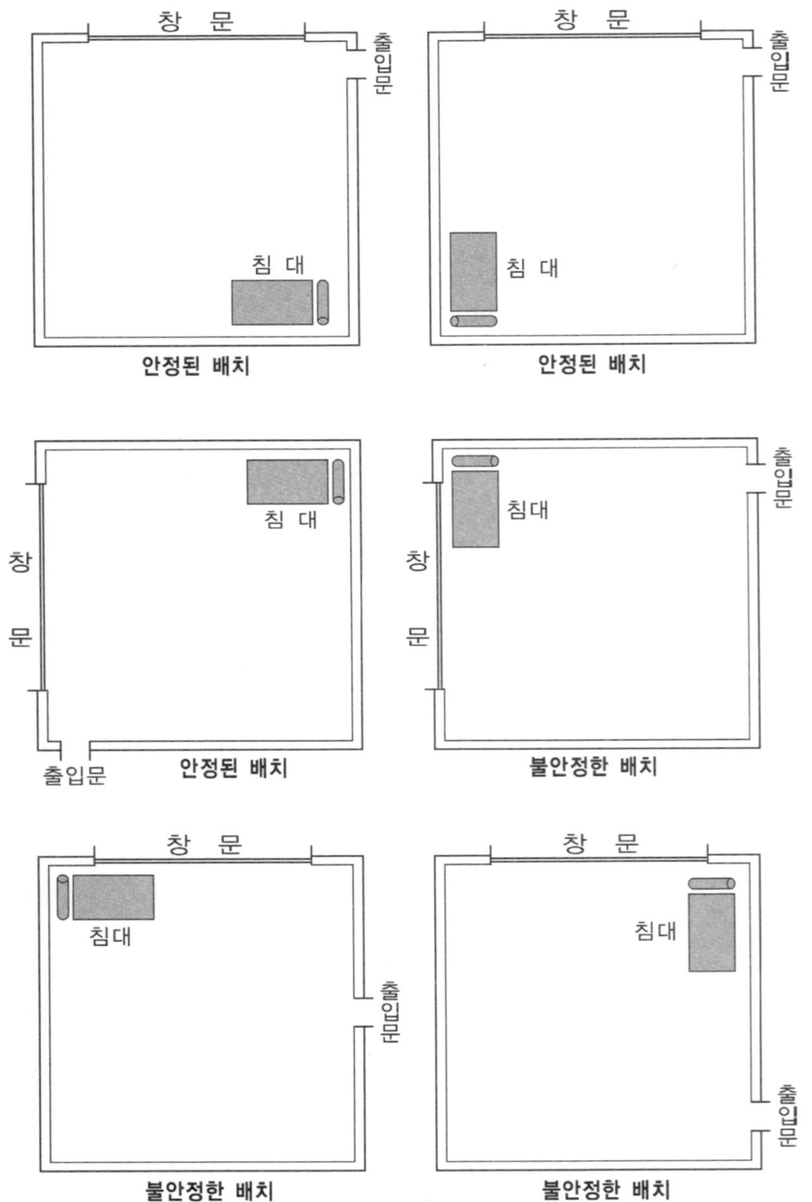

창 문
출입문
침 대
안정된 배치
창 문
출입문
침 대
안정된 배치
창
문
침 대
출입문
안정된 배치
출입문
창
문
침대
불안정한 배치
창 문
침대
출입
문
불안정한 배치
창 문
침대
출입문
출입문
불안정한 배치

길격, 흉격의 건물 사례

길격의 식당

출입문과 주방 그리고 객실이 상생관계로 배치된 어느 고급 음식점
이다.
고객을 상대하는 식당은 출입문과 주방, 객실 그리고 화장실의 배치
가 건물풍수의 핵심이다.

길격의 아파트

아파트는 층수별로 오행상생과 상극의 원리가 지배한다. 위 아파트는 출입문과 안방, 그리고 주방의 배치를 상생관계로 설계된 길격이다.

길격의 유치원

정문이 건물 옆에 위치하고 있으나 출입문과 건물의 배치가 상생을 이루어 생기궁(生氣宮)이 된 어느 명문 유치원.

흉격의 전원주택

담장이 없고 출입문의 배치가 상극으로 이루어진 서울 근교의 어느 전원주택이며 건물을 건축한 주인은 1년 만에 부도를 내고 사망하여 주인이 바뀌었다.

정약용 생가

대문과 건물이 탐랑목성(貪狼木星)으로 배치되어 있는 정약용 선생의 생가.

율곡 이이 생가

생기궁(生氣宮)으로 배치 된 강릉시 죽헌동 소재 율곡 이이가 태어난 집.

S그룹 본관

층수별 오행상생의 길격으로 배치된 어느 대기업 본관 건물.

국회의사당

여의도는 한강을 역류하는 행주형(行舟形)이다. 63빌딩 등 고층건물이 돛이요, 섬안에 늘어선 빌딩들은 마치 큰 상선(商船)에 짐을 싣고 가는 선박의 모습인데, 선미(船尾)가 되는 곳에 국회의사당이 남동향으로 배치되어 있어 심한 풍랑과 함께 정치인들의 생각이 이재(理財)로 치우쳐 지지 않을까 우려된다.

대검찰청

대검찰청은 건물이 배산보다 높이 솟아 풍살을 받고 있으나 정문이 남향으로 나 있으므로 청장실을 5층에 배치해야 길하다.

경찰청

경찰청은 마름모꼴 대지위에 동향으로 지은 건물로서 정문과 상극을
이루어 불리하다. 청장실을 적절한 층으로 배치하고 정문을 일부 개조
한다면 대길할 것이다.

군포시청

시장실과 식당 그리고 대문이 상생관계로 배치되어 있으나, 정문에 만남의 광장은 마치 귀신이 타고 다니는 가마의 형국이 되어 관서장이 모함 등에 의해 외부에 끌려다니는 형국이 되었던 것을 새로 개축하였다.

군포시의회

의장실은 오귀궁(五鬼宮)에서 생기궁(生氣宮)으로 옮긴 후 의장에 재선
되는 등 패망한 역대의장들에 비해 행운이 따르고 있다.

군포경찰서

정문. 서장실. 식당 등이 육살궁(六煞宮)에 위치해 각종사고로 얼룩졌던 군포경찰서를 생기궁(生氣宮)으로 바꾸어 많은 승진자 배출과 함께 안정을 되찾고 있다.

화성경찰서

대소건물이 복잡하게 흩어진 가운데 정문과 서장실의 위치 그리고 식
당과 서로 상극관계가 되어 절명궁(絕命宮)이 된 탓으로 각종 사건 등
에 구설수가 많았던 화성경찰서 구청사 건물.

H고등학교

정문과 본관건물이 생기궁(生氣宮)에 배치되어 우수대학에 입학률이 월등히 높은 군포 H 고등학교.

Y농업기반공사

건물 우측으로 들어오는 하천과 주 건물 양 옆으로 배치된 두 개의 건
물이 마치 족쇄를 채운 모습을 하고 있고 정문의 배치 역시 절명궁(絕
命宮)에 해당되어 불안하다.

산본 이마트

지상 3층까지는 매장으로 사용하고 4층 이상은 주차장을 배치하여 출입문과 층수별 생기궁(生氣宮)으로 인해 E-MART 전국 매장에서 매출 1위를 차지하고 있는 군포시 E-MART

당첨자가 많은 복권 판매점

생기궁(生氣宮)에 배치된 이 건물은 로또복권 당첨자가 많다고 소문이 나있다.

길격의 식당

출입문과 주방 그리고 안방의 위치가 상생관계를 이루어 군포시에서
가장 오래된 왕순대 국밥집.

흉격의 식당

새롭게 단장하여 주차시설까지 갖추었으나 연년궁(延年宮)에서 육살궁(六煞宮)으로 바뀌는 바람에 종전에 많았던 손님마저 끊기게 된 수원시의 어느 식당.

흉격을 개조한 전원주택

대문과 안방 그리고 식당의 배치가 육살궁(六煞宮)에 배치되어 2년 주
기로 패망하고 주인이 바뀐 어느 전원주택을 생기궁으로 개조한모습

흉격의 전원주택

조경시설 등 많은 공을 들여 건축하였으나 출입문과 안방 그리고 주방의 배치가 육살궁(六煞宮)에 배치되어 질병이 끊어지지 않았던 어느 흉가를 생기궁으로 개조하였다.

– 권선복(도서출판 행복에너지 대표이사)

학문에 근거한, 이론과 사례 위주의 부자지침서!

사람에게는 누구나 타고난 운명이 있다고 합니다. 너른 꿈을 가슴에 품고 살아가는 게 인간이지만 갖은 고난과 역경 앞에서 주저앉을 때면 운명을 탓하는 것 또한 인간입니다. 문제는 그 시련을 견디지 못해 그냥 주저앉느냐, 아니면 다시 한 번 일어나 꿋꿋이 앞으로 나아가느냐일 것입니다.

그래서 『이것을 알면 부자 된다』 책의 출간은 참으로 반가운 일입니다. 삶을 재정비하고 굳건한 의지를 마음에 품어 앞으로 나아가려는 이들에게 작은 등불이 되어주는 책이기 때문입니다.

물론 우리 삶에서의 최종적인 목표를 부의 성취에만 두어서는 안 될 일이지만 자본주의 사회의 한 구성원으로서 부는 무척 중요한 문제입니다. 그 목표를 향해 가는 길에 도움이 될 사항들을 풍수와 역리, 사주와 관련된 학문에 근거하여 사례 위주로 풀이한 이 책은 성공을 꿈꾸는 모든 이들에게 소중한 선물이 되어주리라 믿어 의심치 않습니다.

스스로 운명을 개척하고 행복한 삶을 찾아 나서고 싶다면 책 『이것을 알면 부자 된다』와 함께 시작해 보시기 바라오며 이 책을 읽는 모든 독자들에게 긍정과 행복의 기운이 팡팡팡 샘솟으시길 기원합니다.

『긍정이 멘토다』 2탄 공저자를 모집합니다!

개요

1. 공동 저자: 총 36명

2. 책 전체 분량: 380쪽 내외(1인당 10쪽 내외)

3. 원고 분량: A4용지 5장(글자크기 10포인트, 줄 간격 160%)

4. 경력(프로필): 10줄 이내

5. 사진: 자료사진 3매, 사진 설명 20자 미만

6. 신청 마감일: 2014년 6월 30일

7. 원고 접수 마감일: 2014년 7월 31일

8. 출간 예정일: 2014년 10월 31일

긍정, 행복, 성공에 관한 이야기를 독자들에게 전하고 나눌 수 있는 내용의 원고를 자유로운 형식으로 작성하여 제출해 주시면 행복에너지 소속 전문작가가 독자들이 읽기 편하도록 전반적인 윤문과 교정교열을 할 예정입니다.(원고는 ksbdata@daum.net 으로 송부해 주시기 바랍니다.)

책 발행비용은 100만 원이며 저자에게 발행 즉시 100부를 증정합니다.
발행비용은 신청 시 50만 원, 편집완료 시 50만원을 '국민은행 884-21-0024-204 도서출판 행복에너지 권선복'으로 입금해 주시면 되겠습니다.

자세한 문의는 언제든지 하단의 전화, 이메일을 통해 연락을 주시면 성실히 답변을 드리오며 원고 내용이나 책에 관해 궁금하신 분들은 도서『긍정이 멘토다』를 직접 참조해 주시기 바랍니다.

도서출판 행복에너지: www.happybook.or.kr
대표이사 권선복
HP: 010-8287-6277   Tel: 0505-613-6133   E-mail: ksbdata@daum.net

꿈을 심는 희망의 새 길
나용찬 지음 | 256쪽 | 값 10,000원

"애국자가 따로 있는 것은 아니다. 자신의 자리에서 맡은 책임을 다하고, 고향을 사랑하며, 타인을 위해 자신을 희생하는 것만으로도 누구나 애국자가 될 수 있다."라는 저자의 목소리가 경제위기와 계층갈등으로 신음하는 대한민국 사회가 무엇을 지향하고 어떠한 방향으로 나아가야 할지를 명쾌하게 짚고 있다.

나도 힘들고 아프고 고통스러웠다
최영미 외 24인 지음 | 244쪽 | 값 15,000원

서울 신림동 아름다운교회는 각종 고시에 합격하는 청년들이 많은 교회로 알려졌다. 이미 고시에 합격한 청년들의 간증을 엮어 책을 출간하여 많은 주목을 받은 바 있다. 아름다운교회가 두 번째로 출간하는 이 책은 일반 장년 성도들의 간증을 엮은 책으로, 삶 속에서 경험한 은혜의 경험을 웅숭깊게 그려 낸다.

더불어 사는 사회
최태정 지음 | 256쪽 | 값 10,000원

『더불어 사는 사회』는 한 명의 낙오자도 없이, 구성원 모두가 행복한 삶을 성취하기 위해 무엇을 해야 할지를 저자의 경험을 바탕으로 풀어낸다. '열정, 섬김, 신의, 성찰, 지역, 희망'이라는 여섯 가지 주제를 통해 한 명의 인간으로서 진정으로 추구해야 할 가치와 삶의 태도에 대해 에세이 형식으로 전한다.

마음이 아름다우니 세상이 아름다워라
이채 지음 | 224쪽 | 값 12,500원

이 세상을 온기와 행복이 넘치는 곳으로 이끄는 힘은 무엇일까. 타인을 향해 보내는 작지만 따뜻한 마음이 아닐까. 이채 시인의 제7시집 『마음이 아름다우니 세상이 아름다워라』는 읽기 편한 글귀에 뜻깊은 사유를 담아 이 세상이 얼마나 아름다운 곳인지, 어떻게 하면 모두가 행복해질 수 있는지에 대해 전하고 있다.

긍정이 멘토다

김근화 외 35인 지음 | 364쪽 | 값 15,000원

여기 긍정을 통해 몸소 행복한 삶을 증명한 36인의 명사들이 있다. 각계각층의 내로라하는 대표 인물들은 이 책을 통해 '도전, 성공, 웃음, 행복, 희망'을 주제로 자신만의 '긍정론'을 펼치고 있다. 또한 책에 담긴 저자 개개인의 비전과 혜안은 동시대를 살아가는 이라면 누구나 느끼는 고민에 대한 다양한 해답을 제시한다.

마지막 통화는 모두가 "사랑해…"였다

정기환 지음 | 296쪽 | 값 15,000원

글로써 연결되는 인간관계가 역사를 새로이 쓰고 지탱하는 힘이다. 그래서 책 『마지막 통화는 모두가 "사랑해…"였다』는 가치가 있다. 인간다움이 점점 사라지는 현실 속에서도 '사람 냄새' 나는 아날로그적 감성을 고스란히 간직함은 물론 이 시대를 관통하는 함의가, 우리 시대의 생생한 민낯이 이 한 권에 모두 담겨 있기 때문이다.

생각을 벗어라

김창수 지음 | 188쪽 | 값 12,500원

저자는 일상 속에서 느끼고 깨달은 것을 자유로이 글로 적은 모든 게 '시'임을, 우리의 삶 자체가 하나의 놀랍고 아름다운 광경임을 독자에게 전하고 있다. 이 세상에는 잘난 인생도, 못난 인생도 없다. 잘난 삶을 살겠다는 생각마저 하나의 굴레임을 깨닫고 세상이 제시하는 틀 밖으로 고개를 내밀어 진정한 희망을 두 눈으로 확인해 보자.

올드맨쏭

이제락 지음 | 264쪽 | 값 13,000원

배우에서 영화감독으로 이제는 작가로! 다양한 재주꾼, 이제락의 첫 소설! 거듭된 이별이 가져다준 상처투성이 삶을 끌어안고 살아가는 한 사내와 그 앞에 음악처럼 운명처럼 찾아온 아이의 감동적인 이야기. "이토록 위대한 만남을 위해 우리들의 이별은 거룩했다."